J.-L. de Lanessan

Ancien ministre
Professeur agrégé d'histoire naturelle a la Faculté de médecine de Paris.

————+>•<+————

L'Éducation 8722

de

la Femme moderne

Paris, FÉLIX ALCAN, éditeur, 1908.

L'ÉDUCATION

DE

LA FEMME MODERNE

L'ÉDUCATION

DE

LA FEMME MODERNE

PAR

J.-L. DE LANESSAN

Ancien ministre,
Professeur agrégé d'histoire naturelle à la Faculté de Médecine
de Paris.

PARIS

FÉLIX ALCAN, ÉDITEUR

LIBRAIRIES FÉLIX ALCAN ET GUILLAUMIN RÉUNIES

108, BOULEVARD SAINT-GERMAIN, 108

—

1908

PRÉFACE

Le 9 novembre 1906, je fis à Luxembourg une conférence sur l'éducation de la femme moderne qui m'avait été demandée par l'*Association pour les intérêts de la femme*. La façon plus qu'aimable dont fut accueilli, par un très nombreux public féminin, le programme succinct que j'exposai dans cette soirée, m'inspira l'idée de le préciser et de le développer. C'est l'objet du présent livre, et c'est pourquoi je le dédie à l'Association pour laquelle j'en avais posé les premières assises.

Le but principal de cette Association est d'obtenir la création d'établissements laïques d'instruction et, en particulier, d'une école secondaire pour les jeunes filles. Aujourd'hui, il n'existe dans le grand-duché du Luxembourg que des institutions congréganistes, dans lesquelles les jeunes filles appartenant à certaines confessions religieuses ne sont pas admises. Aussi, beaucoup de familles se voient-elles privées des moyens de faire élever leurs enfants comme elles désireraient qu'elles le fussent ou ne peuvent même pas du tout les faire instruire, à moins de les envoyer dans un pays étranger.

La fondation d'un établissement laïque rendrait donc à une partie notable de la société luxembourgeoise des services considérables. Les autorités locales le reconnaissent et il est permis d'espérer qu'elles finiront par se rendre aux sollicitations dont elles sont l'objet.

L'*Association pour les intérêts de la femme* a eu soin de tracer les grandes lignes du programme qu'elle voudrait voir suivre dans cet établissement. Je crois devoir les indiquer, d'abord parce qu'elles me paraissent répondre aux nécessités de l'éducation de la femme moderne et ensuite parce qu'elles s'harmonisent avec les principes que j'ai exposés moi-même depuis bien longtemps et avec la méthode que j'ai suivie lorsque j'avais l'honneur d'enseigner.

Le programme soumis par l'Association aux autorités du Luxembourg comprend : « le français (grammaire, conversation, par exemple sur des sujets de morale, lectures tirées des écrivains les plus importants, étayées de quelques notions biographiques permettant aux élèves de situer les auteurs), l'allemand, l'anglais obligatoire, l'histoire, la géographie, l'arithmétique, la physique et les sciences naturelles, les ouvrages manuels, les notions d'économie domestique et de comptabilité ménagère, le dessin, le chant et la gymnastique ».

Au sujet de la façon dont ces différentes matières

devraient être enseignées, la pétition des dames du
Luxembourg s'exprime de la façon suivante : « La
littérature s'apprendra d'une manière non critique,
par la lecture des chefs-d'œuvre et d'une biographie
des auteurs suffisante à les situer. Qu'au lieu de
présenter aux élèves l'opinion toute faite d'un his-
torien de la littérature, on les interroge elles-mêmes
sur leurs impressions. On leur fera des leçons de
narration, de conversation, de discussion. L'histoire ne sera pas seulement un exposé de faits
politiques, elle sera avant tout l'histoire de la culture de l'esprit humain, de ses développements, de
ses chefs-d'œuvre. C'est ainsi qu'on la fera vivre.
La géographie, dans quelques écoles parisiennes,
s'enseigne au moyen de projections donnant aux
élèves les vues des pays dont on leur parle. Ne
serait-il pas logique de donner quelques éléments
de physique et de chimie, avant la botanique, pour
faire comprendre aux enfants la physiologie des
plantes, car c'est celle-ci qu'il faut connaître et non
pas des nomenclatures? En résumé, ce que nous
préconisons, ce sont les méthodes intuitives —
Anschauungsunterricht — à titre de règle. Former des cerveaux au lieu de les user par de sèches
accumulations de notions, développer le sens critique, apprendre aux enfants à regarder, à penser,
et à juger par elles-mêmes, faire appel à leurs
facultés actives et non à la mémoire verbale, ban-
nir autant que possible les manuels, les pensums
récités, dialoguer les leçons, exiger des élèves

qu'elles s'expriment avec précision et dans une langue correcte, les tenir en éveil par l'intérêt des matières qu'on s'efforcera de lier entre elles et de rattacher à la vie, donner aux élèves l'impression que les choses dont on leur parle sont réelles. On leur expliquera les choses ; jamais, on ne les leur fera admettre d'autorité. »

J'ai tenu à reproduire ces lignes pour montrer que la France n'est pas le seul pays où l'on se plaigne que les méthodes pédagogiques anciennes aient été conservées et où l'on désire voir la raison et l'observation prendre, dans l'enseignement, la place de la mémoire. Les mères luxembourgeoises qui affirment la nécessité urgente de cette réforme, sont d'accord avec toutes celles qui, en France, s'étonnent de ce qu'après cinq ou six années de lycée leurs filles ne soient que très insuffisamment instruites de ce qu'elles auront besoin de savoir comme épouses, comme mères et comme éducatrices de leurs enfants. La France a réalisé, par rapport au grand-duché de Luxembourg, un énorme progrès en créant des écoles supérieures et des lycées de jeunes filles entièrement laïques au point de vue du personnel et neutres en matière religieuse. Mais la France ressemble encore trop au Luxembourg au point de vue des méthodes appliquées dans l'enseignement, pour que nous n'ayons pas à exprimer les mêmes desiderata que l'Association luxembourgeoise pour les intérêts de la femme.

J'estime que ces désiderata seraient en grande partie satisfaits le jour où les sciences d'observation auraient pris, dans l'enseignement secondaire, non pas toute la place mais une partie de la place occupée actuellement par les exercices purement littéraires ou par des matières tout à fait inutiles aux jeunes filles, comme l'algèbre et la géométrie.

C'est dans cet esprit que j'ai écrit le présent livre. Dédié, en raison des circonstances où il est né, aux mères de famille du Luxembourg, il s'adresse également aux mères françaises qui voudraient voir leurs filles être rendues capables d'élever convenablement leurs enfants et de tenir dans notre société, la place chaque jour plus grande qui y revient à la femme.

Il s'adresse aussi aux pouvoirs publics des deux pays, car, seuls, ils peuvent organiser l'instruction indépendante des croyances confessionnelles et rigoureusement scientifique qui convient aux sociétés modernes.

J.-L. DE LANESSAN.

Écouen, le 24 juin 1907.

L'ÉDUCATION
DE LA FEMME MODERNE

CHAPITRE PREMIER

DU ROLE DE LA FEMME MODERNE

Lé rôle principal de la femme fut, dans tous les temps, et devrait être plus que jamais, dans nos sociétés civilisées, de diriger les premiers développements des enfants et de faire leur première éducation, celle dont ils conserveront les traces pendant toute leur vie, celle qui fera d'eux des êtres bons ou des êtres mauvais, des personnalités fortes ou des personnalités faibles, des esprits indépendants et ouverts aux vérités de la science ou des esprits condamnés à l'asservissement des préjugés et des erreurs.

L'importance de ce rôle est d'autant plus considérable, que l'enfant vient au monde dépourvu de toute pensée, de toute conscience et ne possédant même pas des centres nerveux suffisamment développés pour qu'il lui soit possible de transformer les impressions du dehors en sensations conscientes. L'enfant a faim et il tette, mais il ne connaît ni son besoin, ni la manière dont il le satisfait : il tette un morceau de bois ou de caoutchouc avec la même ardeur que le sein de sa mère. Comme le personnage auquel l'Évangile fait allusion, il a des yeux et il ne voit pas, il a des oreilles et il n'entend pas, des narines et il ne sent pas, une langue et il ne parle pas, un cerveau et il ne pense pas. A cinq mois, encore incapable de distinguer son biberon de n'importe quel autre objet, il en promène le tuyau sur toutes les parties de sa face avant de le pouvoir introduire dans sa bouche. A dixneuf mois, le petit garçon d'un savant physiologiste allemand offrait encore son pied à son père comme il eût fait de son soulier, n'ayant qu'une conscience imparfaite des liens par lesquels les diverses parties du corps sont unies.

C'est seulement petit à petit et avec une extrême lenteur que l'enfant vient à avoir conscience des sensations provoquées par la lumière et les bruits du dehors, par le contact des effluves odorants avec ses nerfs olfactifs, par celui des aliments savoureux avec sa langue, par celui des corps froids ou chauds, durs ou mous avec la surface de sa peau.

Ces sensations sont d'abord si imprécises qu'elles ne provoquent, dans ses cellules psychiques encore très imparfaites, que des idées vagues et souvent fausses. Pendant des mois, il tendra ses mains vers la lune ou les étoiles avec l'illusion qu'il va pouvoir les saisir. S'il rit, c'est d'abord par simple imitation et par le jeu réflexe de mouvements expressifs dont il n'a pas conscience. S'il envoie des baisers à sa mère ou à sa nourrice, ce n'est que par simple répétition des gestes qu'il voit faire. S'il crie, c'est par expression réflexe de douleurs dont il ne connaît ni le siège ni la cause, ou bien pour traduire quelque contrariété de ses sentiments égoïstes. S'il montre de la joie, c'est simplement parce que tous ses organes fonctionnent avec régularité, mais sans qu'il ait connaissance des motifs qui le rendent heureux, ou parce que son égoïsme a éprouvé quelque satisfaction.

Cependant, petit à petit, ses organes se développent, ses centres nerveux se perfectionnent, sa conscience s'éveille, des pensées se forment dans l'écorce de son cerveau dont les cellules grises subissent une évolution ascensionnelle incessante. D'organisme purement sensitif, il va devenir un être pensant.

Jusqu'alors la mère n'avait pu être qu'une nourrice attentive au développement du petit organisme. Maintenant, elle entre dans son rôle d'éducatrice. En même temps qu'elle continuera à surveiller la santé de son enfant, elle devra se préoccuper de son évolution intellectuelle et morale. Pour emprunter à l'art du sculpteur une image bien connue, elle n'a pu encore que préparer l'argile avec laquelle son chef-d'œuvre sera édifié ; il va s'agir de la façonner. Que sera son œuvre ? Dieu, table ou cuvette ?

Certes, il n'y a pas au monde une seule mère qui ne veuille faire un dieu de cet enfant qu'elle aimait de tout son cœur avant même de le connaître, pour lequel son amour a grandi en proportion des soins qu'elle lui a prodigués, en raison des fatigues qu'il lui a imposées. N'est-il pas fait de son sang ? N'est-il pas nourri de son lait ? N'est-il pas une portion d'elle-même ? Aucun être n'est, à ses regards, aussi beau, aussi fort, aussi spirituel que celui dont elle voit la beauté, la force, l'esprit se former sous ses yeux, dont elle note les moindres manifestations intellectuelles comme des traits de génie. Certainement, elle en fera un dieu auquel nul autre ne saurait être comparable ! Mais, si difficile que soit l'art du sculpteur, celui de la mère l'est bien davantage. Pas plus que l'amour de son art ne suffit au premier, l'amour de son enfant ne suffit à la seconde. A la mère comme au sculpteur, il faut une science profonde du but à atteindre et des moyens à employer pour y parvenir.

Combien y a-t-il de mères, actuellement, qui possèdent cette science ? Combien nombreuses sont celles que leur affection aveugle au point d'en faire des éducatrices détestables ! Combien y en a-t-il qui croient bien élever leurs enfants parce qu'elles leur montrent beaucoup d'affection et qui les gâtent par leurs faiblesses ! Combien rares sont celles qui possèdent l'instruction qu'il faudrait pour instruire leur progéniture !

L'éducation de l'enfant devant avoir pour objet essentiel de le préparer à vivre dans la société au milieu de laquelle il est né, toute mère ignorante de cette société, de ses luttes pour l'existence, de ses concurrences sociales, de ses qualités et de ses défauts, sera réduite à la plus absolue impuissance devant ce petit être qu'elle aimera par-dessus tout, dont elle rêvera de faire un homme ou une femme parfaite, mais qu'elle ne saura ni diriger ni aider dans son développement physique, intellectuel et moral.

Cependant, il est impossible que la mère renonce à faire elle-même la première éducation de son enfant, sans exposer ce dernier aux plus grands dangers, car c'est dès les premiers mois, dès les premiers jours même après la naissance, que commence l'évolution morale des enfants et, si elle est abandonnée à elle-même, cette évolution se fait nécessairement dans une direction fausse.

Soumis à un besoin de nutrition et à un besoin d'activité si impérieux qu'il est obligé de les satisfaire incessamment sous peine de souffrir, le petit enfant devient très vite d'un égoïsme absolu. Les premières idées que ses cellules psychiques sont susceptibles de former sont des idées égoïstes, parce que les premières sensations dont il ait conscience sont celles que provoquent ses besoins naturels. C'est donc dès les premiers jours que l'éducation morale du petit être doit commencer, si l'on veut qu'il ne soit pas entièrement absorbé par ses pensées, ses préoccupations, ses sentiments égoïstes. Cette éducation, la mère seule est en mesure de la donner d'une manière convenable, parce que, seule, elle est capable de sacrifier les faiblesses de son amour maternel au désir d'assurer le bonheur futur de son enfant.

Il faut donc qu'elle connaisse non seulement ses devoirs particuliers de mère, mais encore la société où entrera son fils en la quittant. Toute société étant soumise, à chaque phase de son évolution, à des conditions particulières, ce n'est pas la société en général, une société plus ou moins idéale que la mère doit connaître, mais celle-là même dont son fils ou sa fille feront partie. Chaque époque exige donc une éducation spéciale.

Pendant le moyen âge, alors que la plupart des questions étaient résolues par la force seule, on était fatalement conduit à négliger la culture de l'esprit. Il paraissait suffisant que le corps fût robuste. La plupart des hommes, dans les plus hautes classes, étaient des soudards incapables même de signer leur nom. Les femmes, plus ignorantes encore, car elles avaient moins d'expérience de la vie, n'étaient en général, que des viragos à la parole impérieuse et sèche, aux mœurs plus rudes que chastes, à la main plus prompte que le cœur n'était sensible. Ne sachant rien, la mère ne pouvait rien apprendre à ses enfants qui, du reste, n'avaient guère besoin de rien savoir. Primée par la force, la raison paraissait inutile. Vaincue par la brutalité en toutes circonstances, la bonté ne pouvait passer que pour de la faiblesse. Les garçons n'étaient éduqués qu'en vue des guerres les plus violentes qui aient jamais ensanglanté l'humanité ; les filles, pour

le caprice des guerriers. Jamais les enfants ne récitè-
rent autant de prières au Christ, à la Vierge ou aux
saints, qu'au cours de ces temps d'aveugle foi, mais la
douce morale du Christ et la tendresse de cœur de la
Vierge ne furent jamais aussi dédaignées. La morale
de l'amour et de la fraternité n'avait rien à faire dans
une société dont le seul culte était celui de la force
brutale.

Très différentes sont les conditions dans lesquelles
se trouvent nos sociétés modernes. Certes, je n'ai pas
l'illusion de croire que l'ère de la brutalité soit close et
que celle de la bonté soit près d'atteindre son apogée.
Ce serait tromper l'enfant que lui représenter le monde
dans lequel il va entrer comme une bergerie dont
les paisibles agneaux n'auraient jamais à redouter la
dent cruelle du loup. Mais, si la violence triomphe
encore trop souvent dans les faits, on n'ose plus l'éri-
ger en loi morale. Beaucoup de gens, dans toutes les
classes sociales, et beaucoup de gouvernements en abu-
sent encore, mais leur conduite est flétrie par l'opinion
publique. Peu à peu, sur les ruines du principe qui
domina les sociétés ignorantes et brutales du moyen
âge, se dressent, dans nos sociétés plus instruites et
mieux policées, des principes nouveaux, où la raison
tient plus de place que la force. Le père et la mère
rougiraient de battre leurs enfants, le maître et la
maîtresse n'osent plus briser les doigts de leurs élèves
avec la férule antique, les gouvernements renoncent,
les uns après les autres, à leurs bastilles, et les religions à leurs supplices infernaux. Le bourreau et le
démon ont cessé d'être les directeurs de la conscience
humaine.

En même temps que le règne de la force prend fin,
celui de l'absolu perd son autorité. On commence à ne
plus croire aux puissances que l'on ne connaît pas.

Des barrières s'élèvent entre les domaines de la foi et ceux de la raison, entre les lois des religions et celles de l'État. Plus ou moins instruits des vérités scientifiques, les individus s'estiment assez habiles pour se conduire eux-mêmes et réclament l'usage de tous les droits qu'ils tiennent de la nature, tandis que les peuples, ayant perdu l'ignorance des vérités sociales qui les condamnaient à subir sans résistance tous les despotismes, manifestent, les uns après les autres, la résolution de se gouverner eux-mêmes.

La lutte pour l'existence entre les individus, et la concurrence sociale entre les familles ou les classes ne sont pas moins âpres qu'elles ne le furent dans le passé, ni moins indispensables à la réalisation des progrès individuels et sociaux, mais leur caractère s'est profondément modifié. On ne brise plus, on ne supprime plus celui dont on aspire à occuper la place ; on ne se massacre plus guère sur les marches de l'échelle sociale ; on se borne à y faire assaut de travail, d'intelligence et de savoir.

La guerre elle-même se fait moins brutale et moins meurtrière. Malgré l'énorme progrès réalisé par les instruments de mort dont elles usent, les batailles modernes font moins de victimes que celles de l'antiquité ou du moyen âge, alors que grisés par le sang et les cris et se jetant corps à corps les uns sur les autres, les combattants se condamnaient eux-mêmes à n'échapper à la mort qu'en la donnant. Plus la portée des armes meurtrières s'est étendue et plus il a été facile de se mettre à l'abri de leurs coups. Contre le glaive du Romain, notre ancêtre n'avait pour toute protection qu'un bouclier, le réduisant à une demi-impuissance ; contre les canons, dont les projectiles agissent à des milliers de mètres, le marin a cuirassé son vaisseau, tandis que le soldat se creuse des tranchées dans le sol. Le glaive antique assu-

rait le triomphe de la force brutale ; le canon et le fusil
moderne assurent celui de l'adresse et de la science.
Jusque dans le domaine que la force s'était jalousement
réservé, l'intelligence revendique ses droits.

D'autre part, afin de faire progresser la moralité
humaine, ce n'est plus dans les profondeurs mysté-
rieuses de la métaphysique ou des religions que
les moralistes chercheront désormais des règles de
conduite, mais dans les relations que les hommes
eux-mêmes entretiennent les uns avec les autres.
Et ils n'auront pas de peine à y trouver la source
des idées morales qui substitueront la fraternité à la
haine parmi les individus, la paix à la guerre parmi
les nations.

Cette société policée, laborieuse, fondée sur la raison
et la science, exige que l'éducation de la femme soit
par-dessus tout intellectuelle. Mais il faut avoir soin,
en dressant le programme de cette éducation, d'éviter
deux écueils également dangereux, assez comparables
à ceux de Charybde et de Scylla en ce qu'en échappant
à l'un on risque de sombrer sur l'autre : le Charybde
de la frivolité et le Scylla du pédantisme.

Jusque vers la fin du xixᵉ siècle, l'instruction de la
femme a été complètement négligée. Au moment où
furent créées les premières écoles primaires et secondaires de filles, on pouvait répéter, à propos de l'éducation des femmes, ce que Fénelon en disait déjà au
xviiᵉ siècle : « Rien n'est plus négligé que l'éducation
des filles. La coutume et le caprice des mères y déci-
dent souvent de tout. On suppose qu'on doit donner à
ce sexe peu d'instruction,... on se croit en droit d'aban-
donner aveuglément les filles à la conduite de mères
ignorantes et indiscrètes[1] ».

1. Fénelon, *De l'éducation des filles*, p. 1.

Le résultat de cette indifférence est le même dans toutes les classes sociales. N'étant pas instruites, ne sachant rien des devoirs qu'elles ont à remplir dans le monde, et des lourdes charges que la nature leur a imposées, la plupart des filles et femmes ne sont que des êtres frivoles, d'une sensibilité exagérée, qui les livre sans défense à toutes les émotions et à toutes les passions, d'un esprit si léger qu'il se laisse entraîner par la dernière voix entendue et d'une ignorance si profonde qu'il est presque impossible de les intéresser aux choses sérieuses. Observez ce qui se passe dans la plupart des salons : dès qu'un sujet sérieux y est abordé par un artiste, un littérateur, un savant, un industriel ou un commerçant, toutes les femmes se mettent à causer bruyamment des choses les plus insignifiantes, comme font les oiseaux en cage quand on parle près d'eux. Et il n'y a pas lieu d'en être étonné, puisque, jusqu'à notre époque, les femmes n'ont guère reçu d'autre éducation que celle des couvents. Or, dans ces établissements, plus mondains, sous une apparence austère, que scientifiques, on ne donnait qu'une instruction superficielle et une éducation frivole. La religion elle-même se fondait en pratiques puériles ou en cérémonies cultuelles. Quant aux lectures faites en dehors des classes, elles n'étaient propres, suivant l'expression très juste de Fénelon, qu'à créer « des visionnaires ». Parmi les élèves des couvents, combien de « pauvres filles pleines du tendre et du mystérieux qui les ont charmées dans leurs lectures » sont « tout étonnées de ne point trouver dans le monde de vrais personnages qui ressemblent à ces héros », de ne « pouvoir vivre comme ces princesses imaginaires qui sont dans les romans toujours charmantes, toujours adorées, toujours au-dessus des besoins » et sont prises d'un profond « dégoût lorsqu'elles se voient obligées de descendre de l'hé-

roïsme jusqu'aux plus bas détails du ménage[1] ». J'ai
entendu raconter par une jeune fille élevée dans une
maison religieuse, comment les têtes de ses compagnes
et la sienne furent tournées par la seule lecture d'un de
ces romans écrits pour les couvents. On y voyait une
jeune fille prise de colère contre sa petite statue de
saint Joseph, qui n'avait pas donné satisfaction à l'une
de ses prières, la jeter par la fenêtre, blesser grave-
ment un passant que sa famille recueille et soigne et
qui se trouve être un prince très riche et très beau avec
lequel l'amour l'unit. Écrit dans un but d'éducation
religieuse, le livre était rempli de sentences pieuses,
d'exercices cultuels, de cérémonies éblouissantes, par
lesquels on espérait développer chez les pensionnaires
un profond amour de la religion ; elles n'en avaient
éprouvé que pour le beau prince riche, et chacune
était tentée de jeter par sa fenêtre quelque image de
saint, aussi lourde que possible, dans l'espoir qu'elle
lui procurerait un amoureux non moins riche et non
moins beau que celui du roman.

Comment cette éducation aurait-elle pu préparer la
jeune fille au rôle qu'elle doit jouer dans la famille ?
Elle en pouvait faire des mondaines élégantes, aimables,
spirituelles, de cet esprit qui fait la joie des dilettantes
ignorants ; elle était incapable d'en faire des mères.
L'éducation de la femme des classes supérieures s'était
brisée contre l'écueil de la frivolité ; quant à celle des
jeunes filles des classes pauvres, on n'y songeait même
pas.

Je crains bien que nos éducateurs modernes, en
essayant d'éviter l'écueil de la frivolité, ne se soient
jetés contre un autre non moins dangereux, celui du
pédantisme. Dans les programmes de nos écoles supé-

1. FÉNELON, *De l'éducation des filles*, p. 13.

rieures et de nos lycées de filles, on a réuni une foule
de matières dont la plupart des femmes n'auront
jamais à faire usage, tandis qu'on a laissé de côté ou
simplement mentionné pour la forme, les connaissances
qui leur seraient les plus utiles. Quel emploi l'ancienne
élève de nos lycées de filles fera-t-elle, dans son ménage
ou dans la société, de l'arithmétique supérieure, de l'algèbre et de la géométrie qu'on la contraint d'apprendre ?
A quoi lui serviront les détails géographiques ou historiques dont on encombre sa mémoire ? De quel utilité lui seront les petits fleuves de la Chine, les pics
et les cols du Thibet ou de l'Hymalaya, les minuscules
îles du Pacifique ou les sous-préfectures de la France ?
Que fera-elle du récit des batailles des Mèdes et des
Perses, des Assyriens ou des Egyptiens, des Grecs et
des Romains, des barons du moyen âge et des monarques du temps moderne ? Je vais plus loin : quel
rôle peuvent jouer ces connaissances dans l'évolution
du cerveau et du cœur de la jeune fille ? N'y a-t-il pas à
craindre que cet enseignement fausse son esprit, comme
il arrive pour un grand nombre d'hommes, et fasse
tourner à l'aigre les sentiments affectueux qui, seuls,
peuvent constituer la force de la femme dans la famille
et dans la société ?

Oubliant ce que doit être le rôle principal de la femme
moderne, les personnages universitaires qui ont rédigé
les programmes de nos lycées et de nos écoles primaires supérieures de filles semblent s'être imaginé
que toutes les élèves de ces établissements étaient
appelées à devenir des concurrentes des hommes dans
les diverses professions que ceux-ci ont été seuls à
exercer jusqu'à ce jour. On ne réussit, en réalité, qu'à
faire des pédantes avec celles qui se donnent la peine
de parcourir assidûment tout le programme officiel et
à dégoûter les autres d'une instruction dont elles

saisissent, dès le premier jour, la stérile vanité.

On a confondu deux choses tout à fait distinctes : l'instruction générale que devraient posséder toutes les femmes modernes à des degrés divers, suivant leur condition sociale, et l'instruction professionnelle spéciale dont un certain nombre d'entre elles peuvent avoir besoin. La première réforme à opérer dans nos établissements de jeunes filles, consiste donc dans la séparation de ces deux sortes d'enseignement.

Cette observation me conduit à envisager la question des métiers et professions qui conviennent le mieux à la femme, et celle, plus générale, qui, sous le nom de féminisme, passionne, non sans raison, un grand nombre d'esprits.

Le féminisme peut être envisagé de deux façons très différentes : ou bien il se donne pour but d'assimiler entièrement et sous tous les rapports la femme à l'homme, de telle sorte qu'il n'y ait plus, entre les deux sexes, aucune différence dans la manière de vivre, dans les devoirs sociaux à remplir et dans les charges à supporter, ou bien il se propose simplement de faire disparaître l'infériorité dans laquelle l'égoïsme de l'homme a placé la femme.

Contre cette dernière conception du féminisme, il ne me paraît pas possible d'élever d'objection sérieuse. Il serait, en effet, facile d'établir, l'histoire à la main, que plus, dans une société et à une époque déterminée, la femme a été respectée, plus elle s'est rendue respectable et plus son rôle moralisateur fut efficace. Il ne faut pas oublier, d'ailleurs, que malgré les obstacles opposés au développement de leur rôle social, les femmes ont exercé de tout temps une influence considérable, non seulement dans la famille, mais encore dans la société. Même chez les peuples où règne la polygamie et où la loi religieuse réduit les femmes à

l'état de simples servantes, l'action féminine se fait
sentir bien au delà du harem. L'histoire des Juifs, des
Egyptiens, des Arabes, des Turcs abonde en faits où
l'influence de la femme fut prépondérante. Si les Juifs
restèrent en masse idolâtres jusqu'aux grandes persé-
cutions de Josias, n'en faut-il pas voir la cause dans
l'attachement que les femmes avaient pour les religions
de la Babylonie, de la Phénicie, de l'Egypte ? Les prophètes n'accusaient-ils pas Salomon lui-même d'avoir
été détourné du culte de Jéhova par les femmes de son
harem ? Certaines femmes, au contraire, n'ont-elles
pas été glorifiées par les livres saints d'Israël, pour
avoir sauvé le peuple dans des circonstances exception-
nellement graves ? Dans la Grèce et la Rome antiques,
quoique la religion et les lois s'efforçassent de faire à
la femme une situation inférieure dans la famille, et
nulle dans la société, on sait combien son rôle fut considérable et de quels honneurs elle jouit à certaines
époques. A Rome, l'autorité des femmes, vers la fin de
la République, était telle qu'un sénateur morose pro-
posa de leur interdire de suivre les fonctionnaires dans
les provinces, les accusant d'être « cruelles, ambi-
tieuses, avides de pouvoirs », de se « mêler aux soldats », de « disposer des centurions », de prétendre
même parfois « présider aux exercices des cohortes,
aux manœuvres des légions » et enfin, de « vouloir
gouverner les familles, les assemblées publiques et
même les provinces [1] ». Elles participèrent, pendant la
belle période de la République, à la condition officielle
de leurs maris, partagèrent avec eux les titres de « consulaire et clarissime » et recevaient de grands honneurs
funéraires. Leur convoi traversait le forum et, du
haut de la tribune rostrale, un proche parent de la

---

1. Tacite, *Annales*, III. 33.

défunte prononçait son éloge en rappelant « les exemples fameux des héroïnes nationales ; le dévouement
des Sabines, la chasteté de Lucrèce, le courage de
Clélie, le patriotisme de Véturia et celui des matrones
dont les offrandes remplirent le trésor vidé par la
guerre d'Annibal [1] ». Plus tard encore, on voit César
prononcer aux rostres du forum l'éloge funèbre de sa
tante Julie ; la femme et la sœur d'Auguste être inves-
ties de l'inviolabilité tribunitienne, Agrippine siéger
sous les enseignes, Julia Domna être proclamée « mère
des légions », des soldats élever une statue à la
femme de leur général, et le peuple de Lyon à celle de
leur gouverneur. Chez les Germains et les Gaulois, le
rôle familial et social de la femme était considérable.
Chez les premiers, on la consultait parfois dans les plus
graves circonstances ; chez les seconds, elle pouvait
exercer les fonctions sacrées de druidesse.

Mais, à quelque nation qu'elle appartînt, la femme
antique ne chercha jamais à se dépouiller des charmes de son sexe et des devoirs de la maternité, pour se
jeter dans les professions qu'exerçaient les hommes.
Les amazones guerrières n'ont existé que dans les
légendes helléniques, et l'on souriait, en Grèce, du
rêve de Platon enlevant les enfants des guerriers à
leurs parents, aussitôt après la naissance, pour les con-
fier à des femmes dont l'unique fonction eût été de les
nourrir et de les éduquer, tandis que leurs mères
auraient pris part aux exercices militaires et aux
batailles. Grecs et Romains ne pouvaient admettre ni
que les mères n'élevassent pas leurs enfants ni que la
femme ne devint pas mère. Ce dont s'honoraient les
matrones romaines, c'était de donner à la République
des guerriers vaillants et des hommes d'Etat habiles.

1. V. Duruy, *Hist. des romains*, V, p. 277.

Auprès d'elles, Cicéron, dans sa jeunesse, « allait étudier les grâces de la diction romaine, la force et la beauté du langage » et la « sublime Cornélie se montrait plus fière d'être appelée la mère des Gracques que d'être la fille du premier Africain[1] ». Dans la maison, la Romaine tenait une place égale à celle de son mari, jouissait d'un profond respect, prenait une part prépondérante à l'éducation des enfants. Où est le mari est la femme (*ubi tu Caïus, ego Caïa*), lit-on dans la formule sacrée du mariage romain. La femme est *mater familias*, comme l'homme est *pater familias*. Mais toujours et partout, la femme, chez les anciens, restait femme et trouvait son plus grand honneur dans la maternité. Il a fallu le triomphe du christianisme en Occident, pour voir la virginité célébrée comme une vertu, les femmes rougir de leur maternité, les couvents se peupler de légions de filles, et le rêve de Platon se réaliser par la constitution d'une classe de femmes dont le plus ardent désir est de jouer le rôle des hommes, en renonçant plus ou moins aux fonctions que la nature assigne à leur sexe.

Cependant, d'une façon générale, ni le christianisme ni les lois qu'il a inspirées ne sont parvenus à diminuer l'autorité morale dont la femme avait joui dans les nations occidentales pendant toute l'antiquité païenne. Grâce à la monogamie, dont le christianisme ne saurait revendiquer l'institution, puisqu'elle existe chez tous les peuples aryens depuis les époques les plus reculées, grâce surtout à la puissance irrésistible de ses charmes physiques et de son esprit, la femme occidentale a vu son influence grandir à mesure que la civilisation s'est développée. Au moyen âge, la faculté qu'elle avait d'hériter des plus grands fiefs lui mit

1. Villemain, Introduct. *à la République*, de Cicéron, livr. IV.

entre les mains une autorité d'autant plus grande
qu'elle pouvait, en épousant un prince, faire passer
son propre fief sous sa domination On n'a pas oublié
que la Bretagne fut apportée au royaume de France
par le mariage de sa souveraine avec Louis XII, tandis
que l'Aquitaine était devenue Anglaise par le mariage
d'Eléonore, femme divorcée de Louis VII, avec Henri
de Plantagenet. Les femmes jouèrent alors, pendant
plusieurs siècles, un rôle prépondérant dans la disloc-
cation ou l'agrandissement des domaines féodaux. Plus
tard, à mesure que la monarchie s'étendit sur notre
pays en augmentant sa puissance, on vit les femmes
s'emparer du cœur et de l'esprit des monarques les
plus autocrates et gouverner le royaume, tandis que
dans chaque famille, leur autorité s'accroissait. La
Révolution elle-même ne fut pas soustraite à leur puissante influence : femmes du peuple et des bourgeois
ou femmes de la cour, sans oublier la reine, purent
revendiquer la responsabilité de bien des journées de
cette tourmente politique et sociale.

A notre époque, l'influence et le rôle de la femme se
sont encore accrus, dans d'énormes proportions, par
suite de l'instruction qu'elle reçoit et de l'âpreté croissante de la lutte pour l'existence. Dans le petit commerce, la femme joue, soit directement, soit à titre
d'auxiliaire de son mari, un rôle tel que beaucoup de
maisons sont ruinées par sa mort. Dans la bourgeoisie
moyenne, c'est surtout comme directrice du ménage,
éducatrice des enfants et régulatrice des dépenses
qu'elle manifeste son influence. C'est à elle que revient,
en grande partie, le mérite des habitudes de prévoyance
et d'économie auxquelles est due l'incroyable richesse
de notre pays. Si la France place, chaque année, près
de deux milliards de francs économisés sur les dépenses
des familles, c'est en grande partie à la sagesse de ses

femmes qu'il faut l'attribuer. Dans les classes labo-
rieuses, le rôle de la femme n'est pas moins considérable ni moins digne d'éloges que dans la petite et
moyenne bourgeoisie. N'est-ce point elle qui, dans les
ménages ouvriers, se lève la première et se couche la
dernière ? Si les enfants sont propres, coquettement
habillés, toujours mieux nourris que père et mère,
n'est-ce pas à ses soins assidus qu'ils le doivent ? Si le
mari reste à la maison le soir et le dimanche, au lieu
de fréquenter le cabaret, n'en doit-il pas être recon-
naissant à sa femme qui, après avoir travaillé comme
lui pendant le jour, trouve encore le moyen de lui préparer un repas confortable et de le distraire par l'iné-
puisable gaîté qui caractérise la française, surtout
dans le peuple ?

En somme, plus nos sociétés progressent dans la
voie de la civilisation, plus le rôle des femmes devient
considérable dans la famille et dans la société. Est-ce
le moment qu'il convient de choisir pour la pousser
dans la voie du féminisme absolu, pour lui inspirer
l'ambition de se mettre en concurrence avec les
hommes dans les diverses professions que celui-ci
exerce ?

La raison, l'histoire et la nature s'accordent pour
établir que l'on irait ainsi à l'encontre de la dignité
morale et des intérêts matériels de la femme. Il suffit,
pour s'en rendre compte, de voir ce qui se passe dans
les sociétés humaines primitives, les seules où le
féminisme que l'on peut qualifier d'absolu ait été
réalisé. Chez les Australiens, la femme et l'homme
mènent exactement la même existence, aucun des
labeurs et des charges de l'homme, n'est épargné à la
femme, celle-ci est entièrement indépendante, mais
elle n'est aimée — si un tel mot peut être employé —
qu'à la minute où elle excite les désirs brutaux du

mâle. Abandonnée, après cette minute de plaisir, par celui qui l'a exigée, elle porte seule tout le poids de l'élevage de ses enfants, comme elle doit seule subvenir à ses propres besoins. Elle est, à tous les égards, l'égale de l'homme ; mais, en réalité, elle est tombée dans une situation inférieure à celle des femelles des animaux. Malgré la profonde diversité des civilisations, le sort de toutes les femmes deviendrait analogue à celui des Australiennes, le jour où, par impossible, elles seraient devenues partout entièrement égales aux hommes, seraient tenues de remplir les mêmes devoirs et subiraient les mêmes charges sociales. Ce jour-là, elles cesseraient moralement d'être des femmes, et les hommes ne verraient plus en elles que des concurrentes redoutables.

Déjà, dans certaines classes de nos sociétés, il est manifeste qu'un pareil sentiment se fait jour. Dans tous les métiers où les femmes se sont introduites, les ouvriers se plaignent qu'elles avilissent les salaires ; et il est impossible de ne pas reconnaître que leurs plaintes sont justifiées, car non seulement les femmes s'emparent d'une partie des travaux que les hommes pourraient faire, mais encore elles se contentent de salaires infimes. Le jour où, le rêve des féministes absolus étant réalisé, les femmes se précipiteraient en masse vers toutes les professions qu'elles sont susceptibles d'exercer, elles ne rencontreraient guère parmi les hommes que des hostilités.

En me plaçant au point de vue des intérêts matériels et de la dignité de la femme, il m'est donc impossible de considérer comme souhaitable la réalisation d'un régime social dans lequel la femme serait entièrement assimilée à l'homme.

Est-ce à dire que la femme doive se tenir à l'écart de toutes les professions et se confiner entièrement dans

le rôle de mère que la nature lui attribue ? Pas le
moins du monde. Mais ceux-là font, à mon avis, fausse
route, qui, sous le prétexte d'établir l'égalité des sexes
au profit de la femme, poussent cette dernière à s'emparer des situations sociales occupées par les hommes.
Tenant compte de la direction dans laquelle se fait
naturellement l'évolution des sociétés, je vois la femme
non à la place de l'homme mais à côté de lui, dans la
famille et dans le corps social. Je plains, par exemple,
la femme qui, ayant appris la médecine et obtenu le
diplôme du doctorat, se lance dans la société en con-
currente du médecin ou du chirurgien de l'autre sexe,
car l'expérience m'a appris qu'elle a bien des chances
de succomber dans cette lutte. Par contre, une femme
qui, sachant la médecine, épouse un médecin et devient
la collaboratrice de son mari auprès des femmes, des
enfants, dans les œuvres d'assistance auxquelles il
s'intéresse, etc., me paraît devoir être fort heureuse,
car aux devoirs et aux joies de la famille, elle ajoute,
sans courir aucun risque, les plaisirs intellectuels
que procurent la science et ses applications. J'en
dirai autant de la femme pharmacien, avocat, ingénieur, commerçant, etc., car autant la nature rend
difficile à la femme de concurrencer l'homme dans
la lutte pour l'existence, autant elle la rend apte à
lui prêter une aide efficace dans les efforts incessants
que lui impose cette lutte.

Dans les classes ouvrières, le travail professionnel
de la femme offre plus d'inconvénients encore que dans
les classes bourgeoises. Dans ces dernières, la femme
qui exerce une profession peut aussi être mère, à la
condition de faire élever ses petits enfants par des
mercenaires. Elle renonce, il est vrai, au rôle que lui
assigne la nature pour en jouer un autre qui ne lui
convient guère, mais il n'y a pas impossibilité pour

elle d'avoir, à la fois, une famille et une profession.
Pour les ouvrières, il en est autrement : le travail hors
de la maison, c'est pour elles, en bien des cas, l'abandon des enfants à tous les hasards de la rue, avec le
danger des fréquentations mauvaises qu'ils y peuvent
avoir, des contagions physiques et morales auxquels
ils y sont exposés.

En somme, à quelque classe sociale qu'elle appartienne, la femme qui s'adonne, par nécessité ou ambition, à un travail professionnel l'éloignant de sa
famille, sacrifie toujours plus ou moins l'intérêt et
l'avenir de ses enfants. Dans la plupart des cas, elle
compromet aussi sa santé et met en péril sa moralité.
J'en conclus que, dans une société bien organisée, la
femme devrait, autant que possible, être écartée des
professions qui exigent l'éloignement de la famille et
imposent des travaux fatigants.

Il semble que nos sociétés occidentales soient appelées à marcher dans une voie toute opposée, car chaque
jour on voit augmenter le nombre des professions
auxquelles les femmes s'adonnent. Il est impossible
que nous ne tenions pas compte de ce fait dans l'organisation de l'éducation des filles, car s'il nous est permis de souhaiter que la femme se confine de plus en
plus dans le rôle principal de mère et d'éducatrice, que
la nature lui assigne, nous n'avons pas le droit de
mettre empêchement à ses aspirations. L'éducation des
filles doit donc être organisée de telle sorte qu'aucune
carrière ne leur soit fermée, mais il sera sage de leur
faire comprendre qu'elles perdraient la plupart des
avantages dont la nature les a dotées, si elles préten-
daient se mettre en concurrence avec les hommes dans
la lutte pour l'existence.

En somme, l'éducation des jeunes filles doit, comme
celle des garçons, comprendre deux parties bien dis-

tinctes. D'abord, une éducation générale permettant à chaque femme de tenir un rang honorable dans la société dont elle fait partie ; ensuite, une éducation professionnelle adaptée aux besoins et aux goûts de chacune. Enfin, et par-dessus tout, l'éducation des jeunes filles doit être comprise de telle sorte que toute femme devenant épouse et mère soit apte à remplir le double rôle capital qui lui est assigné par la nature, de moralisatrice de sa famille et d'éducatrice de ses enfants.

CHAPITRE II

L'ÉDUCATION DE LA FEMME MODERNE
PENDANT LA PREMIÈRE ENFANCE

En venant au monde, l'enfant apporte l'organisation de ses parents directs ou éloignés et le tempérament qui en résulte; mais cette organisation et ce tempérament sont modifiables par le régime et l'éducation. C'est donc dès les premières minutes de la vie de l'enfant que l'on doit commencer son éducation physique, intellectuelle et morale. De même que pour modeler l'argile, il faut profiter du temps où elle est assez plastique pour obéir à toutes les pressions du doigt, on doit se préoccuper de former le tempérament, le caractère et l'intelligence de l'enfant tandis que son cerveau est assez malléable pour subir toutes les impressions et son cœur assez sensible pour éprouver toutes les émotions. Les parents qui attendent, pour procéder à l'éducation de leurs enfants, que leur raison soit entièrement développée, commettent une faute aussi grave que celle dont le sculpteur se rendrait coupable s'il attendait pour modeler sa glaise qu'elle se fut durcie sous les rayons de soleil.

On commencera donc l'éducation de l'enfant dès sa naissance et avec la pensée, s'il s'agit d'une fille, d'en faire une femme aussi bien adaptée que possible, physiquement, intellectuellement et moralement, à la société dans laquelle s'écoulera son existence. Est-ce à dire qu'il faille appliquer à la petite fille, dès le premier âge, des procédés d'éducation distincts de ceux que l'on emploierait pour un petit garçon? Je ne le pense pas. Pendant les premières années, la différence des sexes ne se fait pas assez sentir pour qu'il y ait lieu d'en tenir compte dans l'éducation. A la petite fille comme au petit garçon, il faut donner avant tout un tempérament moyen, ni trop nerveux ni trop sanguin, ni, surtout, trop lymphatique, et le caractère qui correspond à ce tempérament, c'est-à-dire ni trop sensible ni trop froid, et assez arrêté pour se maintenir dans toutes les circonstances.

Dans ce but, il faut avoir soin de procurer à l'enfant une alimentation abondante mais ne dépassant jamais ce qui est nécessaire pour la satisfaction stricte du besoin de nutrition, car c'est, d'ordinaire, pendant l'enfance que se développe la passion de la gourmandise. Les enfants éprouvent le besoin de la faim et de la soif avec la même netteté que les grandes personnes, mais ils ignorent, plus encore que ces dernières, où commence la satisfaction de ces besoins. Le seul qu'ils connaissent encore, étant celui de téter, ils prennent facilement l'habitude de se nourrir beaucoup plus qu'il ne leur est nécessaire. Dès lors, ils sont devenus gourmands, peut-être pour toute la durée de leur vie. Or, une alimentation trop abondante, sans être cependant assez excessive pour rendre malade, détermine le tempérament sanguin et fait naître le caractère violent qui en est l'obligatoire corollaire.

Le premier soin de la mère ou de la nourrice doit donc être de régler l'alimentation de l'enfant de manière qu'elle ne dépasse jamais ses véritables besoins. Mais il faut, en revanche, qu'elle les satisfasse exactement, si l'on ne veut pas que le tempérament se modifie dans le sens d'une exagération de l'excitabilité nerveuse ou du lymphatisme.

Ne serait-ce qu'en raison de la surveillance incessante que nécessite la nutrition des tout petits enfants,
on doit recommander aux mères de nourrir elles-
mêmes, toutes les fois que l'état de leur santé et les
qualités de leur lait le permettent. Par contre, il faut
absolument le leur interdire si elles ne se portent pas
très bien ou si leur lait n'est pas abondant et d'excellente qualité. Mieux vaut une bonne nourrice ou un
biberon perfectionné, qu'une mère mal portante ou
insuffisamment pourvue de lait. Mais si l'enfant est
élevé par une nourrice ou au biberon, on ne saurait
excuser la mère qui n'exercerait pas une surveillance
incessante sur la nutrition du petit être. Je parle, bien
entendu, des mères que leur situation sociale ne
détourne pas de l'exécution de ce devoir. Pour celles
qui ne peuvent pas le remplir, à peine est-il permis de
souhaiter qu'elles deviennent mères.

Ce n'est pas seulement dans l'intérêt de l'enfant qu'on
doit avoir soin de régler son alimentation, c'est aussi
dans celui des parents. Il ne faut pas que le père,
auquel incombe le devoir de travailler pour faire vivre
sa famille, soit troublé dans son repos par les cris de
ses enfants, ainsi que cela se produit toutes les fois
qu'on ne prend pas l'habitude de régler avec soin les
tétées de ces petits êtres.

La propreté est le deuxième point de l'éducation des
petits enfants sur lequel doit porter l'attention de la
mère. De même que ces petits êtres sont portés à
manger beaucoup plus que ne l'exige leur besoin physiologique, ils s'habituent vite à la malpropreté. Dans
les premiers jours, ils crient toutes les fois qu'on fait
leur toilette ; mais, petit à petit, ils en prennent l'habitude et se plaignent dès que leurs langes sont sales. Il
faut donc avoir soin de les habituer, aussitôt après
leur naissance, à ne téter qu'à des intervalles réguliers

et à être nettoyés dès qu'ils ont fait quelque ordure. Ce sont là les deux premières leçons de morale qui doivent leur être données.

Tandis que le petit être se fortifie et s'accroît, le devoir de la mère est de surveiller avec la plus grande attention les premières manifestations de sa sensibilité et de sa pensée, afin de diriger leur développement vers le but intellectuel et moral qu'elle se propose d'atteindre. Il est, par conséquent, indispensable qu'elle ait acquis d'avance elle-même l'habitude de l'observation.

Cette habitude lui sera d'autant plus nécessaire qu'elle se trouvera bientôt en présence d'un esprit extrêmement curieux, très porté à l'imitation et très suggestionnable. Dès qu'il peut voir, entendre, toucher, goûter, l'enfant exerce sans cesse sa vue, son ouïe, son tact, son goût et son odorat. Il touche à tout et porte à sa bouche tous les objets que sa main y peut porter ; il suit avec attention tous les gestes qui se font sous ses yeux, écoute toutes les paroles qu'on prononce et se montre sensible à tout ce qui peut lui faire éprouver une émotion quelconque. On croit volontiers à l'hérédité des gestes parce que l'on voit les enfants reproduire ceux de leurs parents dès les premiers mois, alors que leurs cellules psychiques sont encore incapables d'en saisir la signification. En réalité, ils ne font qu'imiter ceux qu'on fait devant eux et auxquels on ne prête soi-même aucune attention. Ils rient s'ils voient rire, pleurent s'ils voient pleurer, prennent une figure de tristesse si l'on est triste autour d'eux, crient s'ils entendent crier, agitent leurs bras, leurs jambes, comme ils le voient faire, copient, en un mot, tous les gestes que l'on fait devant eux, sans éprouver les émotions dont ces gestes sont, chez nous, l'expression. Et cela est facile à comprendre puisque même

chez nous, les jeux de physionomie et les gestes expressifs des émotions se produisent par simple action
réflexe, avant même que nous ayons conscience de
leur production et que nous ressentions les émotions
auxquels ils correspondent [1].

La mère doit en profiter pour habituer son enfant à
faire de préférence les gestes qui correspondent à la
joie, tels que le rire, l'agitation des bras, etc., car ils
sont toujours accompagnés d'une accélération de la
circulation sanguine et d'un accroissement de l'innervation très favorables au développement des organes.
Les gestes qui accompagnent la tristesse sont, au contraire, toujours corrélatifs d'un ralentissement de la
circulation et d'une diminution de l'innervation d'où
résulte un affaiblissement plus ou moins prononcé de
l'activité vitale. Aux gestes de la colère correspond,
d'autre part, une excitation nerveuse et circulatoire
telle que le cerveau se congestionne, que les battements
du cœur deviennent précipités et irréguliers et que la
plupart des fonctions sont troublées.

Comme l'enfant est très facilement suggestionné par
les émotions dont il est le témoin et très porté à imiter
les gestes faits autour de lui, il faut avoir soin d'écarter de sa vue les personnes habituellement tristes ou
colériques. On ne doit l'aborder qu'avec un visage
empreint de gaité et ne lui parler que d'une voix susceptible de provoquer dans son cerveau des émotions
agréables. Il est incontestable que la santé favorise
l'éclosion de la joie ; mais il n'est pas moins certain
que l'habitude des gestes expressifs de la joie détermine la joie et, par elle, une meilleure nutrition de
tous les tissus, une suractivité de la vie et le maintien

1. On lira utilement, au sujet de la manière dont se produisent les émotions, le petit livre de Lange : *Les Emotions*, traduction de Georges Dumas (F. Alcan).

de la bonne santé. Si affectueuse que soit une mère, on ne saurait donc la considérer comme une bonne mère, si elle ne se montre pas toujours gaie aux yeux de ses enfants.

Elle devra profiter aussi de leur curiosité, de leur esprit d'imitation et de leur extrême suggestionnabilité pour les déterminer à montrer une figure souriante et à faire des gestes affectueux aux personnes dont ils reçoivent des soins et des caresses. Le geste donne toujours naissance à l'idée qui lui correspond. Un enfant auquel on apprend à envoyer des baisers ou des saluts de la main à sa mère, à son père, à sa nourrice ne sait d'abord pas ce que ces gestes signifient ; mais leur répétition fait naître peu à peu dans son esprit l'idée que nous-mêmes y attachons. On pourrait presque dire qu'on apprend à l'enfant à aimer son père en lui faisant exécuter les gestes par lesquels l'affection filiale se traduit chez les grandes personnes.

Les mêmes considérations s'appliquent aux premiers mots que l'on enseigne aux enfants. Tous doivent avoir trait aux personnes qui les nourrissent, les soignent, les distraient. A chacune d'entre elles doit correspondre un mot exprimant le sentiment particulier que l'on désire inspirer à l'enfant pour elle. Le mot suggéré précédera l'idée, mais celle-ci suivra toujours le mot, si ce dernier correspond à une réalité que l'enfant puisse observer.

En même temps, on profitera de la curiosité qui est leur qualité psychique principale pour leur faire contracter, d'aussi bonne heure que possible, l'habitude de l'observation. On mettra sous leurs yeux et à la portée de leurs divers sens le plus grand nombre possible d'êtres et d'objets, en surveillant leur contact avec eux de façon à éviter les accidents, mais sans mettre obstacle à aucune des observations non nuisibles qu'ils seront tentés de faire. Il n'est pas mauvais qu'ils apprennent à leurs dépens que la glace est très froide, que l'eau mouille, que le feu et la lumière sont chauds et brûlent le doigt qui les touche, que le chien peut mordre, le chat griffer, la poule donner un coup de bec, etc.; que pour entretenir de bonnes relations avec le chat et le chien il faut les caresser; que l'on attire la poule en lui offrant à manger, en un mot, qu'on doit traiter les animaux comme on désire être traité. Le petit enfant apprendra ainsi, en même temps, à observer et à tirer de ses observations quelques petites leçons de morale qui, étant pratiques, seront efficaces.

Pour étendre les limites de ses observations, je voudrais que ses jouets, au lieu d'être constitués par des polichinelles dont il ne comprend pas la signification, des sabres, des trompettes, des tambours, des fusils ou des canons d'où il ne peut tirer ni connaissances utiles ni sentiments altruistes, je voudrais, dis-je, que ses jouets fussent représentés par des modèles d'animaux, de plantes, d'hommes et de femmes de toutes les races et de tous les pays dans leurs costumes nationaux, d'outils, de machines, de maisons, de palais célèbres, d'églises ou de temples renommés qu'on l'exercerait à reconnaître. Tout cela, évidemment, gradué avec l'âge. En lui donnant le nom de chaque objet, on aura soin de toujours y ajouter les qualificatifs qui en expriment le caractère essentiel ou le verbe qui traduit son usage, en lui faisant constater directement, par lui-même, ce caractère et cet usage.

Pour lui faire apprendre les lettres et les chiffres, on lui donnera des caractères mobiles, en métal ou en caoutchouc. On lui indiquera le nom de chaque lettre ou chiffre et on les lui fera reconnaître au milieu de tous les autres jusqu'à ce qu'il ne commette aucune erreur. On lui montrera alors comment on doit assem-

bler les chiffres pour faire des nombres très simples,
ceux dont il peut concevoir l'idée par l'observation, et
comment il faut réunir les lettres pour former les noms
des êtres ou des objets qu'il connaît déjà. Plus tard, on
lui fera dessiner sur une ardoise les lettres, les chiffres,
les nombres et les mots qu'il sait former avec les caractères mobiles, en ayant soin de ne lui faire lire ou
écrire que des mots répondant à des objets qu'il peut
voir et toucher. Ainsi, par l'observation directe, en
jouant, et au moyen de procédés de représentation
adaptés à son âge, il apprendra, sans s'en douter, à lire,
à écrire et à compter.

Rien n'est plus ridicule, à mon avis, pour enseigner
la lecture et l'écriture aux enfants, que d'employer des
syllabes n'ayant aucun sens, des mots ne se rapportant
à aucun objet perceptible et des phrases exprimant des
idées abstraites ou des sentiments généraux dont les
enfants sont incapables de comprendre la signification.
Qu'on passe en revue les cahiers d'écriture ou les premiers livres de lecture mis entre les mains des enfants
dans les écoles et l'on s'assurera que tous ou presque
tous donnent pour modèles des phrases dont la plupart n'expriment que des idées abstraites. On croit par
elles enseigner la morale ou l'histoire aux enfants ; on
ne fait qu'introduire dans leur mémoire des mots qui
pour eux sont vides de sens et des formules dont le
pédantisme les détourne de la chose même qu'on veut
leur apprendre. Il faut, du reste, éviter de presser
l'instruction des petits enfants. Ils faut qu'ils passent
du travail au jeu sans, pourrait-on dire, s'en aperce-
voir. L'idéal même serait que pour eux le travail fût
toujours un jeu.

Il faut donc écarter de la première éducation des
enfants tout ce qui ne peut pas être de leur part l'objet
d'une observation directe, tout ce qui se rapporte au

passé et à l'avenir, tout ce qui, à un degré quelconque, constitue une abstraction. Contrairement aux affirmations des métaphysiciens, l'enfant n'apporte, en venant au monde, ni aucune idée morale ni aucune idée abstraite, ni, pour tout dire, aucune idée d'aucune sorte. Il est inutile de lui parler du temps, de l'espace, de l'humanité, de l'arbre, de l'animal envisagés d'une façon abstraite ; il est incapable de comprendre ce que cela veut dire : il connaît bien tels hommes et telles femmes, tels animaux et telles plantes, il sait que les heures se succèdent à la pendule, il apprend petit à petit à juger des distances qui séparent deux objets, mais il n'entend rien aux abstractions des métaphysiciens. Si l'on ne veut pas fausser son jugement, il ne faut lui donner que des leçons de choses adaptées au développement de son intelligence. Si on lui raconte une de ces petites histoires dont la plupart des enfants sont très avides, il faut que le héros en soit l'un des êtres qu'il connaît et que le fait soit de ceux dont il pourrait lui-même être témoin.

Par conséquent, toutes les histoires merveilleuses, toutes les fables où l'on fait parler les animaux, toutes les légendes mythologiques, tous les contes de loups-garous, de sorcières, de revenants, doivent être rigoureusement condamnés. Sur le moment, ils déterminent presque toujours chez les enfants quelqu'une de ces émotions violentes qu'il faut écarter d'eux avec soin et risquent de laisser dans leur mémoire des traces ineffaçables. La plupart des enfants qui ne peuvent pas rester seuls la nuit, qui se refusent à circuler, même à travers la maison, dans l'obscurité, doivent ces terreurs chimériques aux récits de voleurs, d'assassins ou de revenants qu'ils ont entendu faire. Souvent ils arrivent à l'âge adulte sans s'en être débarrassés. J'ai entendu dire à un de mes amis qu'il ne pouvait pas, le soir,

fermer un volet, sans se rappeler avec quelque émotion le conte qui lui avait été fait dans son enfance, par
une vieille femme, d'une main froide et invisible se posant
sur la sienne, une nuit qu'elle fermait ses fenêtres. Un
éminent biologiste m'a raconté qu'il ne peut pas entrer
dans la chambre où est mort l'un de ses parents, sans
éprouver des frissons de terreur, tant sont restés vivaces
dans sa mémoire les récits de revenants qui lui furent
faits quand il était tout petit. Tous les préjugés relatifs
aux nombres et aux jours néfastes viennent des enseignements du premier âge et restent vivaces au point qu'on
voit des hommes instruits et très libres d'esprit par
ailleurs, refuser de se mettre en voyage un vendredi
ou de s'asseoir à une table de treize convives.

Bien loin d'entretenir les enfants de toutes ces chimères, il faut les habituer à circuler la nuit, à ne considérer les morts que comme des êtres ayant terminé leur
rôle d'hommes, etc. On donnera ainsi à leur esprit une
tournure positive, scientifique, dirai-je volontiers, car
tout ce qui est réel est du domaine de la science. Pour
leur inspirer le dégoût de la gourmandise et de l'alcoolisme, on n'hésitera pas à leur montrer un ivrogne
titubant, tombant dans le ruisseau, se roulant dans ses
déjections; un seul spectacle de cette sorte frappera
leur imagination assez fortement pour que le souvenir
n'en sorte jamais de leur mémoire. Par contre, on lui
fera remarquer combien sont alertes, gaies, aimables
et pleines de santé les personnes qui se nourrissent
confortablement mais sans excès d'aucune sorte. On
attirera leur attention sur les actes de bonté, d'affection, de respect, etc., qui se produisent autour d'eux, de
manière à les leur faire considérer comme normaux
dans l'humanité et on leur suggestionnera de la sorte
les qualités qu'on désire voir se développer en eux.

Répéter sans cesse à un enfant, comme le font certains parents ou maîtres, qu'il est méchant, envieux, gourmand, menteur, c'est presque toujours le meilleur moyen de le faire tomber dans ces défauts. J'ai connu une petite fille que l'on avait rendue insupportable en lui redisant, à l'occasion de chacune de ses fautes, qu'elle « avait mauvais caractère comme sa grand'mère, qu'elle ressemblait à sa grand'mère, qu'elle serait incorrigible comme sa grand'mère, etc. ». Le lendemain d'un jour où elle s'était montrée particulièrement désagréable et méchante, je la surpris, sans qu'elle me vît, en conversation avec sa poupée : elle lui reprochait sévèrement tous les actes qu'elle avait elle-même commis, lui donnait des gifles, la fessait et concluait : « du reste, vous ressemblez à votre grand'mère, vous êtes incorrigible ! » Et il y avait dans le ton de ses paroles comme l'expression d'une sorte de fierté d'être elle-même méchante et incorrigible comme on disait que son aïeule l'avait été.

Bien loin de répéter aux enfants qu'ils sont mauvais et de les accabler de reproches ou de punitions pour des fautes dont ils apprécient la nature autrement que nous-mêmes, on doit leur suggestionner la pensée qu'ils sont bons, obéissants, laborieux, car c'est le meilleur moyen que l'on ait de leur inculquer la bonté, l'obéissance et le goût du travail. On leur suggestionnera facilement de la même manière la patience, la tolérance, le courage moral et physique. Un enfant auquel on parle sans cesse des dangers que peuvent lui faire courir les animaux, les autres enfants ou les grandes personnes, la maladie, etc., en arrive à vivre dans la crainte perpétuelle des menaces auxquelles il se croit exposé ; et, presque toujours, il restera craintif ou timide pendant toute sa vie.

Parmi les moyens de suggestion dont il faut user avec les enfants, l'exemple est le plus important de tous. La curiosité inlassable dont l'enfant est animé

le pousse à fixer son attention sur tous les gestes et les
actes qui se font sous ses yeux. Il prend vite les tics
des personnes de son entourage et fixe dans sa mémoire avec non moins de rapidité les exemples qui lui
sont donnés, aussi bien les mauvais que les bons, car
il n'a pas encore de criterium pour les distinguer les
uns des autres. Aussi doit-on prendre attention à ne
laisser approcher des petits enfants que des personnes
dont ils aient à recevoir de bons exemples. Une nourrice ou une bonne gourmandes, ivrognes, menteuses,
voleuses, méchantes, se laissant aller à leurs vices sous
les yeux d'un petit enfant, auront vite fait de rendre
celui-ci gourmand, ivrogne, menteur, voleur ou mé-
-chant. A plus forte raison acquerra-t-il rapidement ces
vices, si ses parents eux-mêmes s'y adonnent sous ses
yeux, car plus on a d'autorité sur son esprit, plus facilement on est imité. Or, cette autorité est d'autant plus
grande que les passions de celui qui l'exerce sont plus
violentes. C'est, en effet, une vérité d'observation
indiscutable que plus un individu est passionné, plus
il exerce d'influence autour de lui ; et il est évident que
cette influence s'accroît encore si elle s'exerce sur des
êtres très suggestionnables comme les enfants. Aussi
l'un des devoirs les plus impérieux de la société est-il
de soustraire les enfants, aussitôt que possible, aux
exemples et aux leçons des parents vicieux.

Qu'il s'agisse de petites filles ou de petits garçons, la
mère ne mettra aucun empêchement aux exercices physiques pour lesquels ils montreront du goût. Les enfants
ont un besoin d'activité qu'il est indispensable de leur
laisser satisfaire. Cette activité, en effet, favorise beaucoup la circulation, l'innervation, le développement
des muscles, l'assouplissement des membres et même
la formation des idées, en raison des sensations de
toutes sortes dont elle détermine la production. On

doit veiller seulement à ce que les exercices auxquels se livrent les enfants ne soient pas assez violents pour déterminer des troubles du cœur ou des centres nerveux, ainsi qu'il arrive très fréquemment.

Toute l'éducation morale, intellectuelle et physique du premier âge doit être réglée en tenant compte de ce que l'enfant, bien loin d'apporter en naissant la connaissance d'aucune « loi naturelle » ou d'aucun « impératif catégorique », n'a que des besoins naturels tellement impérieux, que son unique désir est de les satisfaire et qu'il prend en haine tous les obstacles mis à leur satisfaction. Il devient, en un mot, égoïste dès sa naissance, sous la pression des besoins qui dominent tout son organisme. La première manifestation de cet égoïsme se traduit par une tendance à dominer les personnes qui l'entourent. Il s'imagine volontiers être le centre du monde. S'il désire une chose quelconque et qu'on la lui refuse, il pousse des cris, pleure, et entre dans une violente colère. Lui céder, c'est provoquer une exacerbation de ce sentiment et, à la longue, sa transformation en une passion de domination qu'il conservera pendant toute son existence. Aussi est-il indispensable de réprimer les premières manifestations de son égoïsme dominateur. La mère se contentera d'abord de rester sourde à des cris dont elle sait qu'ils n'expriment pas un besoin réel. Si cette indifférence ne suffit pas, elle devra recourir à un petit sévice moral ou matériel, tel que l'abandon momentané dans son berceau où il ne tardera pas à s'apaiser, une gronderie menaçante et, au besoin, une petite claque suivie d'isolement. En employant, dès les premières semaines, ces petits procédés de contrainte et de coercition, on fera presque toujours cesser les manifestations du sentiment de domination dont il est facile de constater l'existence chez tous les petits enfants.

Un peu plus tard, tous les enfants manifestent leur égoïsme par la jalousie qu'ils témoignent à l'égard des autres enfants et même pour les animaux que leur nourrice ou leur mère caresse. Si l'on affecte de n'y prêter aucune attention, ces manifestations cessent assez vite. On exacerbe, au contraire, le sentiment de jalousie de l'enfant, en le satisfaisant d'une manière quelconque, par exemple en éloignant la personne ou l'animal dont il se montre jaloux. Encouragée, la jalousie devient souvent une véritable passion, susceptible de troubler l'esprit pendant toute la vie.

L'égoïsme des enfants se manifeste encore toujours sous une troisième forme à laquelle il est indispensable de prêter attention : tout ce que l'enfant désire, il veut le posséder, le prendre : il faut soigneusement réprimer cette tendance, car elle n'est pas autre chose que la première manifestation inconsciente de l'esprit du vol. Il faut, d'aussi bonne heure que possible, apprendre aux enfants à distinguer le « mien du tien », ce qu'on lui a donné de ce qu'on ne lui a pas donné.

Lorsque l'enfant est assez avancé en âge pour parler, lire, acquérir quelques connaissances, son égoïsme se traduit par une tendance très prononcée à la présomption et à l'orgueil. Il s'imagine volontiers être un personnage et s'impose, de gré ou de force, à tous ceux qui l'approchent, si peu qu'on se montre faible à son égard. Les enfants sont, en outre, presque toujours bavards, irrespectueux et même moqueurs. Les parents, de leur côté, sont portés à considérer tout ce qu'ils disent comme admirable, à rire de leurs moqueries, à les traiter comme des petits génies, dans lesquels il est visible qu'ils se contemplent eux-mêmes. C'est l'âge où les enfants se gâtent intellectuellement et moralement, en vertu de leur égoïsme, et où les parents sont le plus disposés à les gâter. Un observateur attentif

peut, dès ce moment, pronostiquer ce que deviendra
moralement la petite fille ou le petit garçon ; si, chez
eux, l'égoïsme prédominera pendant toute la vie ou
bien dans quelle mesure il sera contrebalancé par l'al-
truisme. C'est, par conséquent, l'époque où la mère
devra donner le plus de soin à l'éducation de son
enfant et ne pas hésiter, pour tempérer l'égoïsme du
petit être, à user de quelque sévérité.

Cette première étape franchie, c'est-à-dire entre six
et sept ans, l'enfant entre dans la phase de l'éducation
primaire. La mère, même si elle est instruite, ne suffit
plus pour l'œuvre éducatrice à exécuter ; il faut des
maîtres capables d'inspirer à l'enfant autant sinon plus
de respect que d'affection[1].

1. Koung-Sun-Tcheou dit : Pourquoi un homme supérieur
n'instruit-il pas lui-même ses enfants ? — Meng-Tseu dit :
Parce qu'il ne peut pas employer les corrections. Entre le père
et le fils il ne convient pas d'user de corrections pour faire le
bien. Si le père use de corrections pour porter son fils à faire le
bien, alors l'un et l'autre sont bientôt désunis de cœur et d'affection. Si une fois ils sont désunis de cœur et d'affection, il ne
peut point leur arriver de malheur plus grand. « Les anciens
confiaient leurs fils à d'autres pour les instruire et faire leur
éducation ». (Voy. : de LANESSAN, *La morale des philosophes chinois*, p. 70).

CHAPITRE III

L'ÉDUCATION PRIMAIRE DE LA FEMME MODERNE

Entre six ou sept et treize ans, la petite fille recevra l'éducation que l'on a coutume de qualifier de primaire. Pour être profitable, non seulement à l'enfant qui la reçoit mais encore à la société tout entière, cette éducation doit, à mon avis, réunir deux qualités essentielles : être la même pour toutes les élèves, à quelque classe sociale qu'elles appartiennent, et avoir un caractère général, non professionnel. L'école primaire n'a pas à former les enfants en vue de professions déterminées ; mais elle doit donner à toutes une instruction générale suffisante pour que chacune, après sa treizième année, puisse être dirigée vers l'une quelconque des professions dans lesquelles l'instruction générale primaire est suffisante.

Pour atteindre ce but, deux réformes capitales sont nécessaires : il faut réduire la quantité des matières introduites successivement dans le programme des écoles primaires et modifier la distribution des leçons quotidiennes.

L'un des vices capitaux des programmes de notre enseignement primaire réside dans la manière dont le temps du maître et des élèves est distribué. Dans chaque classe de trois heures, on aborde successivement quatre ou cinq matières différentes. C'est une demi-heure environ qui est consacrée, tour à tour, à l'éducation morale et civique, à la lecture, à l'histoire ou à l'arith-

métique, au français ou à l'écriture, au dessin ou aux
travaux manuels, etc. On a craint de fatiguer les enfants
en fixant leur attention pendant trop longtemps sur une
même matière ; mais, pour éviter cet inconvénient, on
est tombé dans un autre beaucoup plus grave : on ne
donne ni au maître, ni à l'élève le temps de fixer leur
esprit sur aucun sujet. Une réforme profonde de ce
système est absolument nécessaire en vue de l'application générale de la méthode d'observation que je considère comme devant caractériser toute l'éducation
moderne.

§ 1. — APPLICATION DE LA MÉTHODE D'OBSERVATION

Poussé par le besoin d'activité qui met en jeu tous
ses organes et fait agir incessamment tous ses sens,
l'enfant veut tout voir, toucher, sentir, goûter, connaître directement et pratiquement. Les idées abstraites ne l'intéressent pas le moins du monde ; mais
il faut pouvoir lui dire ce que c'est que le jour et
la nuit, le soleil, la lune, les étoiles, le bleu du ciel,
les nuages qui le voilent, la pluie qui en tombe, le vent
qui agite les feuilles des arbres, le froid qui les jaunit,
la gelée qui les tue et les fait tomber, le verglas qui,
pendant les journées humides et glaciales, couvre les
branches et les fait étinceler sous les rayons du soleil
comme si elles étaient enveloppées par des millions de
diamants. Il veut savoir pourquoi dans ce seau où il y
avait hier de l'eau, il n'y a plus maintenant qu'une
glace solide et dure. Il faut lui dire pourquoi le bois
brûle dans la cheminée, d'où viennent la tourbe, la
houille ou le coke dont le poêle est empli. Il demande
si l'arbre vit comme l'animal, pourquoi il ne peut pas
se déplacer comme l'oiseau qui voltige à travers ses
rameaux et construit son nid à l'abri de ses feuilles.

D'où viennent les hommes, les animaux, les arbres, les herbes ? Ont-ils toujours existé ? Ont-ils été fabriqués ? Et avec quoi ? Comment ? Par qui ? Pourquoi marchent-ils, courent-ils, mangent-ils ? L'origine, le pourquoi, et le comment des êtres et des choses, voilà ce qui préoccupe par-dessus tout l'enfant, voilà exclusivement ce qui l'intéresse. Tout le reste l'ennuie. Romulus ou David, Charlemagne ou Vercingétorix, Louis XIV ou Napoléon le laissent indifférent parce qu'il ne les voit pas. Mais il veut savoir d'où viennent le ruisseau et la rivière, où ils vont et comment il se fait qu'ils coulent à travers les champs, le village ou la ville, toujours dans la même direction. Où commence la mer et où finit-elle ? Que se trouve-t-il au delà des immenses plaines liquides, tour à tour planes et montueuses, qu'elle étale sous nos yeux ? Quelle est la force qui la soulève parfois en vagues hautes et bruyantes ? Pourquoi monte-t-elle sur ses rivages chaque jour, pour en redescendre ensuite ? Comment les mers se sont-elles formées ? D'où vient que leur eau est salée, tandis que celle des rivières et des fontaines ne l'est pas ? Et les terres qui nous portent, d'où viennent-elles ? De quelle façon se sont-elles constituées ?

Harcelées par ces questions incessamment renouvelées, d'autant plus pressantes que l'enfant a l'esprit plus ouvert, la mère ou la maîtresse qui refusent d'y répondre, soit par incapacité, soit par dignité mal entendue, ont vite fait de perdre l'autorité intellectuelle dont elles auraient besoin et le respect auquel elles estiment avoir droit. Puisqu'elles l'empêchent de poser des questions qui l'intéressent ou refusent d'y répondre, comment se fait-il qu'elles prétendent le contraindre à apprendre ce qu'il ne désire pas savoir ? C'est donc qu'elles placent leurs caprices au-dessus de ses désirs ? Et si elles se montrent capri-

cieuses, pourquoi ne le serait-il pas aussi ? Pourquoi,
dans le seul but de leur faire plaisir — car lui-même n'y
trouve aucun agrément — apprendrait-il par cœur des
fables ridicules, où parlent des animaux dont il sait
qu'ils n'ont pas le don de la parole ? Pourquoi étudierait-
il l'histoire des Juifs, des Grecs, des Romains, des Gaulois et autres gens dont il n'a cure, dont il ne se fait pas
la moindre idée, tandis qu'on lui refuse de lui enseigner
celle des hommes, des animaux, des arbres, des objets
divers avec lesquels il vit ou dont il sent que son existence dépend ? Pourquoi ne veut-on faire appel qu'à
sa mémoire, quand il aurait tant de plaisir à voir, à
toucher, à observer les objets et les êtres qui l'entourent ?

Il sera, au contraire, plein de déférence, de respect et
d'affectueuse confiance pour la maîtresse qui provo-
quera ses questions et y fera toujours une réponse
plausible. Elle-même y trouvera l'élément le plus
important de son œuvre éducatrice.

L'éducation de la petite élève débutera donc tout
naturellement par l'étude des faits principaux qui font
l'objet des sciences d'observation et d'expérience. Mais
pour que les leçons ne soient ni arides, ni ennuyeuses,
il faudra, d'une part, les faire porter, principalement
au début, sur des objets facilement observables et,
d'autre part, fusionner l'enseignement de la science
avec celui d'autres matières, telles que la langue française, l'orthographe, la morale, etc.

J'estime, en effet, que l'un des vices principaux de
notre enseignement primaire est d'établir une sorte
de cloison étanche entre les différentes matières qui
figurent à son programme. On habitue ainsi les enfants
à considérer comme distinctes des connaissances qui,
en réalité, se pénètrent réciproquement. De même que
tout l'effort de nos méthodes semble être dirigé vers la

substitution de la mémoire à l'observation, qui est la qualité maîtresse des enfants, tout celui de notre organisation scolaire a pour résultat de classer des objets contre la classification desquels la nature et l'esprit des enfants protestent également. On irait, au contraire, dans le fil de la nature en fusionnant autant que possible, dans une même leçon, plusieurs des exercices particuliers que l'on sépare aujourd'hui avec tant de soin et si peu de profits.

Au lieu, par exemple, de donner à ses élèves comme sujet de lecture, des poésies ou de la prose purement littéraires, de leur enseigner la morale avec des maximes rigides, de leur faire apprendre par cœur des pages entières d'histoire ou de géographie, de les contraindre à apprendre également par cœur les caractères généraux des groupes artificiels entre lesquels on a classé les animaux et les végétaux, etc., en les obligeant à compartimenter leur intelligence, leur mémoire, rien ne serait plus facile que de leur dicter des récits de mœurs humaines ou animales, à propos desquels la maîtresse les habituerait à observer des objets réels et leur donnerait simultanément plusieurs leçons diverses.

§ 2. — LES DICTÉES ET LEUR UTILISATION

On me permettra d'éclairer cette méthode par quelques exemples. Voici d'abord une page qui me paraîtrait convenir aux élèves d'une classe élémentaire. Elle est faite avec l'histoire du Coq, tracée par l'illustre naturaliste Buffon, et prête à une foule de considérations propres à intéresser de jeunes enfants. Le coq et la poule étant très communs, aussi bien dans les villes qu'à la campagne, rien ne serait plus facile que de les mettre sous les yeux des élèves, en leur dictant la page suivante :

« Le coq est un oiseau pesant, dont la démarche est grave et lente, et qui, ayant des ailes fort courtes, ne vole que rarement. Il chante indifféremment la nuit et le jour, mais non pas régulièrement à certaines heures, et son chant est fort différent de celui de sa femelle... Il gratte la terre pour chercher sa nourriture, il avale autant de petits cailloux que de graines et n'en digère que mieux ; il boit en prenant de l'eau dans son bec et levant la tête à chaque fois pour l'avaler ; il dort le plus souvent un pied en l'air et en cachant sa tête sous l'aile du même côté... Le cou s'élève verticalement, le front est orné d'une crête rouge et charnue et le dessous du bec d'une double membrane de même nature et de même couleur. Dans les deux sexes, les narines sont placées de part et d'autre du bec supérieur, et les oreilles de chaque côté de la tête, avec une peau blanche au-dessous de chaque oreille ; les pieds ont ordinairement quatre doigts, quelquefois cinq, mais toujours trois en avant, le reste en arrière... La queue est à peu près droite,... composée de quatorze grandes plumes ; ce qui distingue le mâle, c'est que les deux plumes du milieu de la queue sont beaucoup plus longues que les autres et se recourbent en arc ; que les plumes du cou et du croupion sont longues et étroites, que les pieds sont armés d'éperons... Le coq a beaucoup de soin, d'inquiétude et de souci pour ses poules, il ne les perd guère de vue, il les conduit, les défend, va chercher celles qui s'écartent, les ramène et ne se livre au plaisir de manger que lorsqu'il les voit toutes manger autour de lui... ; à juger par les différentes expressions de sa mine, on ne peut guère douter qu'il ne leur parle différents langages ; quand il les perd, il donne des signes de regrets... ; s'il se présente un autre coq, il accourt, l'œil en feu, les plumes hérissées, se jette sur son rival, et lui livre un combat opiniâtre jusqu'à ce que l'un ou l'autre succombe, ou que le nouveau venu lui livre le champ de bataille... Les hommes qui tirent parti de tout pour leur amusement, ont bien su mettre en œuvre cette antipathie invincible que la nature a établie entre un coq et un coq ; ils ont cultivé cette haine avec tant d'art que les combats de deux oiseaux de basse-cour sont devenus des spectacles...

« Pour couver ses œufs, la poule se pose dessus, les environne de ses ailes, les réchauffe de sa chaleur, les remue doucement les uns après les autres comme pour en jouir plus en détail et leur communiquer à tous un égal degré de chaleur ; elle se livre tellement à cette occupation qu'elle en oublie de boire et de manger... On juge bien que cette mère qui a montré tant d'ardeur pour couver, qui a couvé avec tant d'assiduité..., ne se refroidit pas lorsque ses poussins sont éclos ; son attachement, fortifié par la vue de ces petits êtres qui lui doivent la naissance, s'accroît encore tous les jours par les nouveaux soins qu'exige leur faiblesse : sans cesse occupée d'eux, elle ne cherche de la nourriture que pour eux ; si elle n'en trouve point, elle gratte la terre avec ses ongles pour lui arracher les aliments qu'elle recèle dans son sein, et elle s'en prive en leur faveur ; elle les rappelle lorsqu'ils s'égarent, les met sous ses ailes à l'abri des intempéries... Elle se livre à ces tendres soins avec tant d'ardeur et de souci que sa constitution en est sensiblement altérée, et qu'il est facile de distinguer de toute autre poule une mère qui mène ses petits, soit à ses plumes hérissées et à ses ailes trainantes, soit au son enroué de sa voix et à ses différentes inflexions toutes expressives et ayant toutes une forte empreinte de sollicitude et d'affection maternelles.

« Mais si elle s'oublie elle-même pour conserver ses petits, elle s'expose à tout pour les défendre : paraît-il un épervier dans l'air, cette mère si faible, si timide et qui, en toute autre circonstance, chercherait son salut dans la fuite, devient intrépide par tendresse ; elle s'élance au-devant de la serre redoutable, et par ses cris redoublés, ses battements d'ailes et son audace elle en impose souvent à l'oiseau carnassier qui, rebuté d'une résistance imprévue, s'éloigne et va chercher une proie plus facile ; elle paraît avoir toutes les qualités du bon cœur, mais si, par hasard, on lui a donné à couver des œufs de cane..., son affection n'est pas moindre pour ces étrangers qu'elle le serait pour ses propres poussins..., et lorsqu'ils vont, guidés par la nature, s'ébattre ou se plonger dans la rivière voisine, c'est un spectacle singulier de voir la surprise, les inquiétudes, les transes de cette pauvre nourrice... qui, pressée du désir de les suivre au milieu des eaux, mais retenue par une répugnance invincible pour cet élément, s'agite incertaine sur le rivage, tremble et se désole, voyant toute sa couvée dans un péril évident, sans oser lui donner de secours...

« Outre le millet, les jaunes d'œufs, la soupe et la mie de pain, les jeunes poulets aiment aussi la navette, le chènevis et autres menues graines de ce genre, les pois, les fèves, les lentilles, le riz, l'orge et l'avoine moulus, le turquis écrasé et le blé noir... Il convient, et c'est même là une économie, de faire crever dans l'eau bouillante la plupart de ces graines avant de les donner... Enfin, on peut leur donner, à mesure qu'ils deviennent grands, de tout ce que nous mangeons nous-mêmes... ; toute viandre hachée, cuite ou crue, leur est bonne, surtout les vers de terre ; c'est le mets dont ces oiseaux qu'on croit si peu carnassiers, paraissent être le plus friands, et peut-être ne leur manque-t-il, comme à bien d'autres, qu'un bec crochu et des serres pour être de véritables oiseaux de proie... »

Cette dictée est longue, très longue même, mais il sera facile de l'interrompre de temps à autre pour attirer l'attention des élèves sur les caractères des animaux dont il est parlé et sur les questions multiples qu'elle soulève. D'un autre côté, la maîtresse dessinera au tableau noir, schématiquement, la forme générale de l'animal, puis, les traits principaux de sa tête, en indiquant la forme du bec et sa division en deux mâchoires cornées, la position et la forme de la crête, celle des caroncules, des yeux et des oreilles. Elle fera observer que les pattes correspondent à nos jambes. Elle tracera un dessin des diverses parties de l'aile et de la patte, en montrant les analogies de chacune avec les parties correspondantes de nos bras, de nos jambes, de nos mains, de nos pieds et de nos doigts. Tous ces dessins, très simples, seront reproduits par les élèves, au fur et à mesure, sur un cahier brouillon.

Chez elles, les élèves recopieront au net, sur un cahier à soumettre au professeur, la dictée et les dessins qui l'illustrent. Puis, dans une classe ultérieure, la maîtresse chargera une ou plusieurs élèves de relire la dictée, en marquant la ponctuation, en prononçant les mots très distinctement comme elle l'a fait elle-même. Elle fera reproduire aussi les dessins au tableau noir. Chemin faisant, elle arrêtera la lecture, tantôt pour faire faire un exercice de grammaire, tantôt pour donner des explications sur les caractères des animaux, tantôt pour traiter diverses questions de biologie ou de morale.

En ce qui concerne la grammaire, par exemple, elle invitera les élèves à inscrire sur leurs ardoises tous les sbstantifs ou adjectifs, verbes, adverbes, etc., d'une phrase. Elle les interrogera sur la signification des mots les moins courants. Elle fera faire au tableau l'analyse grammaticale ou logique d'une phrase, en graduant, bien entendu, ces exercices, d'après le degré de connaissance grammaticale auquel les élèves sont parvenues.

A propos du plumage de la poule et du coq, elle attirera l'attention des élèves sur le fait que, dans la plupart des espèces d'oiseaux, les mâles ont, comme le coq, un plumage plus développé, plus riche en couleurs variées, plus beau que celui des femelles. Elle pourra dire quel usage on fait des plumes, soit dans la vie domestique (oreillers, édredons), soit dans l'industrie. Elle rappellera que nos pères écrivaient uniquement avec des plumes d'oies. Elle insistera sur la légèreté des plumes, sur la facilité avec laquelle le vent les entraîne, mais aussi, sur la très grande surface que présentent les ailes dont l'oiseau se sert comme de rames pour s'élever, se soutenir et se mouvoir dans l'air, etc. A propos des membres, elle indiquera que les os des oiseaux contiennent de l'air, ce qui diminue le poids de l'animal, etc. A propos des aliments des coqs, des poules et des poussins, elle attirera l'attention sur la manière dont les oiseaux se nourrissent, les uns vivant surtout de matières végétales, les autres recherchant de préférence soit la chair des animaux vivants soit celle des cadavres. Elle montrera, par l'exemple des poules, des moineaux, etc., que même les oiseaux végétivores consomment une grande quantité de vers ou d'insectes, ce qui les rend utiles à l'agriculture et fait que, dans certains pays, on défend de les détruire et même on favorise leur multiplication. En un mot, elle tirera de cette seule dictée le plus grand nombre possible de données zoologiques et biologiques générales, en ayant soin de ne pas dépasser le niveau de l'intelligence des élèves, afin de retenir constamment leur attention.

Passant ensuite aux enseignements moraux qu'il est possible de tirer de la superbe page de Buffon, elle mettra en relief les liens d'affection qui unissent le coq et la poule, celle-ci et ses poussins. Elle insistera sur les témoignages d'amour maternel que l'on doit tirer de la conduite de la poule à l'égard de ses petits et sur les marques de confiance, d'obéissance, de respect et d'attachement que les poussins donnent à leur mère et les petits canards à leur nourrice. Elle tirera de tous ces faits une petite leçon de morale familiale qui, n'ayant rien de pédantesque, amusera les élèves en les instruisant et leur inspirera le desir d'observer les mœurs des animaux. D'autre part, elle flétrira les combats de coqs dont quelques peuples modernes sont si avides, en mettant en lumière la cruauté de ceux qui s'en amusent ; elle condamnera de la même façon les combats de taureaux, qui ont remplacé ceux des gladiateurs de la Rome antique, etc.

Une maîtresse intelligente et habile pourra ainsi, au moyen d'une seule dictée, donner à ses élèves, d'abord une excellente et très utile leçon d'observation, en leur faisant saisir sur le vif la manière dont Buffon s'y est pris et comment il faut s'y prendre, à son exemple, pour tracer le tableau des caractères et des mœurs d'un animal ; puis, une leçon de dessin pratique, en les obligeant à reproduire les traits de l'animal et ceux de ses principaux organes ; une leçon de biologie et de zoologie plus ou moins étendues suivant le degré d'instruction des élèves; des leçons d'orthographe, de grammaire, de lecture, et enfin, une leçon de morale.

Un autre jour, c'est à l'ethnologie et à l'histoire de l'humanité qu'elle pourra emprunter le sujet d'une dictée analogue. Voici, par exemple, une page de l'*Histoire du peuple d'Israël,* par Ernest Renan [1], qui pourra servir de point de départ à une leçon pleine d'intérêt sur la vie des tribus errantes dont sont encore peuplés les déserts asiatiques ou africains et les steppes du plateau central de l'Asie, sur les origines de l'humanité, sur la source de la morale humaine, etc. Avant l'établissement des Hébreux en Palestine, c'est-à-dire douze siècles environ avant notre ère,

« L'Arabie et la Syrie étaient pleines de familles errantes, vivant sous la tente, conservant le secret du beau langage et les idées fondamentales de la race. La vie de la tente est celle qui laisse le plus de place à la réflexion et à la passion... (Plusieurs familles issues d'une souche commune formaient une tribu). Ces tribus nomades pouvaient former des groupes s'élevant jusqu'à 400 ou 500 âmes ; au delà on se gênait pour les pacages et l'on se divisait, mais le souvenir de la parenté se conservait pendant des siècles. Il était rare que la tribu s'agrégeât des étrangers... Le chef de famille ou patriarche résumait toute l'autorité sociale du temps. Son autorité était absolue, incontestée, il n'avait pas besoin d'agents pour la faire respecter... Comme mesure coercitive, on ne connaissait que la peine de la mort ou l'expulsion de la tribu, ce qui revenait à peu près au même. La justice se rendait par l'assemblée des vieillards. Le code consistait uniquement dans l'application de la peine du talion... La vie des nomades n'était pas un vagabondage perpétuel de pâturage en pâturage. La tribu faisait souvent des séjours prolongés en un même endroit et même s'y élevait des maisons de construction rapide, comme en présentent aujourd'hui les pauvres villages de Syrie dans les lieux où les pierres abondent à la surface du sol. En les assemblent tant bien que

[1] T. I, p. 16 et suiv.

mal, en en couvrant le vide avec des branches, on obtient des abris qu'on abandonne sans regrets quand la tribu décampe. Les tentes en poils de chameau maintenues par des cordes devaient différer peu des tentes des arabes d'aujourd'hui. Naturellement, le mobilier d'une telle vie est très peu considérable ; il se borne à des vases, à des vêtements ; le luxe consiste presque uniquement en bracelets, en anneaux pour le nez et les oreilles des femmes... La nourriture se composait de laitage et de viande. Dans les séjours, souvent de plusieurs années, que l'on faisait dans un même endroit, on avait le temps de semer du blé, de planter la vigne. Le plus souvent cependant le blé et le vin devaient être achetés des populations sédentaires. La tribu nomade, en effet, traversait fréquemment des pays où y il avait des villes et des habitants à demeure. Il se passait entre les deux populations des marchés, des contrats... Il résultait souvent de ces rapports des alliances et même des demandes en mariage. Les troupeaux étaient formés de bœufs, de brebis, de chèvres. La bête de somme était le chameau ; la monture, l'âne. Le cheval paraît avoir été très rare dans ces tribus ; on ne l'envisageait que comme une bête de luxe et de bataille, à l'usage des guerriers. Le véhicule à roue faisait absolument défaut. La culture intellectuelle n'existait pas, au sens où nous l'entendons ; l'écriture était inconnue ... mais la vie de la tente, en mettant les hommes perpétuellement en rapport les uns avec les autres, et en leur créant de grands loisirs, est une école à sa manière, surtout pour l'élégance du langage et pour la poésie. La poésie des Sémites nomades consistait dans une coupe symétrique de la phrase en membres parallèles, et dans l'emploi des mots choisis... Les monuments du temps étaient, comme cela a lieu chez tous les peuples étrangers à l'écriture, la pierre levée, le cippe dressé en mémoire d'un fait..., souvent aussi, des tas de pierres..., selon un usage qui existe encore en Orient... Ce type de société, qui s'est continué jusqu'à nos jours chez les tribus arabes non contaminées, est trop incomplet pour aller bien loin en fait de civilisation ; mais, à l'origine, il contribua puissamment à fonder la chose dont l'humanité avait le plus besoin, l'honnêteté et le sentiment de la famille... »

Quoique d'un ordre plus élevé que la précédente,

cette dictée ne me paraît pas dépasser la moyenne de ce qui peut être enseigné aux fillettes de la classe élémentaire, car toutes les idées y reposent sur des faits simples et racontés dans un langage d'une admirable clarté. Pendant le cours de la dictée, la maîtresse dessinera d'abord au tableau, en quelques traits fort simples, la carte des pays dont il est question, en indiquant les relations de ces pays, d'une part avec la Méditerranée, d'autre part avec les grands déserts sablonneux de l'Arabie, et enfin, avec le plateau central de l'Asie. Elle marquera sur la carte les quelques grands centres de populations sédentaires qui s'y étaient formés dès l'antiquité la plus reculée : au sud-ouest les villes égyptiennes; au sud-est, Ninive et Babylone; à l'ouest, Tyr, capitale des Phéniciens; c'est-à-dire, les points de notre globe sur lesquels se formèrent les premières sociétés humaines ayant eu un gouvernement, des lois, une architecture, une industrie, etc. Elle expliquera pourquoi, entre ces grands centres civilisés, circulaient les populations errantes dont parle Renan, les unes se bornant à transporter les produits des divers centres à travers les solitudes désertiques, les autres errant avec leurs troupeaux de pâturages en pâturages et se fixant de temps à autre dans les points où le sol était fertile et où elles se trouvaient en sécurité.

La maîtresse insistera sur l'analogie qui existe entre les tribus errantes des temps protohistoriques, dont la terre n'a conservé aucun souvenir, et celles des bédouins qui errent encore aujourd'hui dans les mêmes régions. Elle dessinera au tableau noir la silhouette des tentes en poils de chameau, avec le bâton qui sert à en relever le milieu et les quelques cordes avec lesquelles on en fixe le pourtour au sol par l'intermédiaire de pierres ou de petits piquets. Elle dessinera aussi le gourbi plus vaste et plus commode que les tribus nomades bâtissaient, il y a plus de quinze siècles et bâtissent encore, sur les confins de la Syrie et de l'Arabie, avec les petites pierres qui abondent dans le pays : quatre murs, avec une ouverture sur l'une des faces pour entrer et sortir, et, par-dessus, une toiture rudimentaire faite avec des branchages superposés ou avec la toile de la tente. Pas de mortier pour relier les pierres, pas de porte, une simple toile en poils de chameau pour toute clôture ou pas de clôture du tout. Après avoir rappelé que dans les parties du midi de la France où les pierres abondent, il n'est pas rare de voir, de nos jours, des habitations de paysans presque aussi rudimentaires, la maîtresse pourra indiquer comment on peut interposer aux pierres, soit de la terre glaise mouillée qui, en séchant au soleil, forme un ciment par lequel les pierres sont unies, soit le mélange de chaux et de sable qui constitue le mortier agglutinatif de nos maçons. Elle en profitera pour dire avec quelle pierre et comment on fabrique la chaux.

Elle montrera ensuite les tribus errantes des Hébreux finissant par se fixer dans les parties du sol de la Palestine où l'eau existait d'un bout de l'année à l'autre en quantité suffisante pour les hommes et les troupeaux, construisant des maisons permanentes avec des murs en terre durcie ou en pierres reliées par de la glaise, les couvrant et les fermant avec les bois des arbres de la forêt et se livrant, autour des villages ainsi formés, aux cultures que comporte le climat, c'est-à-dire surtout à celle des oliviers, des figuiers, du blé et de la vigne.

Se plaçant à un autre point de vue, la maîtresse pourra montrer les premiers hommes, sauvages et ignorants, peu différents des grands singes actuels, vivant d'abord, comme ces derniers, en familles isolées dans les grandes forêts du sud de l'Asie, où il semble que se soit trouvé le berceau de l'humanité, se nourrissant de fruits, de graines, de jeunes pousses d'arbres, de petits oiseaux, d'insectes, de vers, n'ayant pas d'autre abri que les cavernes contre le soleil et la pluie et ne pouvant se protéger des grands carnassiers qu'en grimpant aux arbres, ainsi que le font aujourd'hui les gibbons, les orangs-outangs ou les gorilles. Elle montrera nos ancêtres imaginant de se servir, pour leur défense, de morceaux de bois trouvés dans la forêt, puis, de branches cassées intentionnellement, plus tard encore, de pierres d'abord brutes, puis, grossièrement divisées en éclats, ensuite façonnées, polies, etc., devenant des armes avec lesquelles les premiers hommes purent attaquer les chevreuils, les cerfs, les bœufs sauvages, afin de s'en nourrir. Elle les montrera errant alors à travers les forêts et les steppes à la suite de ces animaux, se réunissant pour les mieux chasser, formant des tribus par l'association de plusieurs familles, inventant le feu, domestiquant les bœufs, les chevaux, les chameaux, formant enfin les populations nomades que l'on trouve encore dans les déserts ou dans les steppes herbeuses, ou bien se fixant sur les bords des lacs, des rivières, de la mer, et créant des villages de pêcheurs ou d'agriculteurs.

Afin que les enfants acquièrent, par cette leçon, une idée générale de la manière dont les différentes races humaines se sont formées, la maîtresse leur montrera les premiers êtres susceptibles d'être considérés comme des hommes, se répandant peu à peu sur les diverses parties du globe, où ils trouvèrent des climats différents et où, sous l'influence de ces climats divers, ils prirent des traits et une coloration distincts. Dans les pays très chauds, leur peau, leurs cheveux et leurs yeux devinrent noirs; dans les pays froids, leur peau devint blanche et rosée, tandis que leur chevelure devenait blonde et que leurs yeux prenaient une coloration bleue plus ou moins foncée. Après cela, la maîtresse pourra indiquer rapidement les caractères principaux des grandes races : blanche, jaune et noire ; la race blanche subdivisée elle-même en deux races principales : les Sémites et les Aryens ; les Sémites fondateurs des civilisations de l'Assyrie, de l'Égypte, de la Phénicie, de la Palestine, de Carthage ; les Aryens fondateurs des civilisations des Indes, de la Grèce, de Rome, de tout l'Occident.

Enfin, elle attirera l'attention des élèves sur la manière dont se sont développées nos idées morales. Relativement aux devoirs familiaux, elle rappellera la conduite des poules envers leurs poussins ; puis elle montrera la mère, dans l'espèce humaine, entourant de soins assidus son enfant qu'elle nourrit de son propre lait, qu'elle met à l'abri du soleil, de la pluie, du vent, des insectes, qu'elle habille, nettoie, qu'elle s'efforce de rendre heureux, tandis que le père chasse, pêche, travaille le sol, construit la hutte ou la maison, la barque, les outils, les armes, use en un mot, de la supériorité de ses forces pour protéger et faire vivre sa famille. Et la maîtresse montrera les sentiments familiaux naissant, dès les premiers âges de l'humanité, chez la femme et le mari, chez la mère, le père et les enfants, des services réciproques qu'ils se rendent, l'enfant s'attachant à sa mère pour les mêmes raisons que le poussin ou le canard à la poule, car les mêmes causes produisent toujours les mêmes effets. Relativement aux devoirs sociaux, elle indiquera les liens qui unissaient tous les individus d'une même tribu ou d'un même village : le besoin qu'ils avaient les uns des autres en raison de l'isolement de la tribu ou du village, les services qu'ils se rendaient, l'affection réciproque qui en résultait et qui forme partout le premier trait d'union des hommes vivant en société.

L'étude de la grammaire et celle de la langue ne seront pas non plus négligées. Une foule de mots qui ne se trouvaient pas dans la dictée précédente se rencontrent dans celle-ci. Ils feront l'objet d'exercices d'autant moins rébarbatifs qu'ils seront coupés par les leçons variées d'histoire et de géographie, d'ethnologie et de morale dont je viens de tracer le canevas.

Ces deux exemples suffisent, si je ne me trompe, pour mettre en lumière l'avantage qu'il y aurait à user du système des dictées pour faire aborder simultanément par les élèves toutes les matières du programme qui ont des rapports plus ou moins étroits les unes avec les autres, telles que l'histoire naturelle, l'histoire générale de l'humanité, la morale, etc.

Il faudrait introduire beaucoup de variété dans les sujets des dictées, mais en ayant soin de toujours les choisir dans le domaine des faits.

§ 3. — L'HISTOIRE NATURELLE. PHYSIQUE ET CHIMIE.

Dans l'enseignement de l'histoire naturelle des animaux, on aura soin de combiner l'observation directe d'un petit nombre de types caractéristiques avec quelques dictées choisies dans les ouvrages des écrivains qui ont su joindre l'exactitude des faits, la concision et l'élégance de la langue. Pour faire connaître aux élèves les mammifères, on mettra sous leurs yeux un chien et, si possible, son squelette ou au moins une image de ce dernier et l'on montrera que le corps se compose de cinq parties principales : la tête, le cou, le tronc avec les côtes, le bassin avec la queue et les quatre membres qui sont attachés au bassin. On y ajoutera une dictée sur le caractère intellectuel et moral du chien empruntée à la très belle histoire de cet animal tracée par Buffon[1].

On profitera de cette histoire pour exposer les procédés par lesquels l'homme est parvenu à domestiquer certains mammifères, tels que le cheval, l'âne, le mouton, la chèvre, etc., au point de s'en faire des aides précieux dans l'agriculture, les transports, la chasse, des compagnons d'existence et même des amis, sans parler de l'élevage qu'il en fait pour son alimentation.

On fera étudier par les mêmes procédés un oiseau, par exemple le coq, dont il a été question plus haut. On fera ensuite l'étude d'un batracien, par exemple la grenouille, qui est commune partout et le têtard qui représente sa forme primitive, en ayant soin de montrer, au moyen de figures schématiques, si l'on ne dispose pas des ani-

[1]. Cette dictée fort courte, me paraît devoir être donnée ici parce qu'elle devra servir de point de départ à une foule de considérations sur l'intelligence et la moralité des animaux, qui sont de nature à intéresser beaucoup les enfants et à ouvrir leur esprit sur les relations qui existent entre les animaux et l'homme.

« Le chien indépendamment de la beauté de sa forme, de la vivacité, de la force, de la légèreté, a par excellence toutes les qualités intérieures qui peuvent lui attirer les regards de l'homme. Un naturel ardent, colère, même féroce et sanguinaire, rend le chien sauvage redoutable à tous les animaux, et cède dans le chien domestique aux sentiments les plus doux, au plaisir de s'attacher et au désir de plaire ; il vient en rampant mettre aux pieds de son maître son courage, sa force, ses talents ; il attend ses ordres pour en faire usage, il le consulte, il l'interroge, il le supplie, un coup d'œil suffit, il entend les signes de sa volonté... Non seulement le chien s'instruit en peu de temps, mais même il se conforme aux mouvements, aux manières, à toutes les habitudes de ceux qui lui commandent; il prend le ton de la maison qu'il habite. Lorsqu'on lui a confié pendant la nuit la garde de la maison, il devient plus fier, et quelquefois féroce; il veille, il fait la ronde ; il sent de loin les étrangers, et pour peu qu'ils s'arrêtent ou tentent de franchir les barrières il s'élance, s'oppose, et par des aboiements réitérés, des efforts et des cris de colère, il donne l'alarme, avertit et combat. »

Buffon, *œuvres complètes*, édit. de Lanessan, VIII, p. 584 et suiv.).

maux eux-mêmes, les divers états par lesquels passe
le têtard avant de revêtir la forme définitive de l'animal adulte. On insistera également sur les analogies et
les ressemblances qui permettent de rapprocher la grenouille[1] des autres vertébrés et en montrant qu'il est
facile de passer de la grenouille, d'une part aux lézards
et des lézards aux serpents qui sont simplement des
lézards sans pattes, et, d'autre part, aux poissons.

On fera ensuite l'étude des poissons au moyen d'un
de ces animaux choisi parmi les plus communs, tels
que le brochet, la carpe, l'anguille[2], etc., en joignant
à l'observation directe de l'animal, l'examen avec

1. Comme dictée sur la grenouille on pourra donner, en les arran-
geant un peu, quelques pages des *Animaux vivants du monde* de
Ch. Cornish (t. II, p. 214) où sont exposées d'une façon très simple, à
la portée des plus jeunes élèves, l'organisation, les métamorphoses
et les mœurs des grenouilles de notre pays ou des Cératophrys de
l'Amérique du Sud qui atteignent jusqu'à vingt centimètres de
long et sont assez fortes pour s'emparer de jeunes canards ou poulets dont elles se nourrissent. Afin que les enfants puissent aller
eux-mêmes à la recherche des œufs et des têtards des grenouilles
ou des crapauds, on leur apprendra à distinguer les œufs de
ces espèces de batraciens : les premiers se trouvant à la surface
de l'eau, au printemps, dans les ruisseaux et mares, en masses
mucilagineuses de la grosseur du poing ou des deux poings,
dans lesquelles chaque œuf apparaît comme une perle grisâtre ;
ceux des crapauds, enroulés, dans l'eau, autour des herbes,
sous la forme d'un collier à deux rangs de petites perles noires.

2. On pourra emprunter au même ouvrage les éléments d'une
dictée très intéressante sur l'Anguille et son développement (t. II,
p. 262). On montrera ces poissons, parmi lesquels les mâles n'ont
que la moitié ou le tiers de la longueur de la femelle, remontant
les rivières, cheminant même dans la terre pour gagner les
étangs ou les marais qui leur plaisent et y atteignent l'âge
adulte, puis redescendent vers la mer où les femelles pondent et
où se développent des petites anguilles transparentes, si différentes de leurs parents qu'on les a considérées jusqu'à ces derniers temps, comme formant une espèce distincte de poissons;
puis ces larves ayant pris les formes de l'anguille se dirigent
vers l'embouchure des rivières où on peut les prendre en très
grandes quantités.

figures de toutes les parties de son corps. On complétera cette étude en mettant en relief les analogies et les
différences qui existent entre les poissons et les autres
vertébrés déjà étudiés et en montrant que le caractère
essentiel de tous ces animaux consiste dans la présence
d'un squelette osseux, toujours divisé plus ou moins
nettement en tête, cou et tronc, avec une colonne vertébrale qui supporte les côtes, le bassin et les membres ;
puis, on fera voir quelles transformations ces diverses
parties subissent suivant que l'animal vit dans l'air,
dans l'eau ou sur la terre, qu'il se nourrit d'animaux
ou de végétaux, etc., le milieu et le régime étant les
causes déterminantes des diverses transformations
subies par la tête et la bouche, le cou, le tronc et les
membres, les organes de la respiration, de la circulation, etc.

Enfin, on leur dira quels rapports existent entre les
plus inférieurs des poissons, tels que les Lamproies,
chez lesquels le squelette fait défaut, et les Vers dont
on leur fera observer quelques échantillons communs
tels que le ver de terre et la sangsue.

Pour leur donner une idée des insectes, on leur fera
l'histoire des métamorphoses du hanneton, qui existe
partout dans nos campagnes, en montrant aux élèves,
s'il est possible, toutes les formes successives qu'il
revêt (larve ou ver blanc, chrysalide et adulte) ou au
moins leurs images[1].

1. On trouvera dans Emile BLANCHARD (*Métamorphoses et
mœurs des insectes*, p. 479 et suiv.), les éléments d'une excellente dictée sur le Hanneton, ses métamorphoses successives,
d'abord en ver blanc qui vit dans la terre et s'y nourrit des
racines des plantes pendant trois années, en causant de grands
dégâts dans les jardins ; puis en chrysalide formée dans le sol
et enfin, en adulte qui se nourrit des feuilles des arbres et cause
de très grands ravages, au mois de mai, quand il sort de terre
en quantités considérables. On insistera sur la nécessité de
détruire les vers blancs en labourant le sol et les hannetons

Pour les crustacés, elles observeront l'écrevisse qui est l'un des types les plus parfaits et les plus communs[1]. Afin de donner aux élèves une connaissance suffisante des mollusques, on leur fera observer un escargot ou une limace, animaux très abondants partout et une huître ou une moule, et l'on pourra compléter cette étude directe par des considérations sur l'élevage des huîtres comestibles, sur les huîtres perlières et la formation des perles.

En un mot, au lieu de se borner à faire apprendre

---

adultes qua... ils sont sur les arbres, d'où il est facile de les faire tomber en secouant les branches.

On pourra emprunter au même auteur (*ibid.*, p. 353 et suiv.) les éléments d'une dictée très intéressante sur la vie sociale, l'ingéniosité et la moralité des fourmis. Les enfants y apprendront à faire elles-mêmes l'examen d'un nid de fourmis, à observer comment il est construit par la superposition de petits morceaux de bois ou d'herbes très habilement agencés, de manière à former un édifice solide, où sont ménagés des passages, des couloirs, des chambres pour les œufs et les petites larves, etc.; comment les habitants ferment chaque soir leur demeure et l'ouvrent chaque matin; avec quel soin sont nourries les larves pendant le temps où elles ne peuvent pas se déplacer, etc. Au moyen d'une autre dictée empruntée à Romanes (*L'intelligence des animaux*, I, p. 44) on fera voir aux élèves jusqu'où les fourmis poussent la socialité, comment elles s'unissent pour sauver l'une d'entre elles d'un péril, quels sentiments affectifs en somme rapprochent ces petits êtres qui paraissent être si loin de nous et quelles leçons de sentiments sociaux ils sont capables de nous fournir.

1. Les éléments d'une dictée très intéressante sur cet animal pourront être empruntés au livre de Huxley, *l'Ecrevisse* (p. 4 et suiv.). On insistera particulièrement sur le développement de l'animal, dont les traits sont déterminés par l'existence d'une carapace calcaire. Celle-ci n'étant pas extensible, l'animal s'en débarrasse de temps à autre, une fois par an d'ordinaire, s'accroît très rapidement dès qu'elle est tombée, puis sécrète une nouvelle carapace dont le durcissement empêche de nouveau sa croissance. On montrera aussi comment les pattes ou les pinces de l'écrevisse repoussent quand elles ont été cassées et comment l'animal lui-même en détermine la rupture, par un effort de volonté, afin d'échapper à un ennemi qui l'a pris par la patte ou la pince.

par cœur les caractères généraux des mammifères, des
oiseaux, des batraciens, des reptiles, des poissons, des
vers, des insectes, des crustacés et des mollusques
comme on le fait aujourd'hui dans toutes les écoles, on
fera observer par les élèves un ou plusieurs animaux
communs, particulièrement choisis parmi ceux qui sont
utiles ou nuisibles. On ajoutera une dictée qui, complétant l'observation directe et étant illustrée par des
figures schématiques que la maîtresse aura faites au
tableau noir, contribuera puissamment à graver dans
l'esprit des élèves les connaissances pratiques et les
idées générales que l'on désire leur inculquer. On
n'essayera pas, du reste, de leur apprendre tous les
détails de l'organisation de chaque animal. Ce serait
sortir du cadre de l'enseignement primaire.

Chemin faisant, on leur fera connaître la manière
dont chacun de ces êtres se nourrit, respire, entre en
relations avec les autres êtres et les objets qui l'entourent. Tout cela encore, au moyen d'observations et
d'expériences. On insistera particulièrement sur les
actes sociaux, intellectuels et moraux dont les animaux
nous donnent le spectacle et l'on fixera les idées par
quelques bonnes dictées[1].

1. Je me permettrai de recommander particulièrement à cet
égard : une dictée sur le sentiment de la liberté et les goûts
sociaux que manifestent les chevaux sauvages de l'Asie centrale, dont les éléments pourront être empruntés aux *Mammifères* de Brehm (II, p. 307); une autre dictée sur les sentiments
amicaux des singes empruntée à Romanes (*L'intelligence des
animaux*, II, p. 229); une troisième sur la façon dont les perro-
quets apprennent à parler et à faire correspondre les mots ou
les phrases avec les idées ou les sentiments qu'ils veulent exprimer (*Ibid.*, II, p. 29).
J'estime qu'il faudra multiplier les dictées relatives à l'intelligence et aux sentiments moraux des animaux, parce que c'est là
véritablement que se trouve le fondement de la morale naturelle,
ainsi que je compte l'établir dans un ouvrage qui ne tardera
pas à paraître.

A propos de chacune des fonctions des êtres vivants, les éléments primordiaux de la physique et de la chimie trouveront leur place dans des leçons générales, organisées sur les mêmes plans que les deux données plus haut en exemple.

Il est impossible que les enfants acquièrent la moindre idée de la manière dont les animaux se nourrissent et s'accroissent si on ne leur apprend pas d'abord, au moins succinctement, quelle est la composition chimique de leurs aliments. La question est extrêmement complexe, mais l'art de la maîtresse doit consister à la simplifier assez pour qu'elle devienne compréhensible aux enfants des cours primaires supérieurs. On montrera d'abord aux élèves, à l'aide d'exemples pris parmi les animaux qu'elles connaissent, que ces êtres peuvent être tous classés en trois groupes principaux : 1° ceux qui se nourrissent exclusivement d'autres animaux vivants ou morts, comme les tigres, les lions, les chacals, etc., parmi les Mammifères, les aigles, les vautours, les milans, parmi les Oiseaux, la plupart des Poissons, beaucoup d'Insectes, etc. ; 2° ceux qui se nourrissent exclusivement de plantes, comme les bœufs, les cerfs, les chevaux, etc. ; 3° ceux qui, comme les singes, les chiens domestiques, les hommes, presque tous les Oiseaux, un grand nombre d'Insectes, etc., se nourrissent indifféremment d'animaux ou de plantes, suivant qu'ils trouvent à se procurer plus facilement les uns ou les autres.

Après avoir établi par ces exemples que les espèces animales omnivores sont beaucoup plus nombreuses que les espèces exclusivement carnivores ou végétivores, on fera entendre que, s'il en est ainsi, c'est parce que les substances nourrissantes que l'on trouve dans les animaux et dans les végétaux se ressemblent beaucoup par leur composition chimique : par exemple, la

viande animale a son analogue dans la substance protoplasmique qui représente la partie vivante des plantes;
la graisse animale a son analogue dans les huiles des
végétaux; le sucre des plantes est représenté par le
glucose des animaux, etc. Aussi voit-on beaucoup d'animaux se nourrir exclusivement de substances animales
pendant une partie de leur existence tandis qu'ils s'ali-
mentent de matières végétales pendant une autre partie
de leur vie. Le bœuf, par exemple, ne vit que de lait
quand il est petit et seulement d'herbe à partir d'un
certain âge.

Parvenue à ce point, la maîtresse devra donner à ses
élèves une idée précise de ce qu'il faut entendre par la
« composition chimique » d'un corps. Elle le pourra
sans peine, je crois, au moyen de quelques expériences
très simples. Leur ayant fait constater, par exemple,
les caractères d'un morceau de marbre, tels que sa
dureté, son indifférence à l'égard de l'eau où l'on peut
le laisser séjourner sans qu'il l'absorbe, sa coloration, etc., la maîtresse leur montrera que, si on le place
sur le coke incandescent d'un poêle, ses caractères se
modifient rapidement : il ne tarde pas à devenir blan-
châtre ou tout à fait blanc, tendre, friable; si on le met
en contact avec l'eau, il l'absorbe rapidement et si on
le prend alors entre les doigts, on ne tarde pas à s'aper-
cevoir qu'il détruit la peau. Ce n'est plus un morceau
de marbre que l'on a devant soi, c'est un morceau de
« chaux ». Ces faits étaient connus depuis un très
grand nombre de siècles et presque tous les peuples
savaient calciner le marbre dans des fours, pour fabriquer la chaux avec laquelle ils faisaient du mortier en
la mélangeant avec du sable et de l'eau; mais ils igno-
raient à quoi était due la transformation du marbre en
chaux. Il a fallu que les chimistes modernes s'en mê-
lassent. En étudiant la composition chimique du marbre

et celle de la chaux, ils ont reconnu que celle du premier était considérablement modifiée par le feu. Ils ont vu que celui-ci enlève d'abord au marbre toute son eau, puis, en fait dégager un gaz auquel on a donné le nom d'acide carbonique. Notre morceau de marbre était donc composé d'acide carbonique combiné avec de la chaux et de l'eau. La chaux elle-même a été décomposée par les chimistes en deux autres corps : le calcium et l'oxygène. L'acide carbonique, de son côté, a été décomposé en carbone et en oxygène; l'eau, enfin, est décomposée aussi en hydrogène et en oxygène. Il y avait donc dans le marbre quatre corps combinés diversement entre eux : le carbone, l'oxygène, l'hydrogène et le calcium. Comme ces corps n'ont pas pu être encore décomposés, on dit qu'ils sont simples.

La maîtresse a conduit ainsi graduellement ses élèves du corps composé qu'est le marbre aux quatre corps simples qui entrent dans sa composition. Elle ajoutera quelques considérations générales sur la façon dont les corps simples se comportent les uns vis-à-vis des autres pour former des corps composés. Elle donnera d'abord la liste des principaux corps simples : 1° ceux qu'on appelle les *métaux* et qui sont ordinairement solides et caractérisés par leur aspect brillant, dit métallique (or, argent, cuivre, zinc, fer, plomb, platine, potassium, sodium); 2° ceux qu'on appelle des *métalloïdes* et qui sont naturellement ou gazeux (hydrogène, oxygène, azote, chlore) ou liquides (brome) ou solides (soufre, phosphore, iode, arsenic, etc.), ces derniers ayant toujours un aspect terne. Elle rappellera que les métaux se trouvent d'ordinaire dans le sol, à l'état de combinaison avec les métalloïdes ; que l'oxygène existe à l'état libre dans l'air, mélangé à l'azote ; que l'hydrogène existe dans l'eau combiné à l'oxygène, que le phosphore existe dans

les os des animaux, combiné à des métaux ou des métalloïdes, etc. Enfin, elle attirera leur attention sur l'importance du rôle que jouent dans la nature les quatre
métalloïdes : hydrogène, oxygène, azote et carbone.
L'hydrogène existe dans presque tous les corps composés ; l'oxygène forme avec tous les métalloïdes et les
métaux des combinaisons infiniment variées; l'azote
forme de nombreuses combinaisons avec les métaux et
se trouve dans tous les corps organiques les plus complexes tels que le blanc d'œuf, la viande, le protoplasma
des végétaux, etc. Le carbone existe dans tous les corps
organiques dont on a dit, non sans raison, que leur
histoire est celle des composés du carbone. Il s'y trouve,
tantôt uni seulement à l'hydrogène, comme dans le gaz
qui se dégage des marais et brûle dans l'air en formant
des lucioles, dans le grisou des mines, dont l'inflammation cause souvent de si terribles explosions, dans
le gaz de l'éclairage et dans l'acétylène que l'on emploie
depuis quelque temps pour l'éclairage, dans l'essence
de térébenthine, dans la benzine, etc. Tous ces corps,
appelés *hydrocarbures*, ne sont formés que d'hydrogène
et de carbone. Par l'addition de l'oxygène, ils donnent
naissance à une autre série extrêmement nombreuse
de corps dits *ternaires*, parmi lesquels figurent l'alcool,
l'éther, les graisses, les huiles, la glycérine, les sucres,
l'amidon, la cellulose qui forme le bois des plantes, les
gommes, les mucilages, le phénol, l'acide acétique du
vinaigre, l'acide butyrique du beurre, les acides mar-
garique et oléique, palmitique, etc., qui se trouvent dans
les graisses et huiles et avec lesquels on fabrique les
savons, etc. Enfin, en ajoutant l'azote aux éléments des
corps ternaires, on obtient une autre série de corps,
dits *quaternaires*, dont l'importance est énorme chez
tous les êtres vivants, tels que les matières colorantes
auxquelles les plantes et les animaux ou leurs tissus

et liquides doivent leur coloration, la créatine, l'urée et les acides de l'urine, de la bile, les alcaloïdes du quinquina, du pavot, de la noix vomique, etc., la carnine des muscles, l'hémoglobine et l'hématine du sang, les substances albuminoïdes, telles que l'albumine de l'œuf, la fibrine qui se coagule quand le sang est sorti des vaisseaux, les ferments solubles de la salive, de l'estomac et de l'intestin, qui transforment les aliments, etc.

Parmi les métaux, la maîtresse attirera l'attention des élèves sur ceux qui ont le plus d'importance : le calcium qui, à l'état de combinaison avec le carbone et l'oxygène (carbonates de calcium) forme les marbres, les pierres calcaires, la craie, etc., par lesquels est constitué le squelette de la plupart de nos collines et de nos montagnes et qui fournissent les matériaux de nos maisons ; le silicium qui forme la base de nos pierres meulières ; le sodium qui, à l'état de combinaison avec le chlore (chlorure de sodium) forme le principal élément de la salure des mers et le sel dont nous assaisonnons nos aliments ; le potassium qui existe en abondance dans les tissus des animaux et forme la partie active des cendres dont on se sert pour nettoyer le linge ; le fer, le cuivre et le zinc qui jouent un si grand rôle dans nos industries ; l'étain, employé dès les temps préhistoriques pour fabriquer le bronze par son alliage avec le cuivre ; l'or et l'argent qui, à cause de leur rareté, et de leur résistance à l'usure, servent à fabriquer les monnaies et les bijoux ; le mercure, si remarquable par son état liquide ; le plomb qui, en raison de sa malléabilité, se prête à une foule d'usages, etc.

Je ne prétends pas que la maîtresse doive insister longuement sur chacun de ces corps simples ou composés, mais elle mettra sous les yeux des élèves tous ceux qu'elle pourra se procurer et leur donnera quelques détails sur le rôle qu'ils jouent dans la nature, sur l'usage que nous en faisons, etc. Je suis convaincu qu'elle les intéressera beaucoup en leur faisant l'histoire des calcaires, des craies et des marbres qui abondent dans notre pays. Elle leur racontera comment ces masses immenses de matériaux calcaires ont été fabriquées par des animaux marins ou d'eau douce et des animaux terrestres. Au moyen des substances contenues dans leurs aliments, ces animaux fabriquèrent de tout temps, comme ils le font aujourd'hui, leurs coquilles et leurs os, puis les abandonnèrent après leur mort sur le fond des mers ou des fleuves et sur la terre. Transportés par l'eau et agglomérés, brisés et souvent dissous, ces coquilles et squelettes calcaires ont formé des montagnes ou des collines entières et les carrières presque inépuisables qui s'étendent sous quelques-unes de nos plaines par exemple aux environs ou au-dessous même de Paris qui leur doit d'avoir pu devenir la ville la plus peuplée et la plus importante de la France.

Munies de ces connaissances chimiques générales, les élèves n'auront pas de peine à comprendre que les aliments minéraux ou organiques soient transformés dans le tube intestinal des animaux et de l'homme au point de donner naissance à des corps susceptibles d'être absorbés et transportés dans les tissus où ils servent à la nutrition. Tout en évitant les détails qui seraient déplacés dans l'enseignement primaire, il sera possible d'indiquer aux élèves que le rôle de la salive est de transformer l'amidon insoluble des pommes de terre, des haricots, etc., en un sucre soluble et absorbable; que celui de l'estomac est de réduire en bouillie les aliments déjà broyés par les dents et de transformer les matières dites albuminoïdes, telles que le blanc d'œuf, la viande, le protoplasma des végétaux, etc., en des substances auxquelles on a donné le nom de peptones et qui sont susceptibles d'être absorbées; que celui de l'intestin est de continuer la transformation des matières féculentes et des matières albuminoïdes et d'opérer celle des graisses, puis d'absorber toutes les matières rendues absorbables et propres au développement des tissus.

Les élèves comprendront alors facilement que les tissus, étant formés en majeure partie de substances riches en azote, il est indispensable que les aliments contiennent une certaine proportion de ce corps, et la viande leur apparaîtra comme la base nécessaire de l'alimentation. Mais elles savent qu'il y a également de l'azote dans la matière protoplasmique des plantes et elles ne s'étonneront pas que l'on puisse vivre exclusivement de végétaux, à la condition d'en manger une quantité suffisante pour donner à l'organisme tout l'azote dont il a besoin pour la formation et la reconstitution de ses tissus.

La maîtresse aura soin alors de faire remarquer aux élèves que tout travail physique et intellectuel, et même tout mouvement, si faible qu'il soit, est accompagné d'une production et d'une consommation de chaleur. Le bûcheron qui frappe l'arbre de sa hache pour l'abattre, le scieur de long qui le débite en madriers ou en planches, le menuisier qui rabote et joint ces dernières pour en faire des parquets, le forgeron qui travaille le fer, le terrassier qui creuse des fossés, l'homme qui court ou marche, etc., ne peuvent développer la force exigée par ces diverses sortes d'efforts, qu'en produisant et dépensant une grande quantité de chaleur. Aussi voit-on qu'ils s'échauffent très vite et d'autant plus que leur effort est plus grand. Ayant constaté ces faits, les élèves ne seront point étonnées que la maîtresse compare le corps de l'homme et des animaux à une machine dont le fonctionnement nécessite une quantité de chaleur d'autant plus considérable qu'elle est plus active. Cette chaleur, d'où le corps humain la peut-il tirer, demanderont-elles? De la même source qu'une machine à vapeur, répondra la maîtresse. Elle expliquera alors comment le carbone du charbon de terre produit de la chaleur en se combinant avec l'oxygène de l'air. Elle leur montrera que le poêle ou la cheminée de la classe s'éteignent quand on empêche l'air d'y pénétrer, qu'ils brûlent, au contraire, plus fort et plus vite quand on souffle de l'air sur le bois, le charbon ou le coke. Elle établira par quelques expériences, que toute combinaison chimique et, en particulier, toute combinaison de l'oxygène avec un métalloïde ou un métal est accompagnée de chaleur. C'est, notamment, ce qui se produit lorsqu'on jette de l'eau sur la chaux vive ; on voit celle-ci s'échauffer au point de brûler le doigt qui la touche. Il serait bon qu'elle pût leur montrer un morceau de phosphore s'enflammant au contact de l'oxygène de l'air, dès qu'il est suffisamment chauffé, un morceau de potassium se combinant avec l'oxygène de l'eau en développant une telle chaleur que l'hydrogène devenu libre s'enflamme aussitôt. Les élèves comprendront mieux alors pourquoi la simple chaleur produite par le frottement du phosphore des allumettes dans l'air suffit pour enflammer le bois ou la cire de cette allumette, pourquoi le bois ou le charbon brûlent quand on insuffle de l'air sur eux et pourquoi ils s'éteignent quand on empêche l'air d'arriver jusqu'à eux. Après ces observations, il sera facile à la maîtresse de faire comprendre à ses élèves en quoi consistent les divers actes de la respiration. Elle leur fera d'abord constater, par l'observation directe sur elles-mêmes, comment la poitrine se dilate en entraînant la dilatation des poumons et comment alors l'air pénètre dans ces derniers comme dans un soufflet au moment où on le fait dilater.

A ce propos, elle leur parlera de l'atmosphère, de sa constitution par l'air et la vapeur d'eau, de son épaisseur qui atteint environ 60 kilomètres et de la pression qu'elle exerce sur la surface de la terre. Elle leur racontera comment on a pu mesurer cette pression, comment on la mesure encore au moyen du baromètre et de quelle façon elle s'exerce sur les êtres vivants aussi bien que sur les objets répandus à la surface de la terre. Elle leur rappellera que l'air est formé d'un mélange d'oxygène et d'azote, quelle affinité a l'oxygène pour tous les corps et avec quelle facilité presque tous s'en emparent, dès qu'il arrive à leur contact.

Elle mettra alors sous les yeux de ses élèves les poumons d'un animal quelconque, ceux, par exemple, du mouton, que l'on peut se procurer partout à très bas prix ; elle leur montrera qu'ils sont formés d'une prodigieuse quantité de petits vésicules, dans les parois desquelles le sang circule avec activité et les élèves comprendront sans peine que l'air de l'atmosphère se précipite dans toutes ces petites cellules chaque fois que les mouvements d'inspiration du thorax déterminent leur dilatation, chacune d'elles jouant alors le rôle d'une sorte de petit soufflet. La maîtresse expliquera aussi comment l'oxygène de l'air, mis en contact, dans les vésicules pulmonaires, avec le sang, se fixe sur ce dernier et comment, grâce aux mouvements du cœur et des artères, le sang chargé d'oxygène circule dans toutes les parties du corps, comment l'oxygène se combine avec le carbone des tissus et comment le sang revient aux poumons chargé du produit de cette combinaison, c'est-à-dire d'acide carbonique. Enfin, elle n'aura pas de peine à leur faire entendre qu'en se combinant avec le carbone des tissus, l'oxygène détermine une production de cha-

leur tout à fait analogue à celle qui se forme quand le
même gaz se combine avec le carbone du bois, du charbon de terre ou du coke dans nos poêles ou cheminées.

Les élèves connaissant alors la source d'où le corps
humain tire sa chaleur, il sera facile de leur faire comprendre comment cette chaleur se dépense, soit par
l'effort des muscles qu'on aura soin de leur montrer sur
la patte d'un animal de boucherie ou de basse-cour et
dont on leur expliquera le rôle par rapport aux os, soit
par l'activité cérébrale.

Le moment sera alors venu de donner aux élèves une
idée succincte mais précise de ce qu'est le système nerveux, et du rôle qu'il joue dans l'organisme des animaux
et de l'homme. C'est encore par l'observation et l'expérience que l'on procédera. Je voudrais qu'on leur mon-
trât les parties principales du système nerveux d'un
animal, d'un poulet ou d'un lapin par exemple, qu'il est
toujours facile de se procurer ; quand elles auraient vu
le cerveau, la moelle épinière, les principaux nerfs et la
manière dont ils se distribuent dans le corps, soit pour
apporter aux muscles les excitations motrices, soit pour
apporter aux centres les impressions exercées sur les
sens, la peau, etc., quand on leur aurait montré en
outre les circonvolutions cérébrales du mouton avec la
couche grise où sont les cellules nerveuses, elles com-
prendraient sans peine les phénomènes de la sensibilité
générale et sensorielle, de la motricité volontaire, des
mouvements réflexes, etc. Il faudrait éviter d'entrer, à
tous ces égards, dans des détails trop techniques, mais
on illustrerait chaque explication par des figures schématiques et l'on aurait soin de comparer ce qui se
passe chez l'homme avec ce qui se produit chez les animaux, notamment en ce qui concerne la valeur relative
des sens, — vue très aiguë chez les oiseaux, odorat très
développé chez le chien, etc., — de manière à montrer

les relations qui existent, au point de vue des fonctions
nerveuses, entre tous les êtres vivants. On terminerait
utilement cette partie du cours par des considérations
sur les facultés intellectuelles des animaux et sur les
sentiments affectifs qu'ils manifestent les uns à l'égard
des autres, soit dans les familles qu'ils forment, soit
dans les associations où des individus de familles différentes se rendent des services réciproques et se prêtent
une aide souvent très efficace dans la lutte pour l'existence.

L'étude des végétaux s'inspirera des mèmes principes
que celle des animaux. On évitera l'erreur où tombent
aujourd'hui les maîtres de notre enseignement primaire : on supprimera toutes les définitions et classifi-
cations à apprendre par cœur. On donnera aux élèves
une idée exacte des principales formes végétales, en
leur faisant observer directement un certain nombre de
plantes choisies parmi les plus typiques : un champignon, une fougère, une branche de conifère, un pied de
pommes de terre en fleurs avec ses tubercules en voie
de formation, une touffe de blé, un rameau d'églantine,
une primevère, une marguerite, etc., étudiés dans toutes
leurs parties, avec dessins schématiques au tableau. Ces
types divers serviront de point de départ pour inculquer
aux élèves toutes les notions générales sur la manière
de vivre des plantes, avec leurs applications pratiques
au jardinage et à l'agriculture. Au point de vue biologique, on leur montrera quelle différence existe entre
la nutrition des plantes et celle des animaux : ceux-ci
incapables de se nourrir autrement qu'avec des matières
végétales ou animales, celles-là, au contraire, fabri-
quant de toutes pièces, dans leurs organes et à la
lumière, des matières organiques avec les matériaux
purement inorganiques qu'elles empruntent au sol et à
l'atmosphère. Grâce à cette fonction chlorophyllienne,

les plantes ont pu vivre dès le début de la consolidation de la terre, avant qu'il y eût des animaux, prendre un énorme développement grâce à l'humidité de l'atmosphère, à la chaleur répandue sur tout le globe et laisser dans le sol les énormes amas de houille produits par la lente combustion que subissent après la mort les tissus de leurs troncs, de leurs branches, de leurs feuilles et de leurs racines. A propos de la biologie des plantes, la maîtresse indiquera la nécessité de leur donner toujours la chaleur et la lumière indispensables à l'accomplissement de la fonction chlorophyllienne, ainsi que les matières nutritives et l'eau que les racines puisent dans le sol. Elle sera ainsi conduite à parler de l'arrosage et du drainage du sol, ainsi que des engrais naturels ou artificiels. Relativement à la multiplication des plantes, elle parlera des fruits, des graines, des semailles, du greffage, du bouturage, etc.

- Dans toutes les études ayant pour objet les animaux, les plantes et l'homme, l'observation et le dessin remplaceront la mémoire, à laquelle on fait appel aujourd'hui d'une façon à peu près exclusive.

Le complément de toutes les notions biologiques acquises par les enfants au cours de ces leçons, se trouvera dans les connaissances relatives à l'hygiène. On ne devra pas perdre de vue un seul instant qu'elles sont appelées à devenir mères un jour et qu'elles auront à nourrir et à soigner des enfants. On ne laissera donc passer aucune occasion de les instruire des devoirs qu'elles auront à remplir. A propos de l'alimentation et de la digestion, on leur indiquera comment se développe la dentition des enfants et quels troubles il en résulte souvent dans l'organisme ; comment il faut régler la nutrition de ces petits êtres, etc. A propos de la respiration et de la production de la chaleur animale, on attirera leur attention sur la facilité avec

laquelle les nouveau-nés se refroidissent et la nécessité où l'on est, par conséquent, de les préserver très
soigneusement du froid. On leur expliquera pourquoi il
faut les tenir toujours très propres afin de les mettre à
l'abri des diverses inflammations de la peau provoquées par la saleté ; on leur fera l'histoire des phases successives par lesquelles passent les facultés sensorielles
et intellectuelles avant d'acquérir leur entier développement et de quelle manière, à ce point de vue,
il faut les traiter aux divers âges, etc.

§ 4. — NOTIONS D'HISTOIRE

L'histoire et la géographie occupent, dans les programmes de notre enseignement primaire une place
très grande, sans que l'on puisse affirmer qu'aucune
élève sortant de l'école en possède des notions assez
précises pour leur être utiles. Il n'en saurait être autrement. Dans toutes nos écoles, on contraint les élèves à
apprendre par cœur des pages de leurs livres d'histoires. Combien en est-il qui s'en donnent la peine ?
Parmi celles qui s'y efforcent, combien en est-il qui y
réussissent ? Enfin, que reste-t-il, au bout de quelque
temps, dans les mémoires les plus fidèles, de ce fatras
de menus faits et de dates, de noms de rois, de princes
et de barons, au-dessus desquels ne plane aucune philosophie de l'histoire ?

Je rappelle volontiers, chaque fois que j'en trouve
l'occasion, ce qui m'advint un jour, il y a déjà bien des
années, avec la fillette d'un de mes amis qui, ayant
sept ou huit ans, fréquentait une école communale. La
rencontrant, un après-midi, au moment où elle en sor-
tait, je lui demandai ce qu'elle avait fait pendant la
classe. Très fière, elle me répondit : « Les capitulaires
de Charlemagne ». « Fort bien, lui dis-je, mais qu'est-

ce que les capitulaires ? » Et, baissant la tête, elle me répondit : « Je ne sais pas, on ne me l'a pas dit. » Vers le même temps, dans l'école des garçons d'une autre commune, on faisait à des gamins de dix ans une dictée sur le traité de Campo-Formio ! Il y a quelques jours, devant une fillette âgée de huit ans, et qui fréquente une grande institution de Paris, on parlait, à table, de Bordeaux, par où ses parents avaient passé pendant les vacances, en revenant des Pyrénées. Tout à coup la fillette s'écrie : « Quel dommage qu'une si belle ville appartienne aux Anglais ! » Étonnement général. « Tu te trompes, ma petite, dit le père, Bordeaux est à la France et non aux Anglais. » Mais, imperturbable, la fillette répond : « Je sais bien, moi, qu'elle est aux Anglais, notre maîtresse nous l'a dit hier. » Il fallut lui expliquer qu'on lui avait parlé du xive siècle et non de notre temps ; mais il fut impossible de la convaincre ; elle croyait à une moquerie de son père.

Les enfants, en vérité, ne comprennent pas les faits historiques et s'y intéressent d'autant moins qu'on se borne à leur faire apprendre par cœur des dates, des enfilades de noms de rois, des détails qui n'offrent par eux-mêmes aucun intérêt mais que les élèves introduisent assez facilement dans leur mémoire d'où ils sortiront, du reste, plus vite encore qu'ils n'y sont entrés. On ne doit pas être étonné, d'ailleurs, des difficultés que les enfants rencontrent dans l'étude de l'histoire, lorsqu'on sait combien rares sont les hommes ayant passé par le collège, qui ont une idée à peu près exacte des événements historiques les plus considérables.

Aussi, n'hésité-je pas à dire qu'il faudrait écarter des programmes de l'enseignement primaire le récit des détails historiques et se borner à y inscrire un petit nombre de tableaux des mœurs des principales sociétés

humaines, analogues à celui que j'ai reproduit plus
haut d'après Ernest Renan, illustrés par des cartes et
des figures de costumes, de monuments, etc. Quelques
tableaux de ce genre donneraient aux enfants une idée
suffisamment précise des sociétés hébraïque, égyp-
tienne, grecque, romaine, gauloise, etc. pour qu'ils
pussent comprendre l'évolution de l'humanité en marche
vers la civilisation. Avec quelques autres tableaux des
mœurs de la France pendant la période romaine, la
féodalité, la monarchie absolue comparées à l'époque
actuelle, elles auraient une idée précise de l'évolution
subie par notre pays depuis vingt siècles.

Ce qui importe surtout, à mon avis, c'est de bien faire
comprendre aux enfants par quoi est caractérisé chacun
des peuples dont elles entendent parler ou dont il est
question dans les livres qui tomberont plus tard entre
leurs mains. C'est cela qui les intéressera sur le moment,
et qui leur pourra être utile dans l'avenir, non les
détails de la vie politique de chacun de ces peuples.
Elles auront, par exemple, une idée suffisante des
Hébreux quand elles sauront qu'après avoir erré pendant des siècles dans les déserts de l'Asie occidentale et
de l'Afrique orientale, après avoir été en relations, tour
à tour, avec les habitants de la Mésopotamie et ceux de
l'Égypte, ils se fixèrent dans la Palestine, y détruisirent
une partie des habitants et y formèrent une très petite
société, à peu près étrangère au commerce et à l'industrie, n'ayant pas d'autres lois que les prescriptions de
la Bible et soumise tour à tour à la monarchie absolue,
puis à une théocratie plus absolue encore, jusqu'à ce
qu'elle tombât sous la domination des Romains pour
être ensuite dispersée par eux [1].

1. On pourra trouver les éléments d'une dictée très intéressante dans la description du temple de Salomon à Jérusalem
par Ernest Renan (*Hist. du peuple d'Israël*, II, p. 140 et suiv.)

On devra aussi donner aux élèves une connaissance
sommaire mais précise des sociétés chaldéenne et assy-
rienne. Il suffira pour cela d'indiquer la situation et le
caractère spécial des deux villes principales de la Mésopotamie, Babylone et Ninive, avec leurs murailles en
briques, leurs temples en forme de pyramides à gradins
rappelant les montagnes d'où les populations étaient
descendues ; le caractère absolu et l'humeur belliqueuse
des rois sans cesse en guerre avec l'Égypte ou la Syrie ;
la perfection de l'agriculture et les habitudes nautiques
contractées d'abord sur le Tigre et l'Euphrate, puis
exercées sur les bords du golfe Persique et même sur
les côtes de l'océan Indien où les Chaldéens allaient chercher des aromates, des perles, de la poudre d'or, etc.,
que les tribus errantes des déserts transportaient

parce qu'elle donne idée de la civilisation des Hébreux à cette
époque et peut servir de point de départ à des considérations
très intéressantes sur la société hébraïque, sans avoir à en faire
d'histoire. Il importera, par exemple, de noter que Salomon dut
faire venir de Tyr l'architecte et les principaux ouvriers qui tra-
vaillèrent à la construction du temple et à l'édification des palais
qu'il fit construire pour lui-même et pour d'autres grands personnages avec les belles pierres calcaires que fournissait le sous-
sol de Jérusalem. On en profitera pour noter que les juifs, pendant leur séjour dans la Palusine ne furent ni commerçants ni
industriels ; leur seule occupation était l'agriculture et l'élevage.
Salomon lui-même ne fut qu'une exception parmi les rois d'Israël ;
il est le seul qui ait poussé son peuple à des entreprises de navigation et fut, pour ce motif, très combattu par les prophètes.
Ceux-ci protestaient même contre l'édification du temple, étant
hostiles à tout ce qui pouvait contribuer à donner à Jahveh le
caractère d'un dieu individualisé ; et c'est sans doute sous leur
influence que Salomon évita d'introduire dans son temple les
images de l'homme ou des animaux. En dehors des Karoubs ou
sphynx ailés qui surmontaient l'arche et des bœufs qui suppor-
taient la grande vasque en airain placée dans le temple et où
l'on faisait la provision d'eau nécessaire à ce dernier, il n'y
avait que des représentations, sculpturales ou picturales, de fleurs
et de lignes diverses combinées. Avant la construction du temple,
on faisait les sacrifices sur le sommet des collines, en plein air
et sur un autel devant lequel n'était aucune divinité figurée.

ensuite en Égypte et en Phénicie. On notera particulièrement la naissance de la science astronomique parmi ces populations adonnées à la navigation et qui cherchaient dans les astres des directions pour leurs navires [1].

Il ne sera pas inutile de montrer comment les Perses, voisins des Assyriens mais habitant un pays peu fertile,

---

1. On trouvera les éléments d'une excellente dictée sur les origines de la navigation dans *l'Homme et la terre* d'Elisée Reclus (I, p. 506 et suiv.) Les arbres étant très rares dans la Mésopotamie, aucun fruit ne pouvant servir de récipients comme nos courges et aucune liane ne pouvant être utilisée pour faire des corbeilles, on « apprit à remplacer les vases naturels par des peaux de bêtes égorgées, à les employer pour tous les besoins domestiques, à les utiliser aussi pour la traversée des fleuves. La dépouille d'un mouton bien gonflée d'air suffit à porter un homme ; même aux endroits où le Tigre a plus d'un kilomètre de large et où le courant se meut avec une grande violence, le riverain n'hésite point à se hasarder, seul sur une outre pour passer le fleuve. Des armées entières traversèrent ainsi les cours d'eau... Alexandre et les Macédoniens, ayant déjà vu traverser le Tigre par les habitants de Mésopotamie, passèrent l'Oxus selon le même procédé, comme l'avaient fait avant eux et comme le firent après eux de nombreux conquérants...

« La construction des navires, nouvelle conquête de l'industrie qu'inspira problablement aux Chaldéens la forme du poisson — proue et poupe effilés, quille représentant l'épine vertébrale, membrures se substituant aux arêtes et rames aux nageoires, — fut facilité par certaines conditions naturelles : le pétrole qui s'écoule en lentes fontaines aux bords du Tigre et dans les vallées voisines fournissait en abondance le goudron nécessaire. Quelle que fût la forme des embarcations. elles consistaient toujours en une légère charpente, recouverte d'une natte et enduite de bitume ».

On aura soin, en développant cette dictée. d'attirer l'attention sur l'importance donnée au poisson, par les Assyriens, dans leur religion. Certains de leurs dieux sont représentés avec une tête de poisson surmontant une tête d'homme, le corps du poisson recouvrant toute la partie postérieure du corps de l'homme. D'après la légende babylonienne, c'est le poisson qui avait enseigné aux hommes non seulement la navigation, mais encore l'agriculture, le commerce, etc., et ils disaient : « Depuis son temps, rien d'excellent n'a été inventé ».

furent poussés par la nature de leur sol à se porter, d'un côté, vers l'Inde où ils sont encore représentés par la superbe race très commerçante des Parsis, d'un autre côté vers l'Asie Mineure et jusqu'en Grèce où ils furent arrêtés, de sorte que jamais ils ne purent pénétrer en Occident.

On montrera ensuite que l'Égypte peuplée par des tribus venues, les unes de l'Asie occidentale, les autres du cœur de l'Afrique, n'eut qu'un développement local. Entourée de déserts et séparée de la mer par la zone marécageuse du delta du Nil, ses populations ont évolué sur place, au bord de leur beau fleuve, ne vivant que d'agriculture et ne s'étendant ni vers l'Orient ni vers l'Occident. On les montrera soumises à des rois qui réunissaient tous les pouvoirs humains à un caractère divin, et employaient la majeure partie des forces de leurs sujets à édifier leurs tombeaux. On insistera sur la préoccupation qu'avaient les Égyptiens de se conserver après leur mort, et l'on décrira quelques-uns des tombeaux où les savants modernes ont retrouvé non seulement les momies d'individus qui vivaient il y a des milliers d'années, mais encore celles de leurs animaux adorés ou domestiques et tous les objets dont ils se servaient pendant leur vie. Puis, on montrera l'Égypte co ȷuise par les Romains, envahie par les colonies greç ̀ ̀u juives et soumise ensuite par l'Islam[1].

1. On pourra emprunter les éléments d'une très intéressante dictée sur les tombeaux de l'Egypte à l'*Histoire ancienne des peuples de l'Orient* de M. Maspéro (p. 55 et suiv.) où se trouve une excellente description des tombeaux d'Abydos qui sont les plus anciens du pays, remontent à des dynasties dont il est impossible de fixer exactement la date, mais ne doivent pas avoir moins de sept ou huit mille ans. On insistera sur ce qu'ils étaient bâtis en briques comme les temples de la Mésopotamie d'où, sans doute, la civilisation se répandit en Egypte: « La chambre funéraire, en partie creusée dans le roc, avait un toit plat de poutres, recouvert d'une couche de sable d'un mètre

On montrera comment un tout petit peuple, sémite comme les précédents mais établi dans l'île de Tyr, sur les bords de la Méditerranée orientale, les Phéniciens, devint très vite, en raison de sa position géographique, commerçant et navigateur, fonda la colonie de Carthage, peut-être celle de Marseille, et conduisit ses navires, par le détroit de Gibraltar et l'Atlantique, jusque dans les îles Britanniques où il allait chercher de l'étain et porter, en échange, les étoffes, les parfums, etc. de l'Orient [1].

Pendant ce temps, les pêcheurs grecs exerçaient la piraterie tout autour de leur archipel, en attendant

d'épaisseur ; le plancher était de bois également, et le cadavre du souverain y était posé au milieu, environné de son mobilier funéraire. De petites chambres ménagées symétriquement autour de la pièce principale recevaient le gros des provisions, et souvent aussi les corps des esclaves, de femmes et d'animaux domestiques, sacrifiés au jour de l'enterrement pour accompagner le maître dans l'autre monde. Des stèles grossières se mêlent aux présents, dont beaucoup contiennent le nom de ses serviteurs ou l'épitaphe de ses nains ou de ses chiens favoris ; des tablettes d'ivoire, d'os ou de schiste, sculptées habilement, représentent les scènes des funérailles ou certains des exploits du mort. Les offrandes sont en substance les mêmes que celles qui abondent dans les tombeaux des âges postérieurs et qui sont inscrites sur les listes funèbres, les gâteaux, les différentes sortes de pains, les vins, la bière, les liqueurs, les légumes, les fruits, la volaille, la viande de boucherie. Le mobilier comprend, outre les nattes et les étoffes du trousseau, des chaises, des tabourets, des fauteuils, des lits à pieds et à têtes de lions, et une quantité prodigieuse de vases en terre cuite ou en pierres dures, telles que le granit, le cristal de roche, l'albâtre, sur lesquels le prénom et les titres royaux sont gravés. Les outils et les armes sont en un silex blond, travaillé d'une perfection qui n'a d'égale en aucune partie du monde, parfois avec la poignée en or estampée. Au-dessus du tombeau deux stèles se dressaient sur lesquelles on lisait en hiéroglyphes massifs le nom d'intronisation du souverain : c'est devant elles qu'aux jours de fêtes les sacrifices s'accomplissaient ».

1. Afin de donner aux élèves une idée de la civilisation atteinte par Tyr à l'époque homérique, c'est-à-dire neuf ou dix siècles avant notre ère, on pourra emprunter les éléments d'une dictée au *Télémaque* de Fénelon (Livre III).

qu'ils allassent fonder des colonies en Italie, en Gaule
et qu'ils prissent dans la Méditerranée, notamment en
Gaule, en Espagne, en Afrique, la place des Phéniciens
et des Carthaginois. On montrera les trafiquants grecs
tout-puissants à Marseille, remontant le Rhône dès le
vi[e] siècle avant notre ère, puis allant, par la Saône et
la Seine et à travers la Manche jusque dans la Grande-
Bretagne, faire les échanges que les Phéniciens et les
Carthaginois allaient auparavant y pratiquer par mer.
On insistera particulièrement sur l'admirable développement littéraire, artistique, philosophique et même
scientifique qui commença à se produire en Grèce dès le
ixe ou le xe siècle avant notre ère, atteignit son apogée
entre le vi[e] et le ive siècle avec Socrate, Platon, Aristote,
Zénon, Épicure, Phidias, etc., puis, transporté à Rome,
transforma tout à fait la société romaine, vers le iie siècle
avant notre ère, pour y produire le maximum de ses
effets politiques, sociaux et moralisateurs sous le règne
des empereurs philosophes (Trajan, Antonin, Marc
Aurèle) au second siècle de notre ère [1].

1. On trouvera les éléments d'une très interessante dictée sur
les mœurs des Grecs du temps d'Homère dans la *Grèce antique*
d'André Lefèvre, p. 222 et suivantes.
   On profitera utilement de cette dictée pour indiquer aux élèves
ce qu'était, à cette époque lointaine, l'esclavage non seulement en
Grèce, mais dans tous les pays circonvoisins de la Méditerranée.
La plupart des esclaves étaient des prisonniers de guerre ou des
navigateurs enlevés par les pirates, que l'on vendait quotidiennement sur les marchés. Leur situation chez les maîtres qui les
avaient acquis ne ressemblait en rien à celle des esclaves noirs
des Antilles et de l'Amérique dans les temps modernes. Ils étaient
traités comme des membres de la famille et prenaient même
part au culte des ancêtres. Les uns étaient occupés au service
de la maison; les autres travaillaient les champs, élevaient les
bestiaux, etc. Cependant, à mesure que la vie familiale fut
modifiée par l'état social, leur sort fut beaucoup aggravé. Beaucoup de maîtres en tiraient profit, leur faisaient apprendre un
métier et les louaient aux artisans des divers métiers. La
majeure partie de l'argent gagné par l'esclave ouvrier allait au

Pour compléter le tableau des civilisations antiques, on montrera les Romains, d'abord confinés sur les collines du Tibre, s'étendant en Italie, chassant les Gaulois qui s'étaient établis dans le nord de la péninsule, les Grecs et les Phéniciens qui avaient fondé des colonies dans le sud, puis entreprenant tour à tour la conquête de Carthage, de l'Espagne, de la Gaule, de la Grèce, de la Syrie, de l'Égypte, finissant par être les maîtres de tous les pays qui entourent la Méditerranée et étendant leur pouvoir, vers le nord, jusque dans la Germanie à l'est, les îles Britanniques à l'ouest[1]. On

maître, mais l'esclave en conservait une part qui, s'il était économe lui permettait au bout de quelques années, d'acheter sa liberté. Le travail payé, même celui des professions libérales, étant interdit aux hommes libres, les esclaves étaient médecins, professeurs, avocats, etc., et parvenaient souvent à des situations fort lucratives. Mais, ils n'en restaient pas moins, légalement, à la discrétion de leurs maîtres, dont quelques-uns se montraient plus ou moins mauvais. Ceux-ci devaient être relativement rares, car l'esclave laborieux était de trop bon rapport pour que son maître put le maltraiter sans en souffrir lui-même.

1. Il sera bon de montrer aux élèves jusqu'où furent poussés les sentiments d'humanité à cette époque, en leur faisant une dictée avec la belle page où Sénèque trace le tableau de ces sentiments : « Ordonnons de tendre la main au naufragé, de montrer le chemin au voyageur égaré, de partager son pain avec celui qui a faim. Mais pourquoi m'arrêterais-je au détail de ce qu'il faut faire ou éviter quand je puis, en peu de mots, rédiger la formule générale de l'humanité ? « Cet univers est un; nous sommes les membres d'un grand corps. La nature en nous formant des mêmes éléments et pour les mêmes fins nous a créés parents; c'est elle qui nous a liés les uns aux autres par un attachement mutuel et nous a faits sociables; elle qui a établi la justice et l'équité ; c'est la vertu de ses lois qu'il est plus fâcheux de faire que de recevoir du mal; c'est d'après son ordre que nos mains doivent toujours être prêtes à secourir nos semblables. Ayons toujours dans le cœur et à la bouche cette maxime : « homme, je ne puis regarder comme étranger rien de ce qui touche les hommes ». Pénétrons-nous-en; nous sommes certainement nés pour vivre en commun. Notre société ressemble à une voûte qui tomberait si ses divers parties ne se prêtaient pas un support mutuel ».

rappellera que Rome fut d'abord gouvernée par un roi
absolu, puis régie par un gouvernement républicain
aristocratique, dans lequel le Sénat était tout-puissant;
enfin soumis à un césarisme militaire dont les crimes
et les exactions faciliteront beaucoup la dislocation de
l'empire par l'action combinée des barbares et du christianisme [1].

1. Le mariage chez les Romains pourra être l'objet d'une
dictée instructive et intéressante, empruntée à *La cité antique* de
Fustel de Coulanges. Elle servira utilement de point de départ
à des considérations sur la constitution de la famille romaine
et sur la religion du foyer, en vertu de laquelle la jeune fille,
en quittant la maison de son père, quitte aussi les dieux du
foyer paternel, pour adopter à la fois la maison et les dieux
de son mari. On devra insister sur ce que les dieux innombrables
et tout à fait humains des poètes anciens ne furent jamais, en
Grèce et à Rome, que des divinités fort secondaires, parmi lesquelles chacun choisissait celle qui lui convenait le mieux,
comme chacun aujourd'hui choisit son saint. La véritable religion, on peut dire même la seule religion des Grecs et des Romains
était représentée par le culte rendu aux ancêtres et au foyer de
la maison qui les représentait. De même, le seul culte réel des
villes était celui de la cité, envisagée comme le foyer commun
de tous les habitants d'une même ville. Le mariage consistait
pour la femme, au point de vue religieux, en ce qu'elle passait
du foyer de ses parents à celui de son mari. Pendant longtemps,
ce mariage fut seul connu des Grecs et des Romains. Plus
tard, chez ces derniers, le seul fait de vivre en commun pendant
plus d'une année entraîna tous les effets légaux du mariage, qui
devint ainsi purement civil.
Ou ferait œuvre utile, en complétant cette étude par une dictée
montrant la situation de la femme romaine vers la fin de la République, lorsqu'elle eut conquis, avec la liberté, le respect de la société.
« La loi romaine, dit V. Duruy (*Hist. des Romains*, V, p. 277.)
donnait du mariage cette belle définition : «mise en commun de
toutes choses : richesse et misère, grandeur et infortune, plaisirs
et douleurs. » La femme participe même à la condition officielle
de son mari ; elle est, comme lui consulaire, clarissime s'il a
obtenu ces titres et les conserve après la dissolution du mariage.
Avec lui, elle assiste aux fêtes, elle accomplit au foyer domestique les *sacra privata*. Sa mort a, comme sa vie, de publics
hommages. On lui fait de solennelles funérailles ; le convoi traverse le forum, et du haut de la tribune, un des proches parents
de la défunte célèbre sa naissance, raconte ses vertus et souvent

A ces tableaux des sociétés antiques, succéderont naturellement ceux dont l'objet sera de donner aux élèves une idée du développement de la civilisation dans notre pays. On débutera utilement par un tableau de la Gaule dans les temps préhistoriques, alors que toutes les parties basses de son territoire étaient couvertes de forêts marécageuses ou de lacs et que son climat était assez chaud pour permettre qu'elle fût habitée par les animaux des régions tropicales. On la

rappelle les fameux exemples des héroïnes nationales, le dévouement des Sabines, la chasteté de Lucrèce, le courage de Clélie, le patriotisme de Véturia et celui des matrones dont les offrandes remplirent le trésor vidé par la guerre d'Annibal. »

Une autre dictée sur la situation de la femme germaine, au moment de la conquête des Gaules, empruntée à Tacite (*Mœurs des Germains*. XVII, XVIII et VII) serait utile pour montrer quel rôle jouait la femme chez les peuples aryens encore barbares de l'occident et de quel respect elle y était entourée : « L'épouse n'apporte pas de dot au mari, c'est le mari qui donne une dot à l'épouse. Le père, la mère et les proches interviennent et agréent les présents, qui ne sont point ceux que nous cherchons pour charmer les femmes, ni ceux dont se pare une nouvelle mariée, mais des bœufs, un cheval harnaché, un bouclier avec la framée et l'épée. Grâce à ces présents, l'époux est accepté et la femme à son tour offre quelques armes à son mari. C'est là le lien le plus puissant, la cérémonie mystérieuse et sainte. Ce sont là les auspices divins de l'hyménée. Pour que la femme ne se croie pas étrangère aux préoccupations des vertus guerrières, même aux chances des combats, ces auspices, sous lesquelles commence son mariage, lui font connaître qu'elle prend sa part des fatigues et des dangers de son époux et qu'elle doit souffrir et oser, dans la paix comme dans la guerre, tout ce qu'il souffre, tout ce qu'il ose. Ces bœufs réunis sous le même joug, ce cheval équipé, ces armes qu'on échange prouve que c'est ainsi qu'il lui faudra vivre et mourir...

« Dans les combats, les Germains ont près d'eux les êtres qui leur sont chers ; ils entendent les hurlements de leurs femmes, les vagissements de leurs enfants qui sont pour chacun, les témoins les plus saints de son courage, les hérauts les plus empressés de sa gloire. Ils rapportent leurs blessures à leurs mères, à leurs épouses ; celles-ci ne craignent pas de compter, d'examiner les plaies et elles portent aux combattants des vivres et des encouragements ».

montrera fréquentée d'abord par des hommes d'une
race très inférieure, analogues aux Australiens actuels,
venus de l'Asie ou de l'Afrique, ne connaissant ni le feu
ni les animaux domestiques, ne vivant que de chasse
et n'ayant pas d'autres armes que des silex grossièrement taillés. On la fera voir occupée ensuite par des
populations descendues, avec leurs rennes, des régions
circumpolaires d'où elles avaient été chassées par les
glaciers, semblables aux Esquimaux actuels et dont les
cavernes de la Dordogne ont conservé jusqu'à nos jours
les dessins et les sculptures. Puis, on montrera d'autres
populations d'Afrique et d'Asie important dans notre
pays les instruments en bronze, avec l'art de leur fabrication ; les Ibères venus d'Afrique, fondant des colonies en Espagne et dans le sud de la Gaule où leurs
traces existent encore ; les Ligures venus de l'Asie
occidentale par la vallée du Danube, vers le même temps
que les Italiotes, et s'établissant dans le sud-est de notre
pays ; puis les Celtes, formant au vi[e] siècle avant notre
ère, une sorte de vaste empire dont le cœur était sur les
bords du Rhin et qui s'étendait sur toute la Gaule où ses
guerriers chassaient devant eux les populations précédentes jusque dans les montagnes qui en offrent encore
les descendants. Enfin, on dressera le tableau de la
Gaule encore à demi sauvage, au moment de la conquête de Jules César.

On montrera ensuite les Gaulois se romanisant avec
une telle rapidité et d'une façon si complète que leur
langue en a été entièrement perdue, tandis que l'administration, les lois, les pratiques religieuses et jusqu'à
l'esprit de Rome pénétraient le pays si profondément
qu'ils n'en ont jamais pu disparaître [1].

1. On trouvera les éléments d'une excellente dictée sur la roma-
nisation de la Gaule dans Fustel de Coulanges (la Gaule romaine,
p. 133 et suiv.). On insistera, dans le développement de cette

On dressera ensuite le tableau de la Gaule au v⁰ siècle, alors que le christianisme substitue ses évêques, dans les villes, aux autorités romaines et que les chefs burgondes et wisigoths, puis francs, tous germains, s'établissent dans les campagnes et posent les premières bases du régime féodal.

Il sera intéressant de montrer ce que fut la France, depuis le vi⁰ siècle jusqu'au xiii⁰ : les seigneurs féodaux se battant sans cesse pour agrandir leurs territoires respectifs, l'un d'entre eux essayant en vain d'établir sur les autres une autorité royale toujours contestée ; certaines provinces, puis les fiefs royaux eux-mêmes entre les mains des Anglais, les relations souvent interrompues entre les villes, les campagnes dévastées, les évêques rivalisant de mœurs guerrières avec les barons, la civilisation ne se maintenant que dans l'intérieur

dictée, sur le fait que, selon le mot très juste de Fustel de Coulanges, « si la Gaule s'est transformée, ce n'est pas par la volonté de Rome, c'est par la volonté des Gaulois eux-mêmes ». On rappellera que le nombre des Romains qui s'établirent en Gaule fut peu considérable, même dans les colonies fondées par Rome, comme la Provincia, devenue notre Provence. Quant aux fonctionnaires romains, ils étaient peu nombreux, ne faisaient que passer et furent bientôt remplacés, dans la plupart des emplois, par des Gaulois. Ceux-ci, vers le iv⁰ siècle occupaient la majeure partie des postes officiels, ce qui leur permit de s'émanciper peu à peu de l'empire. Enfin, à mesure qu'ils abandonnèrent leur langue pour le latin, les Gaulois latinisèrent leurs noms. On montrera que plus tard, au v⁰ siècle, il n'y eut pas de véritables invasions de la Gaule par les Germains, mais une pénétration lente, singulièrement facilitée par le fait que beaucoup de Germains figuraient depuis plusieurs siècles dans les armés romaines et y arrivaient aux plus hauts grades. Ces derniers n'eurent qu'à s'émanciper de l'autorité impériale, pour que la Gaule devint indépendante de l'empire; on ajoutera que son détachement de l'empire fut encore singulièrement facilité par les encouragements que l'Eglise chrétienne prodiguait aux chefs Germains et par la substitution des évêques aux fonctionnaires romains des villes. Ces considérations générales sur l'évolution de la Gaule pendant la période romaine faciliteront singulièrement la connaissance du régime féodal.

des villes qui, petit à petit, reconquièrent leur indépendance sur les évêques et les seigneurs, avec la complicité de ceux, rois ou autres, qui ont intérêt à s'appuyer
sur elles. Un petit tableau de l'état des villes et de leurs
communes, comparé à celui des campagnes pendant
cette longue période, fera comprendre ce que fut alors
l'histoire de France, beaucoup mieux que le récit des
hauts faits de Charlemagne, des croisades et des guerres
intestines qui ensanglantaient le pays en le ruinant,
ou que la chronologie des rois et des batailles[1].

1. Les éléments de quelques dictées fort utiles sur l'état de la so-
ciété française aux xe et xie siècles, pourront être empruntés à l'*Histoire de France* de Lavisse (t. ˟ part. II, p. 4 et suiv., Hachette
et Cie, édit.).

Par une première dictée, les élèves acquerraient une idée exacte
de ce qu'était celui qu'on appelle « roi de France « parce qu'il
était sacré par l'Eglise, mais qui simple « baron investi du titre de
roi et de la prérogative royale, était incapable d'en jouir effecti-
vement ailleurs que sur son domaine propre », chaque seigneurie
étant « souveraine « quoique chaque seigneur relevât d'un autre
plus puissant. « Au degré supérieur, les ducs et comtes, de qui
relève tout une province, chefs des grands états féodaux, rivaux
du roi, puisqu'ils partagent avec lui les pouvoirs réguliers et jusqu'au droit de choisir les évêques... Au second degré, une vingtaine de fiefs de moyenne grandeur, et la plupart fondés par
des « comtes » délégués du roi carolingien qui se sont appropriés
leur délégation et le territoire sur lequel elle s'exerçait, les
autres par des soldats de fortune que l'épée rendit propriétaires
et souverains. A la base, les seigneuries les moins étendues et les
plus nombreuses, celles où commandent les châtelains, les
vicomtes, les avoués, les voyers, anciens subordonnés des comtes
carolingiens que l'usurpation des droits de justice et d'hérédité
ont rendus presque indépendants.

« Aux seigneurs laïques s'entremêlent enfin les barons d'Eglise,
possesseurs de terres et de revenus accumulés par la piété des
fidèles. Favorisés par le prestige de l'Eglise, par la complicité des
populations, ceux-ci ont étendu, aux dépens de la royauté, leurs
privilèges d'immunité et enlevé peu à peu aux comtes tous les
pouvoirs, de manière à demeurer seuls dans les cités. La féodalité d'Eglise domine donc surtout dans les grandes villes. Elle y
bat monnaie, juge en souveraine, et, par ses réquisitions ou ses
taxes, bénéficie de l'activité du marchand comme du travail, etc.

« Chaque seigneur exerce dans son fief l'autorité suprême, rend

**Il sera intéressant de montrer ensuite comment, au
XIIIe siècle, à mesure que la tranquillité reparaissait, il
se produisit une renaissance de l'esprit romain, un**

la justice, perçoit l'impôt, lève les sold s, mais est assujetti à
un seigneur supérieur ou suzerain de qui il a reçu sa terre et
les pouvoirs attachés à la propriété territoriale. Le vassal est tenu
de reconnaître sa dépendance par la cérémonie essentielle de la
prestation d'hommage et du serment de fidélité. »

Une seconde dictée donnera aux élèves une idée de ce que
furent les premiers châteaux construits par ces différents seigneurs pour se protéger les uns des autres, et qui furent remplacés ultérieurement par les magnifiques édifices en pierres dont
les restes existent encore sur un grand nombre de points de
de France. Au IXe siècle, ce ne sont presque partout que
des constructions en bois. « A l'entrée des vallées, au confluent
des rivières, au croisement des routes, sur une hauteur naturelle
ou sur un monticule de terres rapportées qu'ont entassées les cor-
véables, s'élève un édifice de forme carrée ou rectangulaire, à
plusieurs étages, tout en planches et en charpentes. Au-dessous,
dans l'épaisseur de la motte, des caves et un puits ; plus bas, à la
racine du monticule, une fosse pleine d'eau. Voilà le donjon du
premier âge, type embryonnaire de tous les manoirs féodaux.
L'unique porte du donjon communique avec le dehors par un pont
incliné, assez mobile pour être facilement enlevé en cas de danger,
assez solide pour supporter le poids des hommes et des chevaux.

« Dans certains pays de montagnes, le château apparaît perché
sur des hauteurs abruptes, défendu par les bords escarpés d'un
ravin ou d'un torrent. Une épaisse muraille de pierres, en forme
de carré, de rectangle ou de trapèze enferme parfois dans son
enceinte plusieurs hectares. C'est moins un château qu'un petit
camp retranché, à ciel ouvert, où la garnison n'a, pour se protéger des intempéries, que des cabanes de planches ou de branchages dressées dans l'intérieur du quadrilatère.

« Dans les régions de plaines, par exemple celles de l'Anjou et
du Poitou, les forteresses, plus restreintes, ont une position
moins formidable. Ce sont des tours massives, carrées ou rectan-
gulaires, appuyées d'épais contreforts, percées de fenêtres rares
et étroites, communiquant avec le dehors par une seule porte,
qui est souvent placée au premier étage, Pour y accéder, il faut
une échelle mobile ou un pont volant. Au sommet, point de
créneaux ni de mâchicoulis. A l'intérieur, trois ou quatre étages,
mais sans voûtes, séparés par de simples planchers. On monte
d'une salle à l'autre par un petit escalier pratiqué dans un angle
de la muraille, ou même, système plus primitif, la communication se fait par une trappe. » La maîtresse montrera comment

retour vers les institutions, la littérature et la philosophie romaines, mouvement qui devait dominer le
XVIᵉ siècle et aboutir, à la fin du XVIIIᵉ, à la Révolution
française.

à ces châteaux rudimentaires succédèrent petit à petit des édifices
plus solides, plus confortables et aussi plus forts parce qu'ils
avaient à protéger leurs défenseurs contre des armes qui allaient
sans cesse en se perfectionnant jusqu'à ce que les canons et les
fusils fussent inventés. Elle insistera aussi sur le double rôle que
jouèrent les châteaux pendant tout le moyen âge : d'un côté pro-
tégeant le seigneur et ses paysans contre les seigneurs ennemis;
d'autre part servant de repaires d'où les seigneurs imposaient
leurs taxes à tous les voyageurs et à toutes les marchandises
passant dans le voisinage.

Une troisième dictée permettra aux enfants de se rendre
compte des mœurs des seigneurs et de leurs femmes ou filles :
les premiers ne songeant qu'à la guerre ou à la chasse, les
secondes partageant les gouts, la vie et la rudesse de leurs maris
ou de leurs frères. « La châtelaine que dépeignent au XIᵉ siècle
l'histoire et la poésie est presque toujours une virago au tempérament violent, aux passions vives, rompue, dès l'enfance, à
tous les exercices du corps, partageant les plaisirs et les dangers
des chevaliers de son entourage. La vie féodale, fertile en sur-
prises et en périls, exigeait, chez elle, la trempe vigoureuse de
l'âme et du corps, l'allure masculine, les habitudes presque militaires. Vivant au milieu des gens de guerre, comment n'arriverait-
elle pas à en contracter les habitudes et les mœurs? L'âpreté au
gain, la perfidie, la cruauté (plus raffinée encore chez la femme)
sont des vices habituels aux dames nobles, capables parfois d'en
remontrer aux plus rudes barons. »

Enfin, une dernière dictée, empruntée à la même source, montrera ce qu'étaient les populations groupées autour du château.
« Le trait le plus caractéristique de cette société rurale, c'est que
l'immense majorité de ceux qui la composent est soumise à la
condition servile. En général, le serf agriculteur n'était pas aussi
malheureux que le serf domestique attaché au service personnel
d'un maître, mais il n'en subissait pas moins la plus dure, la
plus intolérable de toutes les sujétions. Il ne peut ni se déplacer
à sa guise, ni se marier hors de la seigneurie. Il n'a pas le droit
de disposer de son avoir en faveur d'une autre personne que son
héritier direct; encore cette transmission est-elle taxée. Il peut
être vendu, engagé, donné par son seigneur. Il est considéré
comme incapable de comparaître et de témoigner en justice, au
moins contre des personnes libres. Pour lui, les protections
juridiques n'existent pas Sa personne même, en cas de délit

On devra tracer ensuite le tableau de la France pendant la monarchie absolue, entre le XVIe et le XVIIIe siècle. On montrera comment, depuis le IXe siècle, les petites seigneuries ont été absorbées peu à peu par de plus grandes, puis celles-ci par d'autres plus grandes encore, jusqu'à ce qu'il ne restât plus qu'une seule seigneurie embrassant tout le territoire et ayant pour seigneur le roi de France. Cependant, la terre reste toujours possédée, en majeure partie, par une noblesse qui avait conservé un grand nombre des droits de propriété dont jouissaient les anciens seigneurs, et au profit à peu près exclusif de laquelle les paysans travaillent encore. La féodalité avait disparu, les nobles n'étaient plus que des serviteurs dociles du roi, mais les droits féodaux subsistaient encore dans une large mesure. C'est pour les faire disparaître, beaucoup plus que pour détruire les abus de l'absolutisme royal, que la Révolution se produisit[1]. Cependant, les rois usent les forces

non amendé, peut être livrée à la brutalité du maître ou de ses agents. Les enfants peuvent être partagés et dispersés entre les mains de propriétaires différents. La situation du paysan libre est un peu supérieure à celle du serf. Encore ne faut-il pas que ce mot de liberté fasse illusion. Le plus libre des tenanciers est encore assujetti à des obligations lourdes ou odieuses, dont il est difficile d'exagérer le caractère tyrannique. Partout le manant plie sous le faix des redevances, des prestations, des corvées. »

1. On pourra emprunter les éléments d'une très intéressante dictée sur la monarchie absolue au livre de TAINE sur *l'Ancien régime* (p. 84 et suiv. Hachette et Cie, édit.). Les élèves apprendront ainsi d'abord comment à l'aristocratie du moyen âge, dont chaque seigneur exerçait des pouvoirs véritablement royaux, succéda une noblesse de cour, dépouillée de toute autorité par la centralisation monarchique, appauvrie par l'abandon de ses terres à des intendants, et très avide des charges purement nominales mais très lucratives qu'elle sollicite du roi.

« Les sinécures abondent et sont presque toutes à la noblesse. De ce genre sont en province les trente-sept grands gouvernements généraux, les soixante-six lieutenances générales, les quatre cent sept gouvernements particuliers, les treize gouver-

de leurs sujets et dépensent les ressources du pays dans des guerres de conquêtes ou d'amour-propre qui lui ont, sans nul doute, procuré de la gloire, mais n'ont que peu servi à son progrès intellectuel et moral.

Un tableau précis des libertés conquises par la Révolution et des progrès réalisés depuis 1789, dans le domaine de la science, de l'industrie, du commerce, etc. complétera l'exposé de l'évolution de notre pays.

Tous ces tableaux successifs devront être simples, clairs, concis, adaptés à l'intelligence des élèves. Celles-ci seront appelées à les résumer sur leurs cahiers et

nements de maisons royales, et nombre d'autres, tous emplois vides et de parade, tous entre des mains nobles, tous lucratifs, non seulement par les appointements du Trésor mais aussi par les profits locaux. Aussi lucratives et aussi inutiles sont les charges de cour, sinécures domestiques dont les profits et accessoires dépassent de beaucoup les émoluments. Je trouve dans l'état imprimé 295 officiers de bouche, sans compter les garçons pour la table du roi et de ses gens. La royauté est comme une propriété, un héritage. Non seulement par la tradition du moyen âge le roi est commandant propriétaire des français et de la France, mais encore par la théorie des légistes il est, comme César, l'unique et perpétuel représentant de la nation et, par la doctrine des théologiens, il est comme David, le délégué sacré et spécial de Dieu lui-même. Pour bien comprendre l'histoire de nos rois, posons toujours en principe que la France est leur terre. En tant que propriétaire du sol, le roi se considère et on le considère comme propriétaire du budget. Il en use à sa guise et d'abord pour lui-même. Il bâtit, il reçoit, il donne des fêtes, il chasse, il dépense selon sa condition. De plus, étant maître de son argent, il donne à qui lui plaît, et tous ses choix sont des grâces.

« Cependant, le roi a oublié que toutes ses grâces sont meurtrières; car « le courtisan qui obtient 6.000 livres de pension reçoit la taille de six villages ». En l'état où est l'impôt, chaque largesse du monarque est fondée sur le jeûne des paysans, et le souverain, par ses commis, prend aux pauvres leur pain pour donner des carrosses aux riches. Bref, le centre du gouvernement est le centre du mal; toutes les injustices et toutes les misères en partent comme d'un foyer engorgé et douloureux ; c'est ici que l'abcès public a sa pointe et c'est ici qu'il crèvera. »

seront interrogées sous des formes permettant de s'assurer qu'elles ont acquis des idées assez nettes pour être durables.

Les dictées, dont j'ai donné quelques modèles, seront empruntées aux meilleurs écrivains anciens ou modernes et choisies de manière à faire connaître l'état de la civilisation et des mœurs chez les divers peuples principaux et aux différentes époques de l'histoire.

Au moyen de ces tableaux, de ces dictées et des considérations de toutes sortes qu'il est facile d'en tirer, on inspirera aux élèves la conviction que ni la civilisation, ni la morale familiale, individuelle ou sociale ne sont nées d'hier, comme trop de gens le croient, que leur évolution a débuté bien des siècles avant notre époque, et que nous ne jouirions pas de leurs bienfaits si elles ne s'étaient presque incessamment développées pendant une longue suite de générations. Les dictées formeront, en outre, entre les mains des élèves, un monument précieux, parce qu'il marquera chacune des époques principales franchies par l'humanité depuis les temps préhistoriques et protohistoriques jusqu'à nos jours.

Les dictées et leur développement prendront, sans nul doute, beaucoup de temps, mais il ne faut pas oublier qu'elles remplacent, dans ma conception de l'enseignement primaire, tous les exercices de mémoire exécutés au moyen des livres et qui prennent aux élèves beaucoup de temps sans laisser dans l'esprit aucune trace profonde ; elles remplacent aussi toutes les dictées purement littéraires dont les cahiers des enfants de nos écoles primaires sont encombrés et qui faussent leur raison au lieu de la former ; enfin, elles dispensent de ces autres dictées sans portée scientifique, dont le seul objet est de mettre les élèves aux prises avec les difficultés de la syntaxe grammaticale. Le système que je propose aura donc pour résultat d'économiser le temps de la maîtresse et des élèves, tout en le faisant employer beaucoup plus utilement que dans l'organisation actuelle.

§ 5. — GÉOGRAPHIE

Dans l'enseignement de la géographie, il faut aussi remplacer l'emploi de la mémoire par celui de l'observation. On économisera de la sorte toutes les heures que les enfants sont contraints de consacrer à apprendre par cœur des définitions de termes géographiques, des noms de chefs-lieux de départements ou d'arrondissements, de plateaux et de montagnes, de fleuves et de rivières, de caps et de golfes, d'îles et de détroits qu'ils s'empresseront d'oublier après l'examen ou la sortie de l'école.

Dans chaque école, il devrait y avoir un globe terrestre assez grand pour être bien vu de tous les points de la classe, et assez simple pour que les détails ne nuisent pas à l'ensemble. Aucune leçon de géographie ou d'histoire ne devrait être faite sans que les élèves eussent ce globe sous les yeux. On devrait, pour débuter, les habituer à y montrer les pôles, l'équateur, les longitudes et les latitudes, la position et la direction des continents, celles des principales mers, la limite des glaces polaires, etc. Puis, dans chaque continent, la position des principaux pays. On pourrait aussi exercer les enfants à faire eux-mêmes des globes terrestres avec des ballons en baudruches ou des balles. Les élèves se graveraient ainsi, pour toujours, dans la mémoire, les traits principaux de la physionomie de la terre.

Pour agrémenter encore ces exercices, la maîtresse racontera les phases principales de l'évolution de la terre : comment elle fut d'abord incandescente et lumi-

neuse ainsi que le soleil l'est encore ; comment elle se
refroidit peu à peu en dégageant les gaz et la vapeur
d'eau qui l'enveloppent aujourd'hui sur une épaisseur
de plus de 60 kilomètres ; comment elle perdit sa chaleur par rayonnement dans l'espace où elle circule,
ainsi que se refroidit un fer chaud qu'on fait tourbil-
lonner dans l'air ; comment, à sa surface refroidie et
durcie, se condensèrent les vapeurs de l'atmosphère ;
comment sa surface devint inégale, par suite des soulèvements qui se produisirent sur certains points, tandis que des dépressions se formaient en d'autres
endroits, soulèvements et dépressions produits par les
poussées que les matières intérieures, encore incandescentes et bouillonnantes, exerçaient au-dessous de la
croûte durcie ; comment l'eau s'accumula dans les parties déprimées en formant des mers, tandis que les
portions soulevées constituaient les premiers continents.

Elle dira ensuite comment la terre fait un tour entier
sur elle-même en vingt-quatre heures, tandis qu'elle
circule autour du soleil en suivant une ellipse qu'elle
parcourt en 365 jours. De ces faits, elle déduira facilement quelques notions relatives à l'alternance du jour
et de la nuit, aux saisons, etc. Puis, elle montrera la
lune tournant autour de la terre comme celle-ci autour
du soleil. Elle donnera une idée des planètes, toutes
satellites du soleil comme la terre, et toutes entraînées
avec lui dans quelque immense course à travers les
espaces. Elle dira ce qu'est le soleil, que les étoiles sont
autant de soleils, comment les nébuleuses formeront
des soleils, etc.

Pour faire acquérir aux enfants une idée de la façon
dont se formèrent, à la surface de la terre, les ruisseaux,
les rivières et les fleuves, la maîtresse pourra leur faire
dessiner sur le sol de la cour, une figure de la France ;

avec du sable, elle leur fera placer les montagnes du massif central, des Pyrénées, des Alpes, et elle leur fera comprendre comment l'eau des pluies, tombée sur les montagnes, descend en rigoles le long de leurs flancs ; comment elles forment des rivières qui elles-mêmes se réunissent en un petit nombre de fleuves dont les eaux, obéissant à la pente, s'écoulent jusqu'aux mers dont la France est entourée. Cet exercice sera, pour les enfants, un véritable jeu, d'où elles tireront des idées justes en même temps que le goût de la science.

Il sera le point de départ de notions pratiques relatives à l'équilibre des liquides, dont le caractère essentiel est qu'ils descendent toujours les pentes, mais se redressent dès qu'ils rencontrent un obstacle, en tendant à s'élever jusqu'au niveau de leur point de départ. La maîtresse montrera ce qui se passe dans un tube en verre, en forme d'U, où l'on a versé de l'eau ; comment ce liquide monte jusqu'à la même hauteur dans les deux branches ; et elle partira de cette expérience pour expliquer ce qui se produit dans les sources, les puits artésiens, etc.

Un autre exercice d'une très grande utilité pourrait avoir pour but le modelage, avec du plâtre ou de la terre glaise, d'une carte de la France en relief. La maîtresse, avec une carte physique sous les yeux, dirigerait le travail et les élèves seraient très fières d'avoir elles-mêmes fabriqué leur chef-d'œuvre.

Après avoir fait ces exercices, les élèves comprendront beaucoup mieux la signification des cartes physiques ordinaires: un simple coup d'œil jeté sur elles leur donnera une idée juste du relief d'un pays. C'est, du reste, par la reproduction des cartes et, en particulier, des cartes physiques, que l'on devra enseigner la géographie des diverses parties du globe. Je ne vois aucun inconvénient à ce que les élèves calquent d'abord les cartes qu'on leur donne à faire ; j'y trouve, au contraire, le double avantage de les habituer à travailler sans effort et d'introduire tout de suite dans leur mémoire une image exacte du pays qu'on veut leur faire connaître. J'estime qu'ayant à apprendre à un enfant la géographie d'un pays quelconque, on devra lui en faire d'abord calquer trois ou quatre fois la carte physique avec les contours, les massifs montagneux, les fleuves, les rivières et la position des principales villes. Après ces premiers exercices, on lui fera calquer seulement les contours de la carte, en l'obligeant à placer les montagnes, les rivières, les fleuves et les principales villes, avec le modèle sous les yeux, mais sans calquer. Enfin, on l'exercera à faire la carte de mémoire. Comme, dans ces exercices, la main et la mémoire ne fonctionnent jamais l'une sans l'autre, l'élève s'instruit sans effort et elle retient ce qu'elle apprend avec beaucoup plus de facilité que si sa mémoire seule était mise en jeu.

A peine ai-je besoin de dire que pour intéresser les élèves au pays dont elles étudient la géographie, il faut leur en faire connaître les habitants ainsi que les productions animales, végétales et minérales et leur montrer par quels moyens il est en relations avec les autres pays. Tout cela devra être enseigné encore par des procédés pratiques, en faisant appel à la main en même temps qu'à la mémoire. S'il s'agit de la France, par exemple, on leur fera indiquer sur des cartes physiques, calquées ou copiées fréquemment, tantôt d'ensemble, tantôt par bassin, la structure géologique de la surface du sol, l'abondance ou la rareté des pluies, les températures extrêmes de l'hiver et de l'été, les noms des populations qui habitent chaque territoire, ceux des animaux que l'on y élève sur une grande échelle, ceux des végétaux qui y sont l'objet des principales cultures,

ceux, enfin, des minéraux qu'on y exploite en grande
quantité.

Pour illustrer ces indications et les mieux faire pénétrer dans la mémoire, la maîtresse donnera les motifs
pour lesquels certaines cultures de plantes, certains
élevages d'animaux, certaines industries se trouvent
dans telles régions plutôt que dans telles autres, motifs
tirés de la nature du sol, de la température, de l'abondance ou de la rareté des pluies, des facilités ou des
difficultés des communications, etc.

A ce propos, elle entrera dans quelques détails au
sujet des saisons, des climats, des pluies, de la rosée,
de la pression atmosphérique et du baromètre, de la
température propre du sol, de celle que les rayons
solaires déterminent à la surface de la terre. Elle montrera comment on mesure les températures avec le thermomètre. Elle parlera du rôle joué par la lumière sur
le développement des plantes, des animaux et des
hommes, en insistant sur la nécessité de faire entrer le
plus possible, dans les maisons, les rayons lumineux et
caloriques du soleil. Elle pourra donner aux élèves
quelques notions relatives à la marche de la lumière à
travers l'espace, en montrant par l'expérience du volet
percé que les rayons lumineux suivent toujours la ligne
droite. Elle leur montrera à l'aide d'une glace comment
la lumière se réfléchit, comment se forment les images
dans les miroirs, etc. A propos des orages et du tonnerre, elle leur donnera quelques idées relativement au
magnétisme de la terre, à la boussole, à l'électricité, au
paratonnerre, au télégraphe, etc.

Toutes les notions d'agriculture, d'arboriculture,
d'horticulture, et les leçons de choses qui figurent au
programme de l'enseignement primaire trouveront leur
place dans l'étude de la géographie, à propos de l'histoire de chacun de nos bassins fluviaux. On parlera des

instruments employés par les agriculteurs et les industriels avant la découverte de la vapeur, tous les travaux
étant faits d'abord uniquement avec les bras de l'homme,
puis, celui-ci inventant quelques outils rudimentaires,
au moyen desquels il put utiliser le concours des animaux domestiques pour labourer, faire monter l'eau des
puits, tourner les roues, les meules, etc. Puis, on racontera la découverte de la machine à vapeur, et on dira
comment elle a mis à la disposition de l'agriculture et
de l'industrie des forces dont la puissance s'accroît sans
cesse.

La maîtresse pourra alors utilement parler du changement d'état des corps. Elle expliquera pourquoi l'eau
se présente à nous tantôt à l'état liquide, tantôt à l'état
solide et sous la forme de glace ou de neige quand la
température descend, tantôt à l'état de vapeur, quand
on la chauffe, etc. Elle terminera par une description
très simple, schématique, de la machine à vapeur.

De fréquentes promenades à la campagne seront le
complément nécessaire de l'enseignement de la géographie et des sciences naturelles. Les élèves verront
sur place les principales cultures, feront connaissance
avec le blé, l'avoine, le seigle, les betteraves, les
pommes de terre, etc., les divers arbres fruitiers cultivés dans les environs de l'école, les animaux domestiques élevés dans les fermes, les procédés employés
pour la récolte du blé, du foin, des raisins avec
lesquels on fait le vin ou des pommes dont on extrait
le cidre, etc. On leur fera voir sur place les calcaires ou
les silex avec lesquels on bâtit les maisons et les pierres
avec lesquelles on fabrique la chaux; les marnes que
l'on ajoute aux terres argileuses pour leur donner du
carbonate de chaux, les sables et les grès qu'ils ont
formés par leur agglomération; les coquilles et autres
restes des animaux fossiles, etc. On leur montrera

comment les ruisseaux se forment, comment ils rongent leurs rives de façon à toujours faire des zigzags, à former des caps, des golfes, des îles, des deltas, etc.

A l'excellent exercice qu'est la marche, on ajoutera, au cours des promenades, des mouvements de gymnastique, d'assouplissement des membres ; on montrera de quelle manière il faut se comporter pour diminuer autant que possible les fatigues de la marche ou de la course, etc. On complétera ainsi les exercices intellectuels de la promenade par les exercices physiques les mieux appropriés à l'organisation de la femme, sans perdre de vue que pour conserver le cerveau et les muscles en parfait état d'équilibre, il ne faut jamais sacrifier ni le travail intellectuel à l'exercice physique, ni ce dernier au travail intellectuel.

Enseignée comme je le comprends, la géographie de notre pays devrait être la source d'idées multiples et de connaissances variées. Je voudrais qu'il suffît, par exemple, de prononcer le nom du bassin de la Garonne devant une fillette de douze ans, pour évoquer dans son esprit l'image d'un pays mamelonné, avec de belles vallées, des populations brunes, de taille petite ou moyenne, bien nourries parce que le pays est très riche, gaies parce que bien nourries, raisonneuses et agissantes à la fois, toujours gouailleuses ; des vignobles sur tous les côteaux ; des pâturages dans le fond des vallées pour les bœufs, les chevaux et les moutons ; de belles carrières de pierres calcaires facilement exploitables et d'un travail commode ; de la terre à briques en abondance ; partout des maisons en pierres, couvertes avec de belles tuiles rouges, entourées de jardins où légumes et fleurs sont mélangés. En étudiant ce bassin, la maîtresse dira aux élèves ce que c'est que le calcaire ; elle leur en montrera des morceaux ; elle leur indiquera comment on le taille pour bâtir des maisons ;

avec quoi se fait le mortier dont on se sert pour relier les pierres; ce que c'est que l'argile avec laquelle on fait les tuiles; comment on fabrique ces dernières, comment on les fait sécher d'abord au soleil puis au four, etc. Elle leur fera l'histoire de la vigne et celle de la fabrication du vin. A propos des landes sablonneuses qui occupent le sud-ouest du bassin, elle leur parlera de la manière dont se forment les dunes de sable sur les bords du golfe de Gascogne, de quelle manière on les fixe en y plantant des herbes et des pins ; comment on extrait la résine de ces derniers, pourquoi et comment les forêts de pins s'enflamment parfois d'elles-mêmes, etc.

Dans l'esprit d'une élève instruite d'après les mêmes principes, le bassin de la Seine éveillera le tableau de grandes plaines ondulées où abonde le très beau calcaire avec lequel on a construit les nombreuses villes dont il est parsemé et qui a permis à l'architecture gothique de naître dans les alentours de Paris, parce qu'il se prête admirablement aux formes les plus hardies et aux sculptures les plus délicates. Dans ces vallées et sur ces coteaux, l'élève verra des populations blondes, grandes, aux yeux bleus, cultivant le blé dont elles se nourrissent, la betterave dont elles font du sucre qui a remplacé celui de la canne, des pommiers dont les fruits fournissent le cidre, des bœufs, des chevaux, une grande quantité de moutons, etc. On lui dira quelle énorme largeur atteignaient, aux époques anté-historiques, les fleuves de ce bassin, combien y étaient nombreux les lacs et les marécages, comment les détritus des arbres des forêts, en pourrissant sur place ou en s'accumulant dans les bas-fonds où les entraînaient les fleuves, formèrent les mines de houille que l'on exploite aujourd'hui dans le Pas-de-Calais et le Nord. On leur dira de quelle façon il faut traiter la betterave pour en

extraire le sucre et comment on raffine ce dernier, de quelle manière on fait le cidre, etc.

. Lorsqu'une élève ainsi éduquée entendra parler du plateau Central de la France, elle verra surgir devant ses yeux les hautes montagnes de l'Auvergne, dont le noyau est formé des roches les plus anciennes que nous connaissions et les montagnes du Limousin et du Périgord. Elle se rappellera leurs populations petites, brunes ou blondes, à tête ronde, toujours prêtes à descendre de leurs vallées étroites pour aller travailler dans les villes ; elle verra se dresser devant ses yeux les châtaigniers qui fournissaient naguère encore le seul aliment des hommes et les animaux, les forêts de chênes, et se souviendra des cultures peu riches, de l'élevage des bœufs, des moutons, des porcs, des oies, etc.

Le seul nom de la Provence lui rappellera les colonies romaines, juives, sarrasines qui ont donné aux habitants du pays leurs caractères physiques et psychiques particuliers, les collines dénudées, arides, sous un ciel bleu et un soleil flamboyant, les oliviers blanchis par la poussière des routes, les roches calcaires qui percent le sol de tous côtés sur les flancs des coteaux ou des montagnes, blanches, entre les bruyères rouges et les buis verts ou rougeâtres.

J'en ai dit assez pour faire comprendre ma pensée et indiquer la méthode qu'il me paraît convenable d'employer pour enseigner la géographie. Par son emploi, j'estime qu'on retiendra facilement l'attention des élèves et qu'on les amènera sans difficulté à s'intéresser aussi bien à la Chine et aux Chinois, aux Japonais et au Japon, aux Australiens et à l'Australie qu'à la France et aux Français. Elles s'intéresseront, en effet, également à toutes les régions du globe, si l'on évite d'arrêter leur mémoire sur des mots, pour leur faire observer des hommes, des êtres vivants, des objets tangibles ;

si, au lieu de leur faire apprendre par cœur les pages
d'un livre, on leur fait dessiner des cartes, des types
humains, des costumes, des animaux, des plantes, des
habitations, des monuments, tout ce qui, en un mot,
anime le globe et fait que la géographie est véritablement une science d'observation. Toutes ces connaissances pourront être acquises très vite, si l'on a soin
d'écarter les détails inutiles. On les couronnera par des
cartes indiquant les principales routes terrestres, fluviales et maritimes du globe, avec les marchandises
qui y circulent entre les différents pays. Ayant com-
mencé l'étude de la géographie par l'histoire de la formation de la terre, on la terminera par celle des rapports que les hommes les plus civilisés des différentes
parties du globe entretiennent les uns avec les autres.

§ 6. — LANGUE FRANÇAISE. — ORTHOGRAPHE ET GRAMMAIRE

L'enseignement de la langue française, comprenant la
lecture, l'écriture, l'orthographe, la grammaire et la littérature occupe dans les programmes actuels des écoles
primaires et dans les leçons ou exercices, une place
d'autant plus considérable que chacune des parties dont
il se compose, fait l'objet de leçons ou d'exercices spéciaux et eux-mêmes tout à fait distincts d'autres matières avec lesquelles il serait facile de les fondre plus
ou moins, ainsi que je l'ai déjà montré.

Dans nos écoles, par exemple, l'enseignement de la
grammaire se compose d'une partie où la mémoire à
peu près seule entre en jeu, c'est l'étude des substan-
tifs, adjectifs, verbes, etc., et de la syntaxe. Les élèves
doivent apprendre tout cela par cœur à la maison et le
réciter le lendemain. A peine est-il besoin de dire qu'un
très petit nombre seulement se donnent la peine de

faire l'effort très considérable de mémoire qui serait
nécessaire pour bien savoir la leçon. Les autres se fient
au hasard qui, peut-être, les dispensera d'être interrogées ou bien comptent sur l'assistance qui leur sera
donnée par quelque voisine. Aussi estimé-je qu'au lieu
de faire apprendre les règles de la grammaire par
cœur, il serait infiniment préférable de les faire copier,
avec les exemples qu'elles comportent. Un simple coup
d'œil jeté sur les cahiers de grammaire suffirait pour
donner à la maîtresse la certitude que toutes les élèves
ont appris plus ou moins les règles faisant l'objet de
la leçon, puisque toutes les auraient copiées. Chaque
élève arriverait ainsi à se faire pour soi-même une
petite grammaire. En copiant les règles de la grammaire et les exemples qui les soulignent, toutes
feraient, en outre, un exercice d'orthographe extrêmement utile, plus utile sans nul doute, dans les classes
élémentaires, que les dictées grammaticales. Ce
dernier point est assez important pour que je m'y
arrête.

J'ai eu l'occasion de constater par diverses expériences que les enfants et les jeunes gens apprennent
très vite, non seulement à mettre l'orthographe, mais
encore à écrire correctement, par le seul exercice que
comporte la copie de bons textes, pourvu que cet exercice soit quotidien. Par contre, j'ai connu des enfants
non dépourvus d'intelligence qui jamais ne purent
apprendre l'orthographe par la méthode des dictées: on
ne pouvait pas leur faire perdre la tendance qu'ont
d'abord tous les élèves et que conservent toutes les personnes illettrées, à reproduire dans la langue écrite les
formes phonétiques des mots. D'autres, en très grand
nombre, se mettent dans la mémoire, d'une façon presque indélébile, les fausses orthographes dont ils ont fait
usage une première fois dans quelque dictée. Certains

instituteurs connaissent si bien ce défaut que, la veille
d'une dictée, ils donnent l'orthographe des mots difficiles et nouveaux qui y seront contenus et obligent les
élèves à la leur réciter, le lendemain matin, avant la
dictée. C'est demander un bien gros effort pour un
résultat souvent fort minime. Beaucoup d'enfants
sont portés, dans les dictées, à construire des articles
avec la première syllabe de certains mots ; si, par
exemple, on leur dicte l'alimentation, ils écrivent « la
limentation » et se gravent cette forme dans la mémoire au point qu'ils diront plus tard une bonne limentation.

Les physiologistes ont établi par de nombreuses expériences que la mémoire des formes est plus vivace que
celle des sons et tout le monde sait qu'il est fort difficile de retenir un nom propre quand on ne l'a pas écrit.
Or, cela est vrai pour l'orthographe de tous les mots
sans exception. Par conséquent, avec les langues comme
le français et l'anglais où la forme phonétique est souvent très distincte de la forme visuelle, il me paraît
absolument indispensable d'habituer les enfants à voir
et à dessiner le plus souvent possible le plus grand
nombre possible de mots. Par ces exercices de copie
incessamment répétés, non seulement ils se mettent
l'orthographe dans la mémoire, mais encore ils apprennent, sans pour ainsi dire s'en douter, à construire la
phrase.

Les dictées offrent cependant des avantages qui doivent en faire conserver l'usage. D'abord, elles permettent aux élèves de se graver dans la mémoire la forme
phonétique des mots d'autant plus facilement que la
maîtresse est obligée de prononcer avec une grande
netteté. Une élève qui n'aurait pas entendu dire fréquemment *aiguille* et *anguille*, serait portée à prononcer *guille* de la même manière dans les deux mots,

tandis que dans le premier on doit faire sentir l'*u* et non dans le second. En deuxième lieu, la dictée constitue une leçon de lecture nécessaire au point de vue de la coupure des phrases, de la position des virgules, des points virgules et des points que la maîtresse indique d'abord, mais qu'elle laisse ensuite aux élèves le soin de placer elles-mêmes en se guidant sur la manière dont elle coupe la phrase en la dictant.

Beaucoup de copies et des dictées bien faites, dans le genre de celles dont j'ai parlé plus haut, doivent suffire pour enseigner à la plupart des élèves tout ce qu'elles ont besoin de savoir de français et permettront de satisfaire les desirata exprimés par tous les pédagogues relativement au temps excessif que l'on consacre à la grammaire. Copies et dictées seront complétées par des lectures à haute voix, par la rédaction de lettres, de narrations sur des faits observés, par des conversations fréquentes entre la maîtresse et les élèves, conversations dans lesquelles la maîtresse obligera les élèves à parler aussi correctement et aussi clairement que possible. Apprendre aux enfants à exprimer leurs pensées avec netteté, soit par la parole, soit par la plume, doit être le principal but de l'enseignement primaire en ce qui concerne la langue française ; or, pour l'atteindre, il n'est point indispensable d'en faire des grammairiens.

Si l'on voulait bien aussi supprimer les exercices de récitation dont le seul objet est de faire croire aux parents que leurs fillettes sont de petits génies, et renoncer à la littérature purement imaginative avec laquelle on fausse l'esprit et le cœur des enfants, on gagnerait, sans aucun doute, un bon tiers du temps aujourd'hui consacré aux études grammaticales, sans porter aucun préjudice à l'instruction des enfants.

§ 7. — ARITHMÉTIQUE

Je passe à l'arithmétique. Son enseignement, aujour-d'hui purement théorique, serait, sans nul doute, beau-coup mieux reçu par les élèves, si on leur montrait que cette science, loin d'être purement abstraite, comme on le croit généralement, repose tout entière sur des faits et doit, par conséquent, être enseignée en prenant pour base l'observation.

Ayant à faire devant de jeunes enfants une première leçon sur les éléments principaux de calcul et la manière d'exprimer les nombres par les chiffres, la maîtresse devrait, à mon avis, prendre pour point de départ l'addition, qui peut faire l'objet d'observations directes, et procéder de la manière suivante. Elle jettera dans un sac, l'une après l'autre, des boules que les élèves devront compter à haute voix. A mesure que l'élève prononce un nombre, la maîtresse l'écrit au tableau en toutes lettres et en chiffres, jusqu'à neuf. Elle fera observer alors aux élèves que chaque boule entre un et neuf n'est représentée que par un seul signe ou chiffre : 1, 2, 3, 4, 5, 6, 7, 8, 9. Lorsque la dixième boule tombe et que l'élève prononce le mot dix, la maîtresse écrit au tableau le mot et le nombre 10, en faisant observer que ce nombre est formé de deux signes ou chiffres : un 1 suivi d'un 0. Elle ajoute que ce nombre représente, à la fois, dix et *une dizaine*. Elle leur explique alors com-ment, pour la commodité du langage mathématique, on a décidé de n'avoir que 9 signes ou chiffres, 1, 2, 3, 4, 5, 6, 7, 8, 9, ayant une valeur propre, et un dizième, le 0, qui, n'ayant pas de valeur par lui-même, ne fait qu'en donner une au chiffre qui le précède. Un 1 suivi d'un 0, soit 10, signifie une dizaine ; si le 0 est avant le 1, il ne signifie rien.

Après cette explication, la maîtresse continue à jeter les boules dans le sac, tandis que les élèves appellent onze, douze, treize, etc. Elle leur fait observer qu'elles pourraient dire également une dizaine et un, une dizaine et deux, une dizaine et trois, etc. et elle écrit elle-même au tableau, en chiffres, les deux formes : d'une part, 11, 12, 13, etc., d'autre part, 10 et 1 ou 10 + (plus) 1, 10 + 2, 10 + 3, etc., jusqu'à 19 qu'elle écrit d'une part 19, et, de l'autre 10 + 9. Elle fait remarquer alors que les signes ou nombres 11, 12, 13,... 19, ne sont pas autre chose que le signe 10 ou une dizaine dans lequel on a remplacé le 0 successivement par 1, 2, 3,... 9. Vidant alors le sac et faisant de son contenu deux parts, l'une formée de dix boules ou d'une dizaine de boules, l'autre formée de neuf boules, elle montrera que si l'on ajoute à cette dernière part une boule, on obtient un nombre égal à celui du premier tas, par conséquent, une seconde dizaine. Puis, réunissant les deux tas et comptant toutes les boules, elle fait constater qu'il y en a vingt et elle écrit au tableau, d'une part le signe 20, d'autre part les signes 10 + 10, ou une dizaine plus une dizaine, soit deux dizaines, qui répondent à vingt. Écrivant alors les signes 10 et 10 l'un au-dessus de l'autre $\begin{matrix}10\\10\end{matrix}$ elle montre qu'en additionnant les deux 0 et les deux 1 on obtiendra encore le nombre 20 ou deux dizaines. Les élèves ont fait leur première addition.

Continuant à jeter les boules dans le sac, la maîtresse fait appeler les nombres vingt et un, vingt-deux, vingt-trois, etc., en faisant observer qu'on pourrait leur donner aussi les noms de deux dizaines et un, deux dizaines et deux, deux dizaines et trois, etc. Elle écrit elle-même les deux formes 21, 22, 23... et 20 + 1, 20 + 2, 20 + 3, etc.

Elle peut alors faire sortir toutes les boules du sac et les répartir en deux tas : l'un, formé par exemple de douze boules ou une dizaine de boules plus deux, $10 + 2$ ou 12, l'autre de onze boules ou une dizaine plus une, $10 + 1$ ou 11. Après avoir fait constater qu'en réunissant les deux tas, on obtient 23 boules, elle écrit au tableau les nombres 12 et 11 l'un au-dessus de l'autre $\frac{12}{11}$ et elle montre qu'en additionnant les chiffres superposés, deux et un d'abord, puis 1 et 1 on obtient le total 23 $\left(\begin{array}{c}12\\11\\\hline23\end{array}\right)$ égal à celui des boules formant les deux tas.

En procédant de la même manière jusqu'à ce que cent boules aient été jetées dans le sac, elle montrera, par l'observation d'abord, par les opérations au tableau ensuite, ce que c'est que trois, quatre, cinq,... neuf et enfin dix dizaines, et pourquoi cette dernière quantité est exprimée par un 1 suivi de deux 0, soit 100. Elle fera faire ensuite, tour à tour, une série d'additions de deux, trois, quatre, cinq nombres comprenant chacun une, deux, trois, etc. dizaines et une quantité variable d'unités; en ayant soin toujours de faire des tas de boules répondant à chaque nombre établi au tableau et en faisant faire le compte de ces boules en même temps que les opérations avec les chiffres.

Il me paraît certain qu'après une matinée consacrée à cette étude, les élèves auront une connaissance exacte non seulement de l'addition, mais encore de la manièrs dont les mathématiciens s'y prennent pour exprimer par des signes, appelés *chiffres* et *nombres*, les quantités des divers objets qui existent dans la nature ou que l'homme produit lui-même.

Il sera bon aussi qu'on leur fasse faire, séance tenante, des petits exercices personnels, à l'ardoise, sur l'objet même de la leçon. Par exemple, pour la première leçon dont je viens de parler, la maîtresse leur fera écrire sur l'ardoise, en toutes lettres, un nombre qu'elle aura exprimé en chiffres au tableau noir, ou inversement, en chiffres, sur l'ardoise, un nombre écrit en toutes lettres au tableau. Elle écrira sur le tableau, en chiffres, des nombres que les élèves devront recopier sur l'ardoise pour en faire, séance tenante, l'addition, etc. Chiffres et nombres apparaîtront aux enfants non comme des signes d'idées abstraites, mais comme les formes expressives d'objets réels.

Ces exercices faits en classe, sur l'ardoise, sont très utiles pour tenir l'attention des enfants éveillée. Dans l'enseignement des mathématiques en particulier, il faut que l'esprit, l'œil et la main de l'élève fonctionnent toujours simultanément. Il est utile, d'autre part, que les exercices sur l'ardoise soient conduits avec une rapidité chaque jour croissante. Dans ces conditions, non seulement l'esprit des élèves est toujours maintenu en éveil, mais encore il est entraîné à penser promptement. Afin que les élèves ne puissent pas se copier réciproquement, il est bon d'assigner à chacune une place fixe, avec un numéro qui est inscrit sur le pupitre et sur l'ardoise. Les élèves sont ensuite réparties par sections ou rangées perpendiculairement à la table de la maîtresse. S'il y a six sections, la maîtresse écrit au tableau, successivement, deux exercices, soit par exemple, deux additions à faire, distinctes : la première pour les sections 1, 3 et 5, la deuxième pour les sections 2, 4 et 6. Lorsqu'elle estime que le travail des sections impaires doit être terminé, elle fait tourner vers elle toutes les ardoises de ces sections et juge très rapidement des résultats obtenus par chaque élève. Elle fait alors elle-même l'addition au tableau, à haute voix, en indiquant les reports, etc., de manière que chacune puisse connaître ses erreurs et les motifs pour lesquels elle les a commises. Elle procède ensuite de la même façon pour les sections paires, ce qui donne un petit repos aux élèves des premières sections contrôlées. Elle passe alors à un nouvel exercice dans les mêmes conditions.

La pratique incessante des exercices à l'ardoise, d'après la méthode que je viens d'exposer, constitue l'élément principal des succès remarquables obtenus, dans l'enseignement des mathématiques, par l'école de La Martinière de Lyon, à laquelle, soit dit en passant, les enseignements primaire et secondaire peuvent, à bien des égards, demander d'utiles leçons. J'aurai, du reste, l'occasion d'en reparler.

On enseignera la soustraction par un procédé analogue. Ayant, par exemple, introduit cent boules bien comptées dans un sac, on en retirera d'abord une dizaine et l'on demandera combien il en doit rester de dizaines dans le sac, puis une dizaine et quatre ou cinq unités en demandant combien il doit rester de dizaines et d'unités. Les élèves auront vite fait de déterminer ces nombres. On les écrira au tableau en chiffres et on leur montrera comment, à l'aide d'une opération effectuée au moyen de chiffres, on peut rapidement et sans aucun effort de mémoire savoir, au moyen de la soustraction, ce qui reste de boules dans le sac quand on en a retiré un nombre quelconque. On leur montrera alors qu'en rejetant dans le sac les boules que l'on en avait tirées, on reconstitue le total primitif et on leur fera voir que pour s'assurer qu'on ne s'est pas trompé en faisant au tableau l'opération avec les chiffres, il suffit d'ajouter le nombre à soustraire à la différence obtenue. Elles acquerront ainsi, au moyen d'objets réels, une connaissance exacte des motifs pour lesquels on emploie ce dernier procédé afin de faire la preuve de la soustraction.

C'est aussi au moyen d'objets réels, de boules si l'on veut, qu'on leur donnera l'idée de la multiplication. On leur montrera, par exemple, que pour savoir combien font trois fois douze, il suffit de jeter douze boules, puis une seconde fois douze boules, puis une troisième fois douze boules dans un sac; en comptant alors les boules que contient le sac, on trouve qu'il y en a trente-six. Écrivant au tableau le nombre 12, en le superposant

12
12, et faisant l'addition on trouve 36, c'est-à-dire trois
12

dizaines et six unités, ou trois fois 2 et trois fois 10, ce qui constitue une multiplication.

On devra employer des procédés analogues pour inculquer aux enfants les premières idées relatives à la division. Ayant introduit, par exemple, dans un sac 36 boules, c'est-à-dire, trois dizaines de boules et 6 unités, on montrera que pour les diviser en trois parts égales, il suffit d'extraire d'abord du sac trois dizaines que l'on divisera en trois tas de 10, puis 6 unités que l'on répartira entre les trois premiers tas, à raison de 2 par tas, et on fera assurer les élèves, par l'observation, que 36 divisés par 3 donne 12 ou une dizaine plus 2 unités. Plaçant ensuite dans le sac non plus 36 boules mais 37, on leur fera constater qu'il est impossible d'en faire trois groupes absolument égaux; après avoir fait trois tas formés chacun de douze boules, il en reste encore une. Pour la faire entrer dans les tas, il faut la couper en trois parties égales ou trois tiers de boule et ajouter un tiers à chaque tas. Ceux-ci sont alors formés chacun de 12 boules plus un tiers de boule qui s'écrit $\frac{1}{3}$ et s'appelle une fraction. L'expression en chiffres de chaque tas sera donc $12 + \frac{1}{3}$. Les élèves savent dès lors ce que c'est qu'une fraction ordinaire.

On pourra leur montrer par des exemples, en coupant divers objets devant eux en plusieurs parties égales et en traduisant les faits par des chiffres, que les fractions peuvent varier à l'infini, comme les nombres entiers. Par exemple, une pomme coupée en quatre parties égales donne 4 quarts de pomme; un quart sera traduit par le signe $\frac{1}{4}$, deux quarts par le signe $\frac{2}{4}$, trois quarts par le signe $\frac{3}{4}$ et quatre quarts par le signe $\frac{4}{4}$; et comme quatre quarts correspondent à la pomme entière qui est l'unité, on pourra traduire ce fait par le signe $\frac{4}{4} = 1$. Si plusieurs pommes ont été coupées chacune en 4 morceaux, on pourra réunir ces derniers de manière à avoir ce que l'on appelle des expressions fractionnaires, c'est-à-dire des fractions dans lesquelles le numérateur est plus fort que le dénominateur, comme $\frac{14}{8}$, $\frac{15}{4}$, etc.

Les élèves sachant ce que c'est qu'une fraction ordinaire, on leur montrera comment on fait l'addition, la soustraction, la multiplication et la division des fractions ordinaires, mais on n'entrera pas dans les détails, car jamais on n'a rien à faire avec les fractions ordinaires.

Pour donner une idée des fractions décimales, on procédera de la même façon : on montrera par la division d'une carotte, d'une betterave, en dix parts égales, puis en cent parts égales, etc., qu'une fraction décimale est celle dont chaque part équivaut au dixième ou au centième, ou au millième, etc., de l'unité et on fera traduire en langue vulgaire diverses fractions décimales écrites au tableau en chiffres ou réciproquement.

Dans le premier enseignement relatif au système métrique, on devra aussi toujours prendre pour base, l'observation. Mettant un mètre sous les yeux des enfants, on leur fera voir qu'il n'est pas le résultat d'une conception imaginaire, mais qu'il répond à une partie très exactement déterminée d'un cercle que l'on ferait passer par les deux pôles du globe terrestre en coupant l'équateur perpendiculairement, et on leur dira combien de mètres il y a dans ce cercle. Puis, on leur montrera comment on a divisé le mètre en cent parties égales ou centièmes de mètre que l'on nomme des centimètres ; on leur fera voir qu'il y a dix dizaines de centimètres dans un mètre, que chaque dizaine porte le nom de décimètre, et l'on traduira ces faits en chiffres sur le tableau noir.

On leur fera tracer sur le plancher un carré ayant un mètre de long sur chaque côté ; puis, on leur fera diviser ce mètre carré en d'autres carrés plus petits ayant chacun un décimètre de chaque côté. Un de ces décimètres carrés sera divisé en carrés plus petits ayant chacun un centimètre de chaque côté. Les élèves s'assureront ainsi, par l'observation directe, qu'un mètre carré se divise nécessairement en 100 décimètres carrés dont chacun se divise en 100 centimètres carrés et que, par conséquent, il y a dans un mètre carré 10.000 centimètres carrés, etc.

Pour leur donner, par l'observation, une idée exacte du mètre cube et de ses divisions, on aura des petits carrés de bois mesurant chacun un centimètre sur chacune de leurs arêtes, et que l'on juxtaposera pour former un décimètre cube. Elles verront ainsi que dans un décimètre cube, il entre mille centimètres cubes, et qu'il faut, par conséquent, un million de centimètres cubes pour former un mètre cube.

Passant aux mesures de capacité, on leur montrera qu'un décimètre cube creux représente la capacité d'un litre. On montrera ensuite les mesures légales : d'abord le litre ; puis, d'une part, le décalitre, qui vaut dix litres, l'hectolitre qui vaut cent litres ; et, d'autre part, le décilitre qui vaut un dixième de litre, et le centilitre qui vaut un centième de litre.

Pour les mesures de poids, on montrera aux enfants, que l'unité est le poids d'un centimètre cube d'eau distillée à une température déterminée (4°) et que ce poids s'appelle le gramme, etc. Enfin, la maîtresse leur montrera, la balance à la main, que l'unité des monnaies ou franc, est une pièce d'argent pesant cinq grammes. Tous ces faits seront, bien entendu, traduits au tableau noir en chiffres, c'est-à-dire à l'aide des signes qui forment la langue écrite des mathématiques.

Les problèmes sur des sujets pratiques et usuels doivent être nombreux. La maîtresse ne se contentera jamais de la solution brute ; elle exigera que cette dernière soit précédée du raisonnement d'où elle découle. Si le problème est donné pendant la leçon, elle appellera une élève au tableau pour y chercher, à haute voix, la solution, et faire toutes les opérations nécessaires. Si le problème est donné en vue d'un travail à faire dans la famille, la maîtresse exigera que le raisonnement conduisant aux opérations nécessaires et à la solution soit écrit en toutes lettres et d'une manière détaillée. Mais j'estime que l'enseignement devrait être donné presque exclusivement pendant les classes, les élèves n'ayant à faire chez elles que des devoirs matériels, tels que copies de textes littéraires ou de règles grammaticales, confection de cartes, mise au net de dictées, etc.

Dans l'instruction primaire des filles, l'arithmétique doit tenir une place importante, car elles auront à y faire appel sans cesse dans leur ménage, mais il est indispensable qu'elle soit réduite aux parties susceptibles d'être réellement utiles. Lorsque les jeunes filles connaîtront très bien pratiquement les quatre règles avec nombres entiers et fractions décimales, le système métrique et les questions relatives aux monnaies, la règle de trois avec ses applications au calcul des intérêts de l'argent, au partage proportionnel, et aux mélanges ou alliages, elles en sauront assez pour faire face à toutes les nécessités qui pourront surgir pendant le cours de leur vie, quelle que soit leur profession.

Quant à la géométrie, les jeunes filles n'ont besoin d'en savoir que ce qui peut leur être utile au point de vue des formes des corps, et c'est avec le dessin qu'elles l'apprendront.

§ 8. — LE DESSIN ET LE MODELAGE

L'enseignement du dessin est à mes yeux le complément indispensable de celui de toutes les autres matières qui figurent dans nos programmes primaires. J'estime que le crayon et même le pinceau devraient être mis entre les mains des enfants en même temps que la plume, peut-être même avant cette dernière. Nos ancêtres préhistoriques ont dessiné et peint avant d'avoir conçu l'idée de l'écriture. On ne peut donc pas dire que les enfants de six et sept ans des écoles primaires soient incapables d'apprendre le dessin. En fait, de même que les gestes expressifs des émotions ont précédé, chez les animaux et les hommes, le langage articulé, la représentation des objets a devancé, chez les derniers, celle des idées. Il ne sera donc jamais trop tôt pour apprendre aux enfants à dessiner. Mais il importe de donner à cet enseignement le même caractère qu'à tous ceux dont nous avons déjà parlé : il faut qu'il soit essentiellement pratique. Dès ses premières leçons, la maîtresse doit dessiner au tableau noir, en traits extrêmement clairs et, par conséquent, schématiques, tout ce qui est dessinable : les formes des animaux et des végétaux, celles de leurs organes, les costumes des peuples, leurs habitations et leurs monuments, etc. Elle ne doit parler, en un mot, d'aucun objet sans le dessiner et veiller à ce que les élèves en fassent autant. Nous savons tous, par expérience, que les formes entrées dans la mémoire par la vue seule, s'y gravent beaucoup moins facilement et d'une manière moins durable que celles dont nous avons tracé les images de nos propres mains. Il en est de même pour les choses lues : une page que l'on s'est contenté de lire, même plusieurs fois, reste beaucoup moins dans la mémoire que celle dont on a fait une copie; presque toujours, même, on n'en saisit les qualités, les défauts ou l'importance, au point de vue de l'idée, qu'en la copiant. Copies et dessins doivent donc être les éléments principaux de l'enseignement primaire.

Quant aux méthodes employées pour enseigner le dessin aux enfants, elles sont très variables. Dans les écoles primaires françaises on met d'abord entre les mains des petits enfants des cahiers où sont dessinés au trait des objets usuels, tels que verres, carafes, chapeaux, tables, chaises, etc., qu'on leur fait copier à côté du modèle et même en marquant à l'aide de quelques points le tracé des principales lignes et leurs rencontres. C'est une bonne méthode pour le début. Plus tard, la maîtresse trace au tableau noir des « combinaisons de lignes » que les élèves doivent reproduire sur l'ardoise ou sur le papier; elle leur fait faire des « petits dessins d'invention sur le papier quadrillé », ou bien reproduire « des dessins très simples faits par elle », des circonférences, polygones réguliers, rosaces étoilées » et autres « dessins formés de parties symétriquement disposées autour d'un point ». Dans le cours moyen, on les exerce à tracer des « courbes géométriques usuelles : ellipses, spi-

rales, etc., », et des « courbes empruntées au règne
végétal : tiges, feuilles, fleurs ». On leur fait aussi
copier des plâtres représentant des ornements plans
d'un faible relief ». On les exerce à la « représentation géométrale au trait et à la représentation perspective au trait, puis avec des ombres, de solides
géométriques et d'objets usuels simples ». On fait
aussi devant elles l'emploi (au tableau) « des instruments servant au tracé des lignes droites et des circonférences : règles, compas, équerre et rapporteur ».
Dans le cours supérieur, entre onze et treize ans, on les
exerce au « dessin d'après l'estampe et d'après le relief,
d'ornements purement géométriques, moulures, oves,
rais de cœur, perles, denticules, etc. » et « d'ornements empruntant leurs éléments au règne végétal :
feuilles, fleurs et fruits, palmettes, rinceaux, etc. » La
maîtresse fait trois leçons, avec figures au tableau sur
« les ordres d'architecture ». On aborde ensuite le
« dessin de la tête humaine, ses parties, ses proportions ». On fait exécuter sur le papier, « à l'aide des instruments, les tracés géométriques qui ont été faits au
tableau dans le cours moyen ». On exerce les élèves au
« dessin reproduisant des motifs de décoration de
surfaces planes ou d'un faible relief : carrelages, parque-
tages, vitraux, panneaux, plafonds », avec lavis « à
l'encre de Chine et à la couleur de quelques-uns de
ces dessins ». On les exerce ensuite au « relevé avec cotes
et représentation géométrale au trait de solides géométriques et d'objets simples tels que : assemblage de
charpente et de menuiserie, disposition extérieure
d'appareils de pierre de taille, grosses pièces de serru-
rerie, meubles les plus ordinaires, etc., avec emploi du
lavis pour exprimer la nature des matériaux ».

Il y a, dans ce programme, union de la géométrie et
du dessin comme dans la méthode Dupasquier dont je

vais parler, et ses résultats seraient excellents s'il était
convenablement appliqué. Malheureusement, il n'en
est point ains.. La durée des leçons est trop courte et
leur nombre est trop faible. Enfin, les écoles où l'enseignement est donné dans toutes ses parties sont très
rares; on n'en trouve guère qu'à Paris et dans quelques
grandes villes. Dans la plupart des autres écoles,
l'enseignement du dessin est à peu près nul.

L'école de La Martinière, de Lyon, est celle où la
nécessité absolue du dessin a été le mieux comprise. On
y emploie la méthode imaginée par l'un de ses anciens
professeurs, l'architecte Dupasquier. Pour les garçons
de douze à treize ans, le dessin fait l'objet, chaque jour,
d'une leçon d'une heure et demie, pendant le semestre
d'hiver et de deux heures pendant le semestre d'été. Les
élèves de chaque classe reçoivent la leçon tous ensemble. Ils sont rangés en cercle autour d'un modèle que
chacun voit sous un aspect différent, de sorte que les
copies d'élève à élève sont impossibles. L'enseignement
du dessin est si étroitement lié à celui de la géométrie
qu'il est donné par un professeur de mathématiques.
Je ne parlerai ici que du programme de la première
année, parce qu'il me paraît convenir aussi bien aux
filles qu'aux garçons.

L'enseignement du dessin débute par l'étude de la
perspective d'observation[1]. Cette étude se fait à l'aide
de modèles en fil de fer. L'élève trace sur l'ardoise le
géométral de chaque modèle, puis elle évalue approxi-
mativement, à l'aide de son crayon, les dimensions et
les pentes des différentes lignes en fonction d'une unité
qui est une dimension fixe du modèle, c'est-à-dire

1. J'emprunte cet exposé de la méthode suivie à La Martinière
a une note qui m'a été remise par M. Lang, directeur de cet
établissement depuis plus de vingt-cinq ans. J'ai assisté, du
reste moi-même aux leçons.

d'une dimension dont la longueur reste invariable quelle que soit la position de l'observateur. L'ardoise, qui remplace le papier à dessin, permet de dessiner presque sans frais et de faire les corrections avec une extrême facilité.

Ces études préliminaires ne sont pas sans exiger quelques définitions, quelques notions de géométrie que le professeur donne au fur et à mesure que le besoin s'en fait sentir. Les modèles de fil de fer dont on se sert habituellement sont les suivants : carré vertical à parallèles horizontales. — Carré vertical à parallèles verticales. — Carré vertical avec cercle inscrit. — Cercle. — Cercles concentriques horizontaux. — Cercles parallèles horizontaux ou cylindre vertical. — Cercles parallèles verticaux ou cylindre horizontal. — Carré horizontal avec cercle inscrit. — Tore. — Base et chapiteau de l'ordre toscan.

Grâce à l'étude progressive et rationnelle de ces modèles, l'éducation de l'œil se fait graduellement et presque à son insu. L'élève se sert de moins en moins de son crayon pour apprécier une dimension. Son œil saisit sans peine le rapport des proportions des différentes parties du modèle et la mise en place se fait rapidement et sans effort.

A l'étude des modèles en fil de fer succède l'étude des modèles en bois, puis celle des organes de machines et enfin des machines elles-mêmes. Cette première partie du cours embrasse la presque totalité de l'année scolaire.

A la perspective exacte succède l'étude des projections, étude faite de façon très élémentaire. Les dessins esquissés au crayon sont mis au net au crayon, et l'on fait tracer sur les coupes les hachures conventionnelles. Toutes ces études élémentaires sont cotées avec soin.

Certains pédagogues ont préconisé le modelage comme un exercice devant précéder celui du dessin. Le Dr Thulié raconte qu'à l'âge de 7 ans, le directeur d'une pension de Bordeaux lui faisait modeler des formes géométriques avant de les lui faire dessiner. « Nous nous appliquions de notre mieux et le plus grand nombre réussit assez rapidement à faire des copies assez exactes. » Après que les élèves eurent répété plusieurs fois cet exercice, on leur « fit faire le dessin à la règle et au compas, en mettant en face des solides le modèle dessiné les représentant. Cela nous intéressa vivement et quelques-uns comprirent avec une assez grande rapidité la manière de représenter les plans, les feintes, en un mot toutes les supercheries du dessin pour donner l'illusion du relief. Peu à peu, on nous fit copier des figures de plus en plus compliquées avec des sections diverses... Quand on nous mit au dessin ordinaire, nous saisissions avec une grande facilité, les perspectives, l'échelonnement des plans, toutes choses qu'un jeune enfant ne comprend ordinairement qu'avec une difficulté très grande [1] ».

Ces trois méthodes ont un caractère commun : l'enseignement théorique du dessin y est lié à celui de la géométrie et fondé sur l'observation d'objets réels. Elles n'excluent pas, du reste, les procédés susceptibles d'être employés pour amener les élèves à graver dans leur mémoire, par la main en même temps que par l'œil, les formes diverses dont il est question dans les différentes leçons, notamment celles des animaux et de leurs organes, des cristaux minéraux, des costumes des peuples, des maisons, des monuments, des meubles, etc. Ces dessins seront, d'ailleurs, exécutés avec d'autant plus de facilité que les leçons théoriques

---

1. *Le dressage des jeunes dégénérés*, p. 448.

seront données avec plus de soin. Quant au modelage,
j'ai dit plus haut quel emploi on en pourrait faire
dans l'étude de la géographie, pour donner une idée
exacte des reliefs du sol. Il est facile d'imaginer une
foule d'autres manières d'en tirer parti, par exemple
pour fixer dans l'esprit les formes des fruits, des
feuilles, des tubercules, des champignons, etc., celle de
la tête de certains mammifères ou oiseaux, etc. L'été,
lorsque les journées sont très longues, on pourrait, au
lieu de renvoyer les élèves à quatre heures, leur faire
passer une heure au modelage de divers objets, en leur
laissant le choix des sujets, et en conservant à l'école,
pour les générations futures, avec le nom du modeleur,
les objets qui auraient été le mieux exécutés. Les
jeunes filles réussiraient probablement très bien dans
ces travaux qui demandent de l'ingéniosité d'esprit et
de l'habileté des mains, qualités souvent plus développées chez la femme que chez l'homme.

Il est aussi un genre de dessin auquel il faudrait exercer les jeunes filles, c'est celui des broderies, des tapis,
des couvertures, des animaux ou des plantes d'orne-
ment. Un certain nombre d'élèves y puiseraient le goût
du dessin industriel qui fait la supériorité de certaines
fabriques. Je me souviens d'un mot très significatif qui
me fut dit, il y a une vingtaine d'années, par un grand
fabricant de soieries de Mulheim, près de Cologne.
Après avoir admiré un très beau tissu de robe, je lui
demandais qui en avait imaginé le dessin : « des Français, me dit-il; mais nous ne pouvons pas les garder
longtemps; au bout de deux ou trois ans, ils ont perdu
toute imagination. » Et comme je lui en demandais les
motifs, il me répondit en souriant : « c'est peut-être
qu'ici, l'asphalte des boulevards leur manque. » Il y a,
en effet, une éducation de l'œil, de l'esprit, de l'imagination, qui se fait par l'observation répétée des belles

formes et des beaux dessins. Mais, pour que cette éducation porte tous ses fruits, il faut qu'elle soit commencée dès l'enfance. Si les élèves de La Martinière qui entrent dans l'industrie font d'excellents contremaîtres, et si beaucoup d'entre eux deviennent patrons, c'est que dès l'âge de douze ans, ils sont habitués à bien observer les machines et à en dessiner toutes les parties. Elles leur deviennent familières, ils en saisissent facilement les qualités et les défauts et ont l'esprit ouvert sur le perfectionnement dont elles peuvent être l'objet; or, toute amélioration d'une machine est, aujourd'hui, un élément de succès. Les mêmes observations s'appliquent aux divers dessins industriels. Dans une éducation ayant pour base l'observation et l'expérience, le dessin n'est pas un élément accessoire, il représente au contraire, un des éléments principaux et essentiels

§ 9. — TRAVAUX MANUELS.

On peut en dire à peu près autant des travaux manuels. L'école primaire ne doit pas être transformée en école professionnelle, on ne doit y enseigner aucun métier; mais on y doit préparer, par une bonne éducation générale, à tous les métiers que la femme est susceptible d'exercer. Or, les travaux manuels sont comme le dessin, un des éléments essentiels de toute bonne éducation générale primaire. Toute élève intelligente et laborieuse devrait, en sortant de l'école, savoir tricoter et coudre, piquer, repriser et raccommoder les vêtements de tous tissus, faire les divers points principaux de la broderie, couper et confectionner les vêtements les plus simples, en particulier ceux des petits enfants, blanchir, repasser, préparer les aliments communs, nettoyer un appartement, soigner les animaux de basse-cour, faire le compte des dépenses d'un ménage, etc.,

toutes choses quelle sera obligée de faire, sinon au lendemain de la rentrée dans sa famille, du moins le jour
où elle se mariera.

Je vois que dans nos écoles on fait faire tous les jours
aux petites filles un problème qu'elle n'auront probablement jamais à envisager dans le restant de leur vie,
des exercices de grammaire qui les ennuient et dont elles
ne tireront jamais aucun profit ; je vois qu'on leur fait
apprendre tous les deux jours des pages entières d'histoire dont la signification leur échappe, des fables souvent ridicules, des morceaux de littérature qui faussent
leur esprit ; mais je ne vois qu'un très petit nombre
d'instants consacrés aux connaissances dont elles auront
besoin pendant toute leur vie pour tenir leur ménage,
conserver l'amour de leur mari et gagner l'affection de
leurs enfants ; j'en conclus que l'enseignement primaire des filles doit être réformé, en prenant pour but
de faire des mères de famille conscientes de tous leurs
devoirs et ayant les forces intellectuelles et physiques
nécessaires pour les bien remplir.

CHAPITRE IV

L'ENSEIGNEMENT SECONDAIRE DE LA FEMME MODERNE

La jeune fille parvenue au terme d'un enseignement primaire distribué comme je l'ai exposé dans le chapitre précédent, possédera suffisamment la connaissance de la grammaire et de la langue françaises pour n'avoir plus qu'à s'y perfectionner. Elle connaîtra également assez bien l'arithmétique pour qu'il suffise de la lui faire reviser. Elle saura de la géométrie ce qu'on lui en aura appris dans les classes de dessin et n'a pas besoin d'en savoir davantage. En histoire, elle aura une idée exacte des mœurs des principaux peuples anciens et des peuples modernes, envisagés au moment des principales phases de leur évolution. En géographie, elle aura des idées précises sur la conformation générale de la terre et sur la manière dont notre globe a évolué depuis l'époque de son refroidissement jusqu'aux temps actuels ; elle connaîtra la position sur le globe des continents et des mers, possédera une idée des caractères physiques et ethnologiques de chaque région, pourra dire quels en sont les produits principaux et avec quels autres produits ils sont échangés par les diverses voies commerciales ; elle aura enfin une connaissance très complète des reliefs et de la géographie physique des diverses parties de la France ; elle pourra dire ce que produisent, en raison de leurs climats, nos différents bassins fluviaux, quelles industries s'y exercent, quelle part chacun prend à la formation de la richesse française, par quels

ports se font ses exportations et ses importations, etc.
Dans le domaine des sciences d'observation, elle possédera des idées générales sur l'organisation des végétaux, des animaux et de l'homme, sur la manière dont
ils se nourrissent, respirent, sentent, se meuvent, se
multiplient, etc., et sur les caractères qui les rapprochent ou les distinguent les uns des autres ; elle connaîtra
les phénomènes physiques et météorologiques les plus
communs ; elle aura des idées générales sur les divers
états par lesquels les corps sont susceptibles de passer,
sur la manière dont les corps simples se combinent pour
former des corps composés et dont ceux-ci peuvent se
décomposer en corps de moins en moins complexes
jusqu'à ce qu'ils soient réduits à leurs éléments les plus
simples. Elle saura, enfin, suffisamment dessiner pour
tracer les figures schématiques de tous les objets dont
elle voudra donner une description.

Sur toutes les matières qui lui auront été enseignées,
elle aura des idées générales précises, engendrées par
l'observation directe des faits. Elle ne sera pas une
savante, mais son esprit aura des ouvertures sur toutes
les sciences principales, elle aura pris goût à leur étude
et sera prête à recevoir une instruction secondaire
aussi forte qu'on voudra la lui donner.

Celle-ci devra se distinguer par un caractère didactique qu'il est impossible de donner à l'enseignement
primaire. Pour attirer et retenir l'attention des jeunes
élèves des écoles primaires, il faut avant tout satisfaire
leur inlassable curiosité et se prêter aux volte-face incessantes de leur esprit. On commet donc une faute grave
lorsqu'on emploie avec eux la méthode didactique.
Cela n'est possible que dans les dernières années de
l'enseignement primaire. On doit, au contraire, s'y attacher, dès les débuts de l'enseignement secondaire, qui
doit être réellement scientifique. Mais dans l'école secon-

daire, comme dans l'école primaire, il faut que l'observation et l'expérience servent de base à l'enseignement.

En tête des programmes de l'enseignement secondaire des jeunes filles, je placerai donc les sciences d'observation (cosmographie, physique, chimie, géologie, botanique, zoologie, anatomie et physiologie humaine, hygiène). J'y ajouterai, comme matières obligatoires : l'arithmétique, l'histoire, la géographie et la morale, le français et une langue étrangère, le dessin, les travaux manuels, la gymnastique ; comme matières facultatives, les éléments du latin et du grec.

Les jeunes filles ayant reçu l'enseignement primaire dont j'ai tracé le programme dans un chapitre antérieur, pourraient sans peine acquérir une connaissance très parfaite des matières de l'enseignement secondaire entre la fin de la treizième et la fin de la dix-septième année, c'est-à-dire en quatre années d'études. A dix-sept ans, munie de cette instruction générale, elles pourraient aborder l'enseignement professionnel supérieur, en vue des professions enseignantes ou du commerce, et y consacrer une ou deux années, c'est-à-dire jusqu'à la fin de leur dix-huitième année.

§ 1. — L'ENSEIGNEMENT SECONDAIRE DOIT ÊTRE FONDÉ SUR L'OBSERVATION

Puisque toute notre vie dépend de l'habileté plus ou moins grande avec laquelle nous voyons et apprécions ce qui se passe autour de nous, le premier devoir de l'éducateur est d'apprendre aux jeunes gens et aux jeunes filles à bien observer. Une bonne méthode d'observation sera leur arme la meilleure dans la lutte pour l'existence. Elle sera aussi la garantie de l'indépendance de leur esprit et de la sûreté de leur jugement. L'homme ou la femme qui saura observer n'obéira

que rarement anx préjugés même les plus répandus et
ne s'inclinera devant aucune opinion, si autorisée
qu'elle soit en apparence, sans en avoir contrôlé l'exactitude. Quand on s'est donné pour principe de ne rien
croire sans voir, on a le sens critique véritable.

J'estime donc, non seulement qu'il faut placer les
sciences d'observation à la base de l'enseignement
secondaire, mais encore que ces sciences elles-mêmes
doivent être enseignées, aux jeunes filles surtout, exclusivement par l'observation et l'expérience, c'est-à-dire,
en leur montrant, autant que possible, les êtres, les
objets et les phénomènes dont on leur parle et en éclai-
rant toujours les faits par les théories ou les hypothèses
générales. Avec le temps, les détails sortent de la
mémoire, tandis que les idées générales restent. Celles-
ci ont, en outre, un attrait que les détails ont rarement.

Il faut aussi enseigner les sciences, non point suivant
un ordre arbitraire et toutes à la fois, ainsi qu'on le
fait dans la plupart des collèges et des lycées, mais en
prenant pour règle la succession des phases évolutives
subies par la matière. Ainsi, avant d'étudier l'histoire
de la terre et celle des objets ou des êtres qui la peuplent, il faudra montrer aux élèves comment se sont
formées les diverses parties constituantes de l'univers
et, en particulier, la terre. C'est donc par la cosmographie qu'il faut aborder les sciences d'observation et l'on
devra terminer son étude avant d'aborder celle des
autres sciences. Puis, on étudiera successivement chacune de celles-ci.

Afin de préciser la manière dont je conçois l'enseignement des sciences nommées plus haut, je tracerai
pour chacune d'elles un canevas à compléter par le professeur, mais un canevas assez détaillé pour que l'esprit de l'enseignement soit mis en relief.

§ 2. — LA COSMOGRAPHIE

Il devrait y avoir, dans tout établissement secondaire, un appareil représentant, sur une assez grande échelle, toutes les parties de notre système solaire. Au centre, le soleil ; autour, les huit grandes planètes inégalement distantes de lui : Mercure, qui en est la plus voisine ; puis Vénus, la Terre, Mars, Jupiter, Saturne, Uranus, et enfin Neptune qui en est la plus éloignée. L'appareil montrerait, avec des fils de fer, les huit ellipses concentriques que suivent les huit planètes en circulant autour du soleil. Entre Jupiter et Mars, sur quelques autres ellipses, on verrait les petites planètes : Pallas, huit fois moins grosse que la Terre, Junon, douze fois moins grosse, Vesta, dont le diamètre n'est que la 31e partie de celui de la Terre, et d'autres, au nombre aujourd'hui connu de plus de 200, si petites, qu'un bon marcheur en ferait le tour dans sa journée. Sur une ellipse disposée autour de la Terre, on verrait circuler la Lune, seul satellite de notre globe. Sur d'autres ellipses secondaires, on verrait les quatre satellites de Jupiter, les huit satellites de Saturne, les quatre d'Uranus, le satellite unique de Neptune. Autour de Saturne, on verrait les anneaux de matières probablement vaporeuses qui l'entourent. Chaque planète serait représentée par un globe indiquant ses dimensions relatives par rapport au soleil. Le même appareil montrerait les trajectoires que parcourent quelques comètes bien connues, à travers les ellipses des planètes.

L'idée générale que les élèves doivent avoir relativement à l'importance du système solaire serait incomplète, si le professeur ne mettait pas en relief l'énormité de son étendue. Il y parviendra aisément au moyen de quelques chiffres. Il leur dira, par exemple, que la plus éloignée des planètes solaires, Neptune, se maintient, en parcourant son orbite, à près de quatre milliards et demi de kilomètres du soleil, son orbite elle-même, c'est-à-dire l'ellipse presque circulaire qu'elle décrit autour du soleil se développant sur plus de 28 milliards de kilomètres. A raison de 5 kilomètres 4 par seconde, la planète met à peu près 165 ans pour décrire cet immense cercle.

Le professeur attirera ensuite l'attention sur le fait que seul, dans ce système, le soleil est lumineux par lui-même parce que, seul, il est en état d'incandescence. Toutes les planètes sont suffisamment refroidies à leur périphérie pour n'être plus lumineuses Si nous pouvons les voir, soit à l'œil nu, soit avec les lunettes astronomiques, c'est seulement parce qu'elles reçoivent et réfléchissent la lumière du soleil. Comme la terre reçoit et réfléchit la lumière solaire de la même façon que la lune, s'il y avait des habitants dans cette dernière, ils verraient notre globe sous les mêmes aspects que nous voyons celui de la lune. En somme, dans un espace dont le diamètre est supérieur à huit milliards de kilomètres, il n'y a qu'un seul astre lumineux, le soleil. Vu de la terre, il offre l'aspect d'un grand disque ; vu de Neptune, il ferait le même effet que font sur nous les étoiles. En fait, d'ailleurs, le soleil n'est pas autre chose qu'une étoile.

Le professeur montrera, tout autour du système solaire, des millions et peut-être des milliards d'étoiles et autres astres, à des degrés divers d'évolution, circulant dans le ciel à des distances telles que les plus rapprochées sont à plus de 30 milliards de kilomètres de notre monde solaire et que, pour certaines, on a trouvé une distance de plus de 437 milliards de kilomètres. Afin de donner une idée de l'éloignement de certaines étoiles, le professeur pourra encore prendre pour point de

départ la vitesse de la lumière. D'après l'expérience,
on sait que les rayons lumineux du soleil et des étoiles
traversent l'espace avec une vitesse de 280.000 à
300.000 kilomètres par seconde. Or, tandis que la
lumière du soleil ne met que 8 minutes 13 secondes
pour atteindre la terre, celle de la plupart des étoiles
met plusieurs années pour rejoindre notre monde
solaire. Il en est pour lesquelles le calcul a donné plus
de 3.500 ans. Certains amas stellaires sont situés à
une distance telle que leur lumière met plus de 14 mille
ans pour nous parvenir. Cependant, au delà de ces
astres, dont l'éloignement de notre globe est tel qu'il
nous est impossible de nous en faire une idée, il y en
a d'autres encore, en nombre indéfini, qui sont à des
distances infiniment plus considérables, car il a été
impossible, jusqu'à ce jour, de trouver « le fond du fir-
mament[1] ». Ce sera toujours impossible, car, en admet-
tant qu'il y ait une limite aux espaces peuplés d'astres,
il ne saurait y en avoir à l'espace lui-même. La con-
templation du ciel conduit donc tout naturellement à
l'idée de l'infinité de l'espace.

Le professeur abordera ensuite l'examen des diverses
sortes d'astres, en commençant par ceux dont l'évolution est la moins avancée et finissant par ceux dont elle
est à peu près terminée ou s'achève chaque jour sous
nos yeux. Il bornera, du reste, cette étude aux faits
observés ; il laissera de côté les calculs que les élèves
seraient incapables de suivre et qui n'ont aucun intérêt pour elles.

Les astres les plus simples, ceux qui paraissent être
encore dans la première phase de leur évolution ont
reçu le nom de « nébuleuses ». Les plus jeunes d'entre
eux, si l'on peut dire, ne sont formés que d'une masse

---

1. SECCHI, *Les Étoiles,* II, p. 187 (F. Alcan).

gazeuse, incandescente, et revêtant des formes variables, depuis celle d'un simple globe jusqu'à celle
d'anneaux ou de spirales tourbillonnants. D'autres,
plus avancés dans leur évolution, présentent en un ou
plusieurs points de leur masse vaporeuse, des noyaux
plus lumineux et plus denses, parfois même assez con-
centrés pour constituer de véritables étoiles. Dans
d'autres enfin, la masse vaporeuse s'est déjà condensée tout entière en un nombre plus ou moins considérable, souvent plusieurs millions d'étoiles très rapprochées les unes des autres et formant ce que les astronomes appellent des amas stellaires, des pléiades. La
voie lactée, par exemple, avec ses dix-huit millions
d'étoiles encore enveloppées, sur certains points, de
matière vaporeuse, paraît n'avoir formé jadis qu'une
immense nébuleuse. Les dimensions des nébuleuses
sont toujours énormes : on en a mesuré quelques-unes
qui occupent dans les espaces célestes une étendue au
moins égale à celle de notre système solaire tout
entier. Ces masses gazeuses, incandescentes, se déplacent à la manière de notre soleil et des étoiles, mais
on n'a pas pu encore déterminer leur marche. On sait
seulement que certaines d'entre elles s'approchent et
s'éloignent alternativement de notre système solaire.

Les comètes, qui sont analogues, par leur constitution, aux nébuleuses, nous sont mieux connues, parce
qu'elles pénètrent jusque dans les orbites de nos planètes. Les plus simples ne sont formées que d'une
masse gazeuse incandescente, globuleuse ou irrégu-
lière avec, souvent, un noyau de matière plus condensée. Les plus complexes sont formées d'un noyau ou
tête et de prolongements, parfois multiples, connus
sous le nom de queue ou de chevelure. La même comète
peut, à quelques jours d'intervalle, se présenter avec
ou sans queue. Cette dernière paraît être due en par-

tie à l'incandescence de la matière gazeuse dont la
comète est formée et en partie à la réflexion des rayons
solaires. Dans leur marche à travers l'espace, les
comètes suivent des ellipses tres allongées, qui, tantôt
les rapprochent beaucoup du soleil, tantôt les en éloignent au point de les faire sortir des orbites pla-
nétaires. Il en est qui ont été observées une seule fois,
tandis que quelques-unes se sont déjà montrées plusieurs fois, périodiquement, dans notre système solaire.
Elles sont si nombreuses que l'on en compte plus de
vingt millions ne dépassant pas, dans leur course à
travers l'espace, l'orbite de Saturne. Avec celles qui
dépassent cet orbite, il y en aurait, d'après certains
calculs, plus de 74 millions de milliards. Les dimensions des comètes ne sont pas moins variables que
leurs formes : on en a mesuré dont le noyau ne dépas-
sait pas 45 kilomètres en diamètre, tandis qu'il attei-
gnait dans d'autres jusqu'à 45.000 kilomètres. La partie
centrale atteint parfois un diamètre double de celui du
soleil. Quant à la queue, elle peut atteindre jusqu'à
plus de trois cent millions de kilomètres de longueur.

La densité de la queue, de la partie nébuleuse et
même du noyau, est d'ailleurs si faible que la marche
des comètes est très souvent déviée par l'attraction
des divers astres dans le voisinage desquels elles passent. Il en est qui paraissent avoir été détournées
définitivement de notre système solaire, tandis que
d'autres se rapprochent davantage du soleil à chacune
de leurs révolutions et sont probablement destinées à
aller se jeter un jour dans sa masse incandescente.
Quelques-unes se sont rapprochées de la terre au point
que l'on a pu croire à une rencontre de notre globe
avec elles. Il fut même un temps où l'on craignait que
la terre ne put être profondément troublée et même
détruite par une rencontre de ce genre. Aujourd'hui,

que l'on connaît la très faible densité de la matière dont les comètes sont formées, on ne saurait éprouver pareille crainte. Il en est, du reste, qui déjà, ont été attirées par la terre au point d'en subir une véritable dislocation en étoiles *filantes* tombées sur notre sol. La nature des comètes permet de supposer qu'elles proviennent du fractionnement des nébuleuses situées en dehors de notre système solaire.

A côté des comètes, on peut placer les étoiles filantes que l'on voit traverser subitement certains points de l'espace en projetant un très vif éclat, et disparaître aussitôt qu'elles se sont montrées. La plupart d'entre elles ne passent pas à plus de 100 ou 120 kilomètres de la surface de la terre ; un très grand nombre même pénètrent dans notre atmosphère et tombent sur notre sol. D'après certains calculs, il en tomberait chaque année plus de cent quarante milliards. Les époques où elles apparaissent dans le ciel en plus grand nombre sont les dix ou douze premières nuits des mois d'août et de novembre. Ordinairement, elles présentent l'aspect de simples points lumineux, comme les étoiles ; parfois, elles ont celui de globes incandescents, susceptibles d'éclater en faisant un grand bruit et connus sous le nom de « bolides ». Leurs débris sont parfois assez gros pour former de véritables pierres, connues sous le nom d' « aérolithes ». Elles sont constituées probablement par des débris d'astres disloqués, peut-être de comètes, peut-être aussi, de planètes vieilles et brisées.

Les étoiles ne se montrent jamais, même avec les plus forts télescopes, que comme de simples points lumineux, plus ou moins gros et plus ou moins brillants et scintillants. Dix mille environ sont visibles à l'œil nu. Avec le télescope, on en a découvert déjà plus de vingt millions ; on en découvre chaque jour de nouvelles et on en découvrira probablement toujours, car il est permis de supposer, d'une part, qu'il en est de si éloignées de la terre que leur lumière n'est pas parvenue jusqu'à notre globe, et, d'autre part, qu'il s'en forme toujours de nouvelles par la condensation de la matière constituante des nébuleuses. Certaines étoiles sont réunies au nombre de deux, trois, quatre ou davantage, en groupes dénommés étoiles doubles, triples, quadruples, etc. Les éléments de ces groupes dépendent les uns des autres, à la façon des astres de notre système solaire, et se déplacent tous ensemble dans le ciel. Leur nombre se chiffre par millions.

Le professeur insistera sur la nécessité de ne pas confondre les systèmes stellaires avec les constellations, qui sont de simples groupements artificiels d'étoiles situées à des profondeurs très inégales dans le ciel et n'ayant aucun rapport direct les unes avec les autres.

Comme l'on trouve dans les systèmes stellaires des étoiles de diverses grandeurs et luminosités, il est permis de croire que leur incandescence est très inégale, et que, par leur refroidissement, elles finiront par former un véritable système planétaire, les étoiles devenues obscures continuant à circuler autour de la plus volumineuse, qui aura conservé sa luminosité et jouera le rôle de soleil par rapport aux autres.

Pendant longtemps on a cru que tous ces astres étaient immobiles et on les qualifiait d'étoiles fixes. Aujourd'hui on sait d'une façon certaine qu'ils se déplacent dans le ciel et l'on est en droit de supposer qu'ils tournent en même temps sur leur axe.

La croyance à leur rotation résulte de ce qu'un certain nombre d'entre elles se montrent manifestement variables, dans leur éclat, comme si elles nous présentaient tour à tour une face plus sombre et une face plus claire. Quant à leur déplacement dans l'espace, il a pu

être mesuré pour quelques-unes d'entre elles. On a pu
s'assurer, notamment, que certaines étoiles s'approchent ou s'éloignent de notre système solaire avec des
vitesses de 50 à 100 kilomètres par seconde, c'est-à-dire
deux et trois fois supérieures à celle de la terre sur son
orbite. Comme la lumière de la plupart des étoiles met
des années et des siècles à nous parvenir, et que les
étoiles se déplacent sans cesse avec une grande rapidité, celles que nous contemplons à l'œil nu ou au
télescope ne sont jamais dans le point de l'espace où
nous les voyons ; selon le mot très juste d'Arago « l'aspect du ciel, à un instant donné, nous raconte, pour
ainsi dire, l'histoire ancienne des astres ».

De même que l'intensité et la coloration de la
lumière varient beaucoup d'une étoile à l'autre, la
température de ces astres est très variable. Les uns
ont, comme notre soleil, une température supérieure à
celle du platine en fusion, tandis que d'autres semblent
être en voie de refroidissement ; tous sont envelop-
pés, comme notre soleil, d'une atmosphère gazeuse à
laquelle est due la coloration particulière de leurs
rayons lumineux. Par tous leurs caractères, les étoiles
ressemblent donc entièrement à notre soleil.

Le soleil nous est mieux connu que toutes les autres
étoiles parce qu'il est beaucoup plus rapproché de la
terre et peut, en conséquence, être mieux observé.
Aussi a-t-on pu calculer exactement son rayon équato-
rial, qui est 108 fois celui de la terre, et son volume
total, qui est 1.250.000 fois celui de la terre[1]. On sait
aussi que sa masse est constituée par un noyau central,
relativement obscur, visible dans ce que l'on appelle
les taches du soleil, à température extrêmement élevée,
autour duquel se trouve d'abord une couche très lumi-

1. GUILLEMIN, *Le Ciel*, p. 864 (Hachette et Cie).

neuse, nommée « photosphère », et une atmosphère rose
ou « chromosphère », constituée en grande partie par
l'hydrogène enflammé. On sait aussi que les matériaux
constitutifs du soleil sont sans cesse à l'état de bouillon-
nement et projettent des flammes ou des fumées dont
la hauteur peut atteindre 80.000 à 130.000 kilomètres
et même davantage. On a constaté, d'autre part, que le
soleil tourne sur son axe, de son occident à son orient,
à raison d'un tour complet en 25 jours terrestres environ, et qu'il se déplace dans le ciel en entraînant toutes
ses planètes avec une vitesse de 240.000.000 kilomètres
par année terrestre, ou 7 kilomètres 6 par seconde.
Enfin, malgré l'énorme distance à laquelle le soleil se
trouve de la terre (120 milliards de kilomètres) il
est doué d'une luminosité telle que sa lumière égale,
d'après Arago, à son arrivée sur notre globe, 15.000 fois
celle d'une bougie. Quant à sa chaleur, quoique la terre
n'en reçoive que la demi-milliardième partie, elle suffirait, si elle était uniformément distribuée, pour faire
fondre une couche de glace de 30 mètres d'épaisseur
recouvrant toute la terre.

Le professeur, alors, insistera sur le rôle considérable
joué par la chaleur et la lumière du soleil, à la surface
de notre globe. Il montrera que sans cette chaleur il
n'y aurait plus d'évaporation des eaux de la mer, des
fleuves, des rivières, des lacs, du sol, etc., et, par conséquent, pas de nuages, pas de pluies pour arroser le
sol, pas de vapeurs dans l'atmosphère qui deviendrait
à peu près irrespirable, pas de germination ni de développement des plantes, pas de vie possible pour les
animaux qui tous succomberaient au froid, car, à sa
surface, la terre n'a pas de chaleur propre ; elle n'est
échauffée que par les rayons solaires. Le maître montrera, d'autre part, que la lumière est indispensable à
la formation de la matière verte ou chlorophylle, grâce

à laquelle s'effectue la nutrition des plantes, lesquelles sont, à leur tour, indispensables à l'alimentation des animaux herbivores dont vivent les carnivores. Par conséquent, sans la chaleur et la lumière solaires, il n'y aurait pas de vie possible à la surface de la terre, du moins pas de vie semblable à celle que nous connaissons.

Ces observations conduiront naturellement le professeur à parler des planètes et de la terre, en indiquant les principaux caractères de chacune et donnant une idée de leurs mouvements au moyen de l'appareil cosmographique. Il montrera de quelle manière chacune accomplit sur son axe un mouvement de rotation qui expose tour à tour au soleil chacun des points de sa surface et qui représente le jour de chacune d'entre elles — jour dont la durée varie naturellement, d'après la rapidité plus ou moins grande du mouvement de rotation. Tandis que les jours de Mercure, de Vénus, de Mars et de la Terre ont une durée de 23 à 25 heures, les jours de Jupiter ne sont que de 10 heures et ceux de Saturne de 5 heures.

En même temps que chaque planète tourne sur son axe, elle circule le long de son ellipse en un laps de temps qui est toujours le même pour chacune et qui constitue son année. D'une façon générale, la vitesse de ce mouvement de translation est d'autant plus grande que l'ellipse est plus allongée. Les planètes les plus éloignées du soleil sont celles qui tournent le plus vite sur leur axe et qui circulent le plus rapidement sur leur ellipse, mais la durée de leur année est d'autant plus grande que l'ellipse est plus étendue. Tandis que l'année de Mercure, qui est la planète la plus rapprochée du soleil, est seulement de 88 rotations ou jours mercuriens, l'année de Vénus est de 231 rotations, celle de la Terre de 365 rotations, celle de Mars de 686 rotations, celle de Jupiter atteint 10.477 rotations ou jours de cette planète ; celle de Saturne est de 10.757 rotations ou jours saturniens. Quant aux révolutions d'Uranus et de Neptune, dont nous ne connaissons pas les rotations, elles sont de 84 années terrestres pour la première de ces planètes et de 165 années terrestres pour la seconde.

Le professeur terminera l'histoire des planètes par celle de la Terre, en ayant soin de se servir d'un appareil analogue à celui dont il a été question plus haut, mais plus simple : au centre, le soleil ; autour, une ellipse en fil de fer sur laquelle peut se mouvoir un globe terrestre. Le professeur montrera d'abord comment la terre parcourt son ellipse autour du soleil en 365 jours et une fraction, ce qui représente une vitesse moyenne de plus de 29.000 kilomètres à la seconde, puis, comment elle opère un mouvement de rotation autour de son axe en un peu moins de 24 heures, avec une vitesse moyenne, au niveau de l'équateur, de 465 mètres par seconde. Il montrera, ensuite, comment l'axe interpolaire de la terre s'abaisse et se redresse incessamment, pendant le cours de la translation annuelle de notre globe, de façon à être tantôt parallèle à l'axe du soleil, tantôt plus ou moins incliné par rapport à ce dernier et de manière à diriger les pôles alternativement vers le soleil ou du côté opposé au soleil.

En se servant du même appareil, il lui sera facile d'expliquer comment les mouvements de rotation, combinés avec les mouvements d'inclinaison, donnent lieu à des jours tantôt égaux, au moment des équinoxes de printemps et d'automne, tantôt inégaux, avec maximum d'inégalité à l'époque des solstices d'hiver et d'été. Il montrera aussi de quelle manière ces mouvements combinés produisent les saisons sur chaque région déterminée de la terre.

Il donnera ensuite quelques détails sur la lune, seul satellite de la terre, astre entièrement refroidi, à surface dépourvue d'eau et d'atmosphère, riche en hautes montagnes ; astre menacé probablement d'être disloqué en fragments, dont une partie au moins tomberont sur notre sol sous forme de bolides. Il parlera des marées que la lune, en combinant son action attractive avec celle du soleil, détermine sur notre globe par le soulèvement des eaux des grands océans. Puis, il donnera quelques détails sur les éclipses : éclipses de lune, déterminées par l'interposition de la terre entre le soleil et la lune, éclipses de soleil produites par l'interposition de la lune entre le soleil et la terre ; éclipses totales, lorsque la lune ou le soleil sont entièrement voilés à nos yeux ; éclipses partielles, lorsqu'une portion seulement de ces astres nous est cachée.

Après ces descriptions particulières, le professeur résumera les phases d'évolution par lesquelles il est permis de supposer que sont passés les astres innombrables qui peuplent les espaces infinis. Il montrera l'espace rempli d'abord, suivant une hypothèse généralement admise, de substances diffuses, chaotiques, répandues un peu partout, animées de mouvements de giration et de translation extrêmement rapides. Puis, il montrera ces substances se condensant sur divers points, en donnant naissance à des nébuleuses probablement très étendues et très peu denses, constituées uniquement par des matières gazeuses. Ces nébuleuses elles-mêmes, en se fragmentant, produisirent des comètes, tandis que la condensation de leur substance sur d'autres points, condensation accompagnée d'un développement très considérable de chaleur, produisait les étoiles. Le professeur montrera ces dernières se refroidissant ensuite peu à peu, en circulant dans l'espace avec une extrême rapidité, se solidifiant et finis-

sant par perdre leur incandescence en même temps que
leur luminosité.

Passant à notre système solaire, il exposera que
celui-ci a dû être représenté au début par quelque
immense nébuleuse aplatie, constituée par des anneaux
concentriques dans lesquels se formèrent tour à tour
les astres qui constituent aujourd'hui le soleil, les planètes et leurs satellites. Soit que le soleil ait été constitué le premier et qu'il ait ensuite donné naissance à
tous les autres éléments du système, comme l'ont soutenu successivement Buffon et Laplace, soit que la
terre et peut-être d'autres éléments du système aient
été formés avant le soleil, comme Faye l'a soutenu,
tous ces astres se produisirent, sans nul doute, par
la condensation de diverses parties de la nébuleuse
primitive et cette condensation les dota d'une chaleur
considérable. Puis, ils se refroidirent par le rayonnement dans l'espace. Quelques-uns, comme la lune et
les petites planètes sont tout à fait froids et pour ainsi
dire morts; d'autres ont dû, non seulement mourir
mais encore se disloquer, comme en témoignent les
bolides qui tombent à chaque instant sur notre globe
et qui en représentent les débris; d'autres, comme la
terre, possèdent encore une atmosphère et l'eau nécessaire à l'entretien de la vie; d'autres enfin, comme
Neptune et Uranus sont peut-être encore en partie
vaporeuses; mais le soleil seul est assez incandescent
pour rayonner sur les espaces célestes de la chaleur et
de la lumière.

Lui-même, du reste, est en voie de refroidissement
et finira par n'être plus ni chaud ni lumineux. Si l'on
admet que tout son calorique provient de la condensation des matériaux par lesquels il a été formé et qu'il
ne puise de la chaleur à aucune autre source, on ne
peut pas supposer qu'il jouisse éternellement de la

même température, car il émet 18.500 calories à la seconde par chaque mètre carré de sa surface. Tant que ses matériaux constitutifs se sont condensés et contractés sur eux-mêmes, il en est résulté une production de calorique qui compensait en partie la chaleur perdue par le rayonnement ; mais, aujourd'hui, leur contraction paraît être achevée et le calorique perdu n'est plus reconstitué. Le soleil est donc condamné à se refroidir. Toutefois, la quantité de chaleur qu'il contient est tellement considérable qu'elle est capable d'alimenter sa radiation pendant encore quinze ou vingt millions d'années. A mesure que le soleil se refroidira, la température des divers points de la terre s'abaissera, les plantes finiront par disparaître, les animaux qui vivent de ces plantes mourront lorsqu'ils n'en pourront plus trouver. Les hommes, nécessairement, subiront le même sort. L'évaporation de la mer et des fleuves cessant de se produire en quantité suffisante, l'atmosphère se desséchera. Plus tard encore, sous l'influence du refroidissement, les eaux se congèleront ; les profondeurs de la terre elles-mêmes, se refroidiront par un rayonnement dans l'espace auquel la chaleur solaire ne mettra plus aucun obstacle, et il arrivera sans doute un jour où la terre se disloquera comme l'ont fait déjà d'autres astres du système solaire. Mais tandis que la mort et la destruction se produiront dans notre système solaire, la vie se développera peut-être sur d'autres astres aujourd'hui en voie de formation, car l'univers entier est sans cesse en évolution. Pour terminer, le professeur insistera sur ce que nuls faits ne peuvent mieux que ceux-là nous donner une idée de l'éternité du temps, car ce sont des millions et des millions d'années que chacun d'eux exige pour sa production.

Le professeur devra exposer alors, d'une manière

succincte, les raisons pour lesquelles chacun des astres dont il vient de tracer l'histoire se meut comme il l'a indiqué et pour quelles raisons encore chacun conserve, par rapport à tous les autres, une position si nettement définie, que l'on peut prévoir dans quel point de l'espace se trouvera un astre déterminé à un moment quelconque du temps futur et dire, avec non moins de certitude, à quel point il se trouvait à une minute quelconque des temps passés. Il sera conduit aussi à parler de l'attraction ou gravitation, propriété hypothétique en vertu de laquelle chaque corps exercerait sur tous les autres une action attractive qui, si elle est assez puissante, les fait graviter vers lui. Lorsqu'une pomme, détachée de l'arbre où elle s'est formée, tombe sur le sol, on dit qu'elle est attirée par la terre, qu'elle gravite vers la terre. Lorsque l'on voit un bolide tomber sur notre sol, on dit également qu'il a été attiré par la terre, qu'il gravite vers la terre. Lorsqu'une comète va sans cesse en se rapprochant du soleil, au point que l'on peut prévoir sa fusion avec lui dans un temps déterminé, on dit qu'elle est attirée par le soleil plus que vers les autres astres au milieu desquels sa course s'effectue. Lorsqu'on voit la terre se tenir constamment en équilibre entre le soleil et les planètes, au point de suivre toujours une même route elliptique dans l'espace, on dit qu'elle est soumise, de la part du soleil et des autres astres, à des attractions équilibrées de telle sorte qu'il lui est impossible de graviter davantage vers les uns que vers les autres ; elle se comporte comme le fait un chariot que deux enfants tirent en courant l'un à droite, l'autre à gauche et qui roule à égale distance des deux. Le maître insistera sur le fait capital qu'on a pu calculer les attractions en sens contraire auxquelles nos planètes sont soumises avec assez d'exactitude pour deviner l'existence de Neptune et lui assigner une place dans le ciel avant de l'avoir vu.

Les faits attribués à l'attraction et à la gravitation ne sont donc pas contestables, mais il restait à découvrir pourquoi ils se produisent. Dire que les corps gravitent les uns vers les autres parce qu'ils sont doués de la propriété d'attraction ressemble, un peu à dire que l'opium fait dormir parce qu'il a une propriété dormitive. Il fallait creuser davantage le problème. On n'a pu le faire qu'à partir du jour où l'on a acquis la certitude que les espaces interstellaires ne sont pas vides, comme on le croyait autrefois, mais, au contraire, remplis d'une substance matérielle dont les vibrations nous transmettent la chaleur, la lumière, l'électricité, du soleil, des étoiles, etc. En raison de ces vibrations, on fut conduit à admettre que la substance intersidérale, à laquelle on donna le nom d'éther, est composée de particules infiniment petites et indivisibles, ou atomes, dont chacune est animée de mouvements analogues à ceux des astres, en particulier d'un mouvement de rotation sur son axe et d'un mouvement de translation à travers l'espace ; et l'on admit que grâce à ces mouvements les atomes de la matière impondérable exercent sur tous les corps pondérables et sur tous les astres les pressions qui les font graviter les uns vers les autres ou au contraire, les écartent. En s'appuyant sur cette hypothèse, lorsqu'on voit une pomme tomber sur le sol en suivant une ligne perpendiculaire à la surface de la terre, on ne dit plus que cette pomme est attirée par la terre, mais on dit qu'elle subit, de la part de l'éther, une somme de chocs dont la résultante est une ligne perpendiculaire à la surface du globe terrestre ; de même, quand on voit la terre se déplacer autour du soleil suivant une ellipse invariable, on ne dit plus que cette ellipse est déterminée par les attractions en sens contraires dont la terre est l'objet de la part du soleil et des autres astres, mais par les pressions dont la terre est l'objet de la part de l'éther.

On a été ensuite conduit, par des raisons analogues, à admettre la présence de l'éther dans l'intimité même des corps pondérables, entre les particules qui les constituent. La moindre parcelle de roche ou de métal rappelle donc la constitution de l'univers entier : entre ses molécules pondérables, comme entre les astres, sont répandus des atomes d'éther ou matière impondérable sans cesse en mouvement et exerçant sur les molécules pondérables des pressions de diverses sortes.

Il restait à expliquer la transformation de la matière impondérable en matière pondérable. Les chimistes y ont conduit en établissant, d'une part, l'unité de composition chimique des diverses parties constituantes de l'univers et, d'autre part l'extrême simplicité de cette composition chimique. Le professeur expliquera comment on a pu, grâce à l'analyse des aérolithes tombés sur notre globe et à l'analyse spectrale des astres, s'assurer que le soleil, les étoiles et les nébuleuses ne contiennent que des corps chimiques simples ou composés, semblables à ceux dont la terre elle-même est formée. Il dira, en outre, comment on a pu constater que le nombre de ces corps est d'autant moins considérable que l'évolution de l'astre est moins avancée : dans les nébuleuses les plus simples, il n'existe que des gaz parmi lesquels l'hydrogène paraît dominer ; dans les étoiles dites « blanches », l'hydrogène abonde encore, mais on constate la présence du fer, du magnésium et de quelques métaux. Dans les étoiles dites « jaunes », l'hydrogène est moins abondant et ne forme qu'une atmosphère autour de l'astre, mais on trouve du fer, du calcium, du manganèse, du nickel, du magnésium, du cobalt, du chrome, du sodium, etc. Enfin, dans les étoiles

dites « rougeâtres », on ne trouve plus d'hydrogène
libre ; ce corps est entièrement engagé dans des combinaisons chimiques diverses. On a été conduit naturellement par ces faits à supposer que les métaux et
métalloïdes, dont la présence est constatée dans les
étoiles les plus âgées, ont été formés par la transformation de l'hydrogène qu'on voit disparaître au fur et à
mesure de l'apparition de ces corps. Poussant plus
loin ces hypothèses, on a été naturellement conduit à
penser que les corps pondérables seraient des produits
de transformation du corps impondérable, l'éther, qui
remplit les espaces célestes. L'éther, en se condensant,
aurait produit un premier corps simple, peut être l'hydrogène, d'où seraient sortis, par des transformations
diverses, tous les autres corps dits simples qui, eux-
mêmes, en se combinant, donnent naissance à tous les
corps composés.

Ces transformations exigent que les atomes impondé-
rables ou pondérables soient doués d'un mouvement
aussi éternel qu'eux-mêmes : or, il est facile de l'admettre, puisque jamais l'observation n'a permis de
constater ni la disparition d'un seul atome matériel ni
celle d'un seul mouvement, tandis qu'elle nous montre
la matière changeant sans cesse de formes et le mouvement se transformant d'une manière incessante.

Si l'on s'étonnait que je fasse figurer les hypothèses
relatives à la constitution et aux mouvements de l'univers dans un programme d'enseignement secondaire, en
prétextant que, jusqu'à ce jour, elles ont été écartées
avec soin de cet enseignement, je ferais valoir à l'appui
de ma conduite, d'abord que ces hypothèses servent
aujourd'hui de fondement à toutes les sciences d'observation et, ensuite, qu'elles sont de nature à intéresser
les élèves en donnant à la science l'attrait particulier
qu'ont toutes les explications des phénomènes intimes

de la nature. L'esprit des enfants ne se perdra plus dans les chimères de la métaphysique, le jour où il aura contracté la coutume de chercher dans les hypothèses de la science l'explication des mystères qui piquent sa légitime curiosité.

On va s'assurer, du reste, tout de suite, par l'examen des programmes de la physique et de la chimie, combien ces hypothèses facilitent la compréhension des phénomènes qui constituent l'objet de ces sciences.

§ 3. — LA PHYSIQUE

Le rôle de la physique est d'étudier les corps qui entrent dans la constitution de l'univers tels qu'ils se présentent à notre observation. Elle ne se préoccupe ni de la manière dont ils se sont formés ni de ce qu'ils deviendront en se décomposant. Par exemple, la physique étudie l'eau et ses propriétés tant que ce corps reste chimiquement à l'état d'eau, tant qu'il ne se décompose pas en ses deux éléments constituants, l'hydrogène et l'oxygène.

Science d'observation par excellence, ainsi qu'en témoigne la nature des objets de son étude, la physique doit être enseignée, aux jeunes filles surtout, par l'observation et l'expérience. On leur montrera les corps et les phénomènes physiques, sans fatiguer leur mémoire parce que l'on nomme les « lois physiques », qui ne sont, en réalité, que des expressions succinctes des phénomènes. On fera devant elles et on leur fera faire, autant que possible, toutes les expériences ayant une signification générale ou fournissant une explication des faits qui se produisent quotidiennement dans le monde, sous nos yeux.

1. *Changements d'état des corps.*

Puisque la physique a pour but l'étude des corps, la première question que le maître doit poser devant ses élèves, est de savoir dans quels états les corps qui constituent l'univers sont susceptibles de se présenter à nos yeux. L'observation directe répond qu'ils se présentent sous trois états : solide, liquide, gazeux. Les corps à l'état solide sont remarquables par la constance de leur forme et de leur volume, due à la grande cohésion de leurs atomes. Ceux à l'état liquide sont caractérisés par la constance de leur volume et la variabilité de leur forme, celle-ci s'adaptant exactement aux vases qui les contiennent, propriété due à la très grande mobilité de leurs atomes les uns sur les autres. Les corps à l'état gazeux se distinguent des précédents par la variabilité incessante de leur volume et de leur forme. leur tendance étant de remplir complètement les espaces où ils sont contenus, en raison de ce que leurs atomes se repoussent plus qu'ils ne s'attirent.

Le professeur rappellera que d'après les conceptions actuelles des physiciens et des chimistes, tous les corps pondérables, solides, liquides ou gazeux sont formés d'atomes indivisibles, séparés les uns des autres par l'éther et il insistera sur ce que la différence d'état des corps tient à l'écartement plus ou moins considérable des atomes pondérables. Il indiquera tout de suite qu'il suffit d'élever ou d'abaisser la température d'un même corps pour faire varier son volume, c'est-à-dire pour que ses atomes pondérables se rapprochent ou s'écartent. Une barre de fer chauffée s'allonge (pyromètre à levier); une sphère de cuivre chauffée augmente de volume au point de ne pouvoir plus repasser par un anneau où elle passait facilement étant froide (anneau de Gravesand) ; de l'eau ou du mercure enfermés dans un ballon en verre à col mince et allongé s'élèvent dans le col quand on les chauffe ; un gaz quelconque, de l'hydrogène ou de l'air par exemple, enfermé dans un ballon se dilate quand on le chauffe, se contracte quand on le fait refroidir.

Le professeur rappellera que ces faits ont servi de point de départ à la création des thermomètres et il construira sous les yeux de ses élèves un thermomètre à mercure ou un thermomètre à alcool, en leur montrant comment on les gradue suivant qu'il s'agit d'un thermomètre centigrade ou d'un thermomètre Farenheit ou Réaumur. Il leur dira aussi quelques mots du thermomètre à air que l'on emploie pour mesurer des différences très minimes de température, et des pyromètres dont on fait usage pour mesurer la température des fours à métaux, à verre, à porcelaine, etc. Il leur montrera ensuite comment on doit procéder pour mesurer avec le thermomètre la température des différents corps, notamment celle du corps humain.

Il leur exposera comment on peut élever la température d'un corps soit par le frottement, soit par les chocs, soit par le passage de courants électriques, soit par le contact avec un foyer de chaleur, et il leur fera observer, au moyen de quelques expériences, que les différents corps exigent des quantités de chaleur différentes pour s'élever d'un même nombre de degrés. Afin d'apprécier la quantité de chaleur nécessaire pour élever la température des différents corps d'un même nombre de degrés, on a pris l'eau pour commune mesure et l'on a donné le nom de *calorie* ou unité de chaleur à la quantité de chaleur nécessaire pour élever de 1° la température de 1 kilogramme d'eau. Enfin, on a nommé *chaleur spécifique* ou capacité calorique du corps, la quantité de chaleur nécessaire pour élever de 1° la température de 1 kilogramme de ce corps. Sans entrer dans les détails, le professeur pourra dire quelques mots des procédés employés pour mesurer la chaleur spécifique des principaux corps, caractère qu'il est souvent nécessaire de connaître pour les matériaux employés dans l'industrie ou pour les objets qu'elle fabrique.

Le professeur montrera ensuite par quelques expériences comment, en chauffant ou refroidissant un corps, on peut non seulement augmenter ou diminuer son volume, mais encore le faire passer d'un état à un autre. Il leur fera voir, par exemple, qu'en chauffant de la glace, on la transforme en eau liquide. Il leur fera constater qu'un thermomètre plongé dans le vase où s'effectue la fusion reste au même niveau tant qu'il y a encore de la glace fondante. C'est précisément parce que ce niveau est invariable qu'on y place le 0 du thermomètre centigrade. Ce 0 indique la température qui se maintient dans la glace tant qu'elle est en fusion. Cette persistance d'une même température pendant toute la durée de fusion de la glace quoique celle-ci soit placée dans un vase, au-dessus d'un foyer de chaleur, témoigne que pour se liquéfier, la glace absorbe une certaine quantité de chaleur que l'on a nommée la « chaleur latente de fusion ». L'expérience a montré que cette chaleur varie d'un corps à l'autre. On a imaginé des procédés pour la déterminer exactement. Mais avec le seul thermomètre on peut se rendre compte de la température à laquelle fondent les corps les plus usuels. La maîtresse montrera ainsi que le suif fond toujours à 33° centigrades, la cire blanche à 68°, le soufre à 115°. Il serait bon qu'elle leur fît constater par l'expérience la température de fusion d'un certain nombre de métaux : le potassium à 58° seulement, l'étain à 220°, le plomb à 320°, le zinc à 360°, l'argent à 1.000°, le fer entre 1.500 et 1.600° etc. Elle insistera sur ce que, grâce aux températures très élevées que l'on est parvenu à produire, il n'existe plus aucun métal rebelle à la liquéfaction ; mais, d'autre part, elle aura soin de rappeler et de faire constater par l'expérience que certains corps composés, tels que les marbres, les craies, au lieu d'être liquéfiés par la chaleur, sont décomposés par elle.

Pour compléter l'histoire du passage des corps solides à l'état liquide, la maîtresse parlera des dissolutions. Elle montrera que si l'on met un morceau de sucre dans un verre d'eau, le sucre fond peu à peu et se mêle finalement à l'eau d'une façon si intime qu'il finit par disparaître. Elle fera voir que toute dissolution est accompagnée d'un abaissement de la température du liquide dans lequel se fait la dissolution, la quantité de chaleur absorbée par certains corps, lorsqu'ils se dissolvent dans un liquide, étant très considérable. Par exemple, 50 grammes de chlorure de potassium que l'on fait fondre dans 200 grammes d'eau déterminent un abaissement de la température de 11°. En faisant dissoudre un certain poids d'azotate d'ammoniaque cristallisé dans un poids égal d'eau, on obtient un abaissement de température de 26°, etc. Ce sont ces faits qui ont servi de point de départ à la production des « mélanges réfrigérants » dont on se sert pour produire de la glace dans divers appareils connus sous le nom de « glacières ». La maîtresse devra entrer dans quelques détails sur ces appareils et sur les divers mélanges réfrigérants qu'on y emploie, parce qu'ils sont d'un usage très commun chez les pâtissiers et dans un grand nombre de maisons, particulièrement sous les climats chauds.

La maîtresse passera ensuite au changement d'état par lequel un corps liquide se transforme en vapeur. Elle montrera que cette transformation exige une quantité de chaleur ordinairement considérable et peut s'effectuer de deux manières différentes : ou bien par simple évaporation à la surface du liquide, ou bien par ébullition, c'est-à-dire par la formation, dans toute la masse liquide chauffée, de bulles de vapeur qui viennent crever à sa surface.

Elle fera voir, au moyen de quelques expériences, que tout liquide produit des vapeurs à sa surface ; que l'évaporation est d'autant plus rapide, toutes choses égales d'ailleurs, que la température du liquide et celle du milieu ambiant sont plus élevées et que la surface du liquide est plus étendue : on donne aux marais salants une très grande surface et une très faible profondeur afin de faciliter l'évaporation de l'eau de la mer et l'abandon par elle, sur le sol, du sel marin qu'elle tient en dissolution. A ce propos, la maîtresse insistera sur ce que, en s'évaporant, l'eau n'entraîne pas avec elle les sels qu'elle tient en dissolution, mais, au contraire, les abandonne dans le fond des vases où elle était contenue.

Il faudra montrer ensuite, par quelques expériences appropriées, que l'évaporation est beaucoup facilitée par l'étendue de l'espace dans lequel les vapeurs peuvent se répandre au moment de leur formation et par les courants d'air, au-dessus de la surface d'évaporation, ainsi qu'on a soin d'en produire dans les séchoirs à linge, à morues, etc. On rappellera que si les grands vents, même froids comme ceux du nord ou du nordest, déterminent un désséchement rapide du sol, c'est parce qu'ils entraînent les vapeurs formées à la surface de la terre au fur et à mesure de leur production.

A propos de tous ces faits, on devra entrer dans quelques considérations au sujet de la dilatation considérable qui se produit dans les vapeurs et les gaz sous l'influence de l'élévation de la température, et sur la condensation ou diminution de volume qui est, au con-

traire, déterminée en eux par l'abaissement de la température. On pourra y ajouter quelques observations
relatives à l'élasticité et à la densité des gaz et des
vapeurs.

La maîtresse insistera enfin sur le fait que plus l'évaporation est rapide et plus elle nécessite de chaleur. Si
celle-ci ne peut être empruntée qu'au liquide en évaporation, il se refroidit d'autant plus que l'évaporation
est plus rapide. C'est ce qui se produit dans les alca-
rasas ou gargoulettes en terre poreuse : l'eau qui traverse les pores du vase s'évapore à l'air, en abaissant
beaucoup la température de celle qui reste dans le vase.
En Algérie, les soldats obtiennent un résultat analogue
en recouvrant une bouteille en verre d'un drap que l'on
tient constamment imbibé d'eau : celle-ci, en s'évaporant, rafraîchit le contenu de la bouteille. En faisant
le vide à la surface d'un liquide, on peut encore déterminer, sans chaleur, une évaporation tellement rapide
qu'il y ait congélation de l'eau. C'est ainsi que l'on
peut, avec une pompe pneumatique, en faisant le vide
dans la partie supérieure d'une carafe à demi pleine
d'eau, déterminer la congélation de cette dernière
(appareil Carré pour frapper les carafes). Elle rappro-
chera de ces faits celui qui se produit quand on fait
évaporer sur la peau de l'homme un liquide très vola-
til, comme l'éther. En se vaporisant, celui-ci enlève à
la peau une grande quantité de chaleur; il la refroidit
souvent au point de la rendre insensible. Elle parlera
de l'emploi de ce procédé par les chirurgiens.

Passant à l'ébullition, la maîtresse montrera expérimentalement que si l'on fait chauffer de l'eau dans un
vase en verre, il se forme, à un moment donné, le long
des parois du vase, des bulles, d'abord fines, puis de
plus en plus grosses, qui viennent éclater à la surface
en faisant un bruit particulier. Suivant des expres-

sions courantes, l'eau commence par « chanter », puis elle bout. Le professeur montrera que l'ébullition est facilitée par la présence de l'air dans l'eau et par le fait que cet air empêche, en certains points, le contact de l'eau avec les parois du vase. Il fera observer, d'autre part, qu'un thermomètre plongé dans la vapeur qui se dégage de l'eau bouillante se maintient à 100°. C'est en raison de ce fait qu'on a choisi la température de la vapeur de l'eau bouillante comme l'un des points fixes du thermomètre. Si le thermomètre est plongé dans l'eau bouillante elle-même, il marque environ 100° lorsque la pression atmosphérique est de 76 centimètres. Si la pression est plus faible, comme il arrive souvent au sommet des montagnes, l'ébullition de l'eau se produit à une température inférieure à celle de 100°. Si, au contraire, on élève la pression à la surface du liquide, par exemple en couvrant le vase et en obligeant la vapeur à s'accumuler au-dessus du liquide, l'ébullition est d'autant plus retardée que la pression exercée par la vapeur est plus forte. Par exemple, dans la marmite de Papin, dont le couvercle est vissé, on peut porter de l'eau à une très haute température sans qu'il y ait ébullition, parce que les vapeurs produites par la simple évaporation de la surface exercent sur celle-ci une pression qui empêche les bulles de se former ; si l'on permet à la vapeur de s'échapper, l'ébullition commence immédiatement. Si l'on maintient un vase analogue constamment clos, toute son eau peut se transformer en vapeur sans qu'il y ait ébullition.

Le professeur insistera sur ce que, toutes les autres conditions étant identiques, chaque liquide bout à une température qui varie avec sa nature et avec celle des corps qu'il tient en dissolution. Tandis que l'eau ordinaire des puits et des sources bout à 100°, elle ne bout qu'à 104° si elle contient à saturation du carbonate de soude, à 108° si elle est saturée par du chlorure de sodium, à 120° si elle est saturée par du nitrate de soude, à 150° si elle est saturée par du nitrate de chaux; à 179° si elle est saturée par du chlorure de calcium.

Le professeur montrera alors que par l'ébullition et l'évaporation qui l'accompagne, on peut séparer un liquide des sels qu'il tient en dissolution ou deux liquides dont les températures d'ébullition sont différentes. Cette opération constitue ce que l'on appelle la « distillation ». Il montrera aux élèves comment, au moyen d'un alambic, on peut obtenir de l'eau pure avec de l'eau salée, de l'alcool avec du vin, de l'alcool absolu avec de l'alcool plus ou moins chargé d'eau, etc., le liquide qui bout à la plus basse température étant celui qui s'évapore le premier.

Ayant montré aux élèves ce qui se passe quand on fait passer l'eau solide ou glace à l'état d'eau liquide, et cette dernière à l'état de vapeur, le professeur leur fera observer les changements d'état inverses, c'est-à-dire le passage de la vapeur d'eau à l'état d'eau liquide et celui de l'eau liquide à l'état de glace.

Il leur montrera d'abord que pour faire passer de la vapeur d'eau à l'état d'eau liquide, il suffit d'abaisser sa température. Si, par exemple, il a rempli un ballon de vapeur d'eau en le tenant au-dessus d'un vase en ébullition, il montrera qu'il suffit de plonger le ballon dans l'eau froide pour que sa face intérieure se couvre de gouttes d'eau. Un phénomène analogue se produit quand on transporte une carafe d'eau très froide dans une chambre chaude : on voit la surface extérieure de la carafe se couvrir presque instantanément de gouttelettes d'eau ou d'une couche complète de ce liquide; c'est la vapeur d'eau de la chambre qui s'est « con-

densée » sur la carafe froide. Lorsqu'il fait plus chaud
au dehors que dans les appartements, ce qui arrive
souvent au printemps et à l'automne, on voit les murs
peints se couvrir de gouttelettes d'eau et même celle-ci
couler le long des murs. C'est la vapeur d'eau du dehors
qui est venue se condenser contre les murs froids du
dedans. L'hiver, on voit souvent les vitres d'une pièce
chauffée se·couvrir à l'intérieur de gouttelettes d'eau ;
c'est la vapeur de la pièce qui se condense sur la vitre
refroidie par l'air extérieur. Si ce dernier est très froid,
il est fréquent de voir l'eau condensée sur la vitre se
transformer en glace.

La maîtresse insistera sur ce fait que les vapeurs de
chaque corps exigent, pour se condenser en liquide, un
degré de refroidissement d'autant plus prononcé qu'il
a fallu élever davantage la température pour transformer le liquide en vapeur. On s'est assuré ainsi que
la vapeur perd, en se liquéfiant, la même quantité de
chaleur qu'elle a absorbée pour se former.

En second lieu, la maîtresse montrera par quelques
exemples que les corps dont l'état normal est celui de
gaz exigent, pour se liquéfier, un refroidissement très
supérieur à celui qui suffit pour liquéfier les vapeurs
d'un corps normalement liquide ou solide. Par exemple,
tandis qu'un abaissement de température de quelques
degrés suffit pour faire passer la vapeur d'eau à l'état
liquide, il faut, pour liquéfier le gaz acide sulfureux,
qui est le premier gaz que l'on ait transformé en liquide,
employer un mélange réfrigérant de glace et de sel
marin avec lequel on obtient une température de
24° au-dessous de zéro. Pour liquéfier les gaz ammoniac et cyanogène, il faut employer un mélange
réfrigérant formé de neige et de chlorure de calcium, avec lequel on obtient une température de 50°
au-dessous de zéro. Pour liquéfier les gaz acide carbo-

nique, chlore, acide sulfhydrique, etc., on a dû recourir
à un autre ordre de procédés : on détermine la production du gaz dans un espace refroidi et tellement limité
qu'il soit promptement saturé : le gaz alors commence
à se liquéfier. La maîtresse pourra faire devant ses
élèves les expériences très simples de Davy et Faraday
qui ont servi de point de départ à la fabrication des
appareils avec lesquels on liquéfie aujourd'hui, à l'aide
de grands abaissements de température joints à de très
fortes pressions, les gaz acide carbonique, oxygène,
air, azote et même hydrogène, etc. Elle montrera que
la liquéfaction de tous ces gaz est accompagnée d'un
énorme abaissement de température et que si cette dernière vient à se relever, le liquide repasse immédiatement à l'état de gaz. C'est sur ce principe que sont construits certains appareils destinés à la fabrication de la
glace, par exemple l'appareil Carré à solution concen-
trée de gaz ammoniac, qu'il sera utile de faire fonctionner sous les yeux des élèves.

La maîtresse parlera alors du passage de l'état
liquide à l'état solide. Elle montrera, au moyen de
quelques expériences, que l'eau, par exemple, en se
solidifiant pour former de la glace subit un abaissement de température tel que la chaleur perdue est
égale à celle qui avait été absorbée pendant le passage
de l'état de glace à l'état d'eau liquide. Cependant il
peut se faire, dans certaines conditions, que l'eau
reste à l'état liquide à une température inférieure à
celle où elle se solidifie d'ordinaire : par exemple, de
l'eau renfermée dans des tubes purgés d'air et fermés
peut rester liquide jusqu'à 12° au-dessous de zéro ; si,
alors, on imprime des vibrations au tube avec un
archet, l'eau se solidifie immédiatement. La plupart
des liquides en se solidifiant, forment des cristaux. Le
fait est facile à montrer avec du soufre que l'on fait

fondre, puis refroidir sous les yeux des élèves. Certains corps, comme le verre, la cire, etc., deviennent pâteux en se solidifiant et ne ne se cristallisent pas.

La maîtresse insistera sur ce que la plupart des corps diminuent de volume en se solidifiant. Quelques-uns cependant, comme l'eau, augmentent de volume. Si l'eau contenue dans une bouteille se congèle entièrement, elle fait éclater la bouteille parce qu'elle augmente de volume. Les pierres dites « gélives » doivent ce défaut à ce que l'eau contenue dans leurs fissures les fait éclater en se congelant pendant l'hiver. Beaucoup de roches calcaires doivent leur effritement sous l'influence du froid à cette cause. La maîtresse montrera ce qui se passe quand on refroidit simultanément deux thermomètres dont un à mercure et l'autre à eau. On voit d'abord le liquide baisser dans les deux instruments, mais au-dessous de + 4° le mercure continue à baisser tandis que l'eau monte. On fera alors l'expérience classique montrant que le maximum de densité de l'eau est à + 4°.

2. *Action de la pesanteur sur les corps.*

Abordant alors la deuxième grande série de questions que la physique a pour rôle de résoudre, la maîtresse entretiendra ses élèves de la manière dont les corps se comportent sous l'influence de la pesanteur.

Elle montrera d'abord, par une série d'expériences, que tous les corps abandonnés à eux-mêmes au-dessus du sol tombent en suivant une ligne perpendiculaire à la surface du sol, c'est-à-dire qui, étant prolongée, irait passer par le centre de la terre. Si le corps est retenu par un fil, celui-ci indique cette direction; aussi le « fil à plomb » est-il employé pour permettre de tracer des lignes perpendiculaires à la surface du sol. Elle montrera ensuite que des corps de même volume mais de natures différentes ne tombent pas avec la même rapidité : par exemple, une petite plume de poule tombe moins vite que son image en plomb. Cependant, si on les introduit toutes les deux dans un grand tube en verre, où l'on a fait le vide, on les voit tomber côte à côte avec la même rapidité. On conclut nécessairement de ces expériences : 1° que si dans l'air la plume véritable tombe moins vite que la plume en plomb, cela tient à ce que la première éprouve de la part de l'air plus de résistance que la seconde ; 2° que si dans le vide les deux corps tombent avec la même rapidité, c'est parce que l'action de la pesanteur se fait sentir avec la même énergie sur chacun de leurs atomes constituants, quelle que soit leur nature, que ce soit des atomes de plume ou des atomes de plomb.

La maîtresse montrera au moyen d'autres expériences (machine d'Atwood, appareil de Morin, etc.) que la chute de tous les corps va en s'accélérant à mesure qu'ils se rapprochent de la terre, que cette accélération est la même pour tous les corps, etc. Elle leur dira que l'action de la pesanteur ne s'exerce pas sur tous les points de notre globe avec la même intensité ; elle leur montrera comment on a pu, avec le pendule, mesurer cette intensité et s'assurer qu'elle va en augmentant de l'équateur vers les pôles et en diminuant quand on s'élève des plaines ou de la mer sur les montagnes.

Pour donner une idée de ce que l'on appelle le « poids » d'un corps, la maîtresse suspendra successivement au bout d'un fil divers objets, tels qu'une plume ou un morceau de bois, une pierre, de petits fragments de fer, des balles de plomb de diverses grosseurs, en montrant que le fil s'allonge sous la traction de plus en plus forte dont il est l'objet, jusqu'à ce qu'un morceau de plomb plus gros que les autres le fasse casser. Elle leur fera constater que la traction exercée sur le fil par les divers corps suspendus à son extrémité représente l'effort que ces corps font, sous l'influence de la pesanteur, pour tomber vers le sol. Afin de mesurer cet effort, auquel on a donné le nom de « poids des corps », on se sert de la « balance ». Elle leur fera observer les diverses parties d'une balance et à quoi tiennent ses deux qualités essentielles, la justesse et la sensibilité. Elle leur montrera ensuite les diverses sortes de balances usitées dans le commerce et les exercera à s'en servir, afin qu'elles acquièrent, non seulement la pratique de ces instruments, mais encore une idée des poids relatifs d'un certain nombre de corps usuels. Elle leur montrera ensuite comment, de la balance romaine qui est un simple levier, on peut passer à la poulie qui est aussi une sorte de levier, aux roues qui sont aussi des leviers employés surtout pour modifier la vitesse d'un mouvement et enfin aux membres humains qui sont aussi des leviers.

Elle montrera alors ce qu'on appelle le « centre de gravité » d'un corps, de quelle manière on peut déterminer sa position, quels procédés on a employés pour établir que le centre de gravité du corps humain est dans le bassin, que celui des quadrupèdes est entre les membres antérieurs et postérieurs, que celui des oiseaux est dans le thorax, etc. Elle montrera comment on peut agir sur le centre de gravité d'un corps quelconque pour amener le déplacement de ce corps, et, enfin, comment les membres de l'homme, des quadrupèdes, des oiseaux, agissent, dans la marche, dans la course, dans le vol, pour déplacer le centre de gravité du corps et le corps lui-même. Elle fera voir que dans les mouvements de locomotion de l'homme et des

animaux, il y a lutte entre l'action de la pesanteur et
celle de l'impulsion donnée au centre de gravité et au
corps par les membres. Elle montrera que la même
lutte existe dans la marche des projectiles du canon ou
du fusil, la pesanteur tendant à les faire tomber sur le
sol, tandis que la force de propulsion les dirige vers un
point de l'horizon plus ou moins élevé. Elle montrera
ensuite comment, dans la fronde, il y a également lutte
entre l'action de la pesanteur et celle de la force dite
« centrifuge ». Elle montrera comment la force centrifuge a déterminé le gonflement de la terre et de tous
les astres au niveau de l'équateur tandis que les pôles
s'aplatissaient.

Revenant à la question du poids des corps, elle montrera, par quelques expériences très simples, que les
différents corps, même envisagés sous des volumes
égaux, ont des poids très différents. Il suffit, pour
s'en assurer, de peser tour à tour un centimètre cube
de plomb, de fer, de bois, de liège, etc., par compa-
raison avec un centimètre cube d'eau distillée à +
4° centigrades. Si nous considérons le centimètre cube
comme l'unité de volume de tous ces corps, nous disons
que le poids de cette unité représente le poids spécifique ou la densité des corps et nous constatons que le
poids spécifique du plomb est plus de 11 fois supérieur
à celui de l'eau, etc. Comme l'on ne pourrait pas
arriver à constituer exactement 1 centimètre cube de
chacun des corps dont on voudrait connaître le poids
spécifique, on a eu recours à des moyens indirects,
dont le but est de trouver ce que pèse un volume déterminé d'un corps et un volume égal d'eau. On y arrive,
pour les corps solides, par les méthodes de la balance
hydrostatique et du flacon ; pour les liquides, à l'aide
des aréomètres, dont la construction varie d'après le
liquide dont on cherche la densité (aréomètres à poids

constant, alcoomètres, pèse-sels, volumètres, densimètres, etc.).

La maîtresse abordera les questions diverses que soulève l'action de la pesanteur sur les liquides, en montrant d'abord par quelques expériences que les liquides tombent sur le sol de la même façon que les solides, et obéissent aux mêmes lois. Elle fera voir qu'en raison de la mobilité très grande de leurs atomes, la pesanteur agit sur chacun de ces derniers pour le faire glisser entre les autres et le faire tomber isolément, d'où il résulte que la surface des liquides est toujours horizontale et qu'ils pressent sur le fond et les parois des vases qui les contiennent, prêts à s'écouler par toute ouverture du fond ou de la paroi de ces vases. Si, à cette ouverture, on adapte des tuyaux, la maîtresse montrera que l'écoulement se fait différemment suivant que le tuyau est de même dimension dans toute sa longueur ou offre des parties renflées, et suivant qu'il est rigide ou élastique. A propos de l'écoulement par des tuyaux élastiques, elle montrera ce qui se passe dans les artères qui sont très élastiques, dans les veines qui ne le sont pas, et dans les capillaires situés entre les artères et les veines. Elle montrera comment le cœur et les artères joignent leur action impulsive à celle de la pesanteur pour faciliter la circulation du sang et mettra sous les yeux des élèves quelques-uns des principaux appareils dont on se sert pour mesurer la force d'impulsion du cœur, celle des artères, la fréquence et la force du pouls, etc., (cardiographes, sphygmographes, etc.) et elle les exercera à s'en servir.

La maîtresse montrera ensuite ce qui se passe dans les vases communiquants : l'eau s'élevant toujours au même niveau dans les branches de ces vases, quelle que soit leur largeur. On partira de cette expérience pour exposer le principe du « niveau d'eau » employé par les maçons, les arpenteurs, etc., et celui de la « presse hydraulique », en rappelant les principaux usages qu'on fait de cette dernière dans l'industrie ; puis on expliquera le jaillissement des jets d'eau, des puits artésiens, etc.

Ayant ainsi montré l'action de la pesanteur sur les liquides, la maîtresse fera voir, par quelques expériences, que dans certaines conditions les liquides paraissent se soustraire à cette action et s'éloigner du sol au lieu de s'en rapprocher. Ainsi, quand on plonge dans l'eau un tube très fin, on voit le liquide y monter rapidement ; il monte également entre deux lames de verre rapprochées, entre les fils d'une mèche de lampe, etc. C'est ce que l'on nomme effet de la « capillarité » ; il est dû à ce que l'attraction dans un tube mince est supérieure à la pesanteur. En général, moins le liquide est dense et plus il s'élève. C'est par la capillarité que le sucre, le bois mort, les vêtements, etc., s'imbibent. C'est par la capillarité que l'eau du sol, avec les matières qu'elle tient en dissolution, s'élève le long des racines et du tronc jusqu'aux plus hauts sommets des branches, etc.

L'action de la pesanteur sur les liquides peut également être combattue par la propriété qu'ils ont d'adhérer plus ou moins fortement aux corps solides. Une baguette de verre que l'on plonge dans l'eau et que l'on en retire ensuite emporte avec elle des gouttes de ce liquide. L'attraction exercée par le verre sur l'eau est donc plus forte que la cohésion par laquelle les atomes de l'eau sont liés entre eux et que la pesanteur en vertu de laquelle l'eau devrait tomber vers le sol. Cette adhésion des liquides aux solides varie de l'un à l'autre : le mercure, par exemple, n'adhère pas à une baguette de verre, mais son adhésion pour une baguette d'or ou de cuivre est très forte. Les corps solides organiques exercent, d'ordinaire, sur les liquides une attraction très forte : l'amidon, la gomme, le blanc d'œuf, par exemple, attirent à eux si fortement l'eau, qu'il se produit un véritable mélange des atomes de l'eau avec ceux de ces corps. On dit alors qu'il y a « inhibition » des corps organiques par l'eau. Certains liquides attirent de la même manière d'autres liquides : par exemple, l'eau et l'alcool mêlent leurs atomes et on dit qu'il y a « diffusion » de ces liquides ; au contraire, l'eau et l'huile ne s'attirent pas, ne se diffusent pas l'une dans l'autre. La diffusion de certains liquides peut s'opérer même à travers des cloisons poreuses. C'est à ce phénomène que l'on a donné le nom « d'endosmose ». Il joue un rôle considérable dans la vie des animaux. La maîtresse montrera par des expériences comment l'endosmose explique la pénétration de l'eau et des aliments digérés à travers les parois intestinales ; celle des liquides du sang dans l'intimité des tissus et inversement, etc.

Après avoir rappelé et fait voir que la presse hydraulique démontre la quasi-incompressibilité des liquides, la maîtresse montrera par quelques expériences ce qui se produit quand on dépose un corps à la surface d'un liquide : une pierre qu'on laisse tomber dans l'eau descend jusqu'au fond du vase, un œuf plongé dans de l'eau légèrement salée s'y tient entre deux eaux ; un morceau de bois flotte à la surface de l'eau ; les animaux et l'homme flottent naturellement, mais ils sont obligés de nager, pour maintenir leur tête en dehors de l'eau et assurer la respiration. Uu morceau de marbre s'enfonce dans l'eau, mais flotte à la surface du mercure ; les scories métalliques flottent sur les métaux fondus tandis qu'elles s'enfoncent dans l'eau. Pour expliquer expérimentalement ces faits, la maîtresse suspendra au-dessous du plateau d'une balance une boule en

marbre, à laquelle il sera fait équilibre avec de la grenaille de plomb dans l'autre plateau. Elle fera alors
plonger la boule de marbre dans un vase d'eau plein
jusqu'au bord et muni d'un petit tube d'écoulement.
L'eau qui s'écoule par ce dernier et qui représente
exactement le volume de la boule est recueilli dans un
verre, tandis qu'on voit s'élever le plateau qui supporte la boule, par suite de la perte du poids de cette
dernière. Si alors on verse l'eau du verre dans le plateau qui supporte la boule, on le voit s'abaisser et se
mettre exactement en équilibre avec l'autre, d'où l'on
conclut naturellement que le poids de l'eau déplacée
par la boule est égal à la partie du poids que la boule
avait perdue quand on l'a plongée dans l'eau. L'expérience donnant les mêmes résultats avec tous les
liquides, on en a déduit le principe d'Archimède, d'après
lequel tout corps plongé dans un liquide perd une partie de son poids égale au poids du liquide déplacé. Une
grosse pierre que l'on soulevait difficilement dans l'air,
peut être ramenée sans peine depuis le fond d'un ruisseau jusqu'à la surface; sous l'eau elle ne pèse pour
ainsi dire rien, car elle perd une partie de son poids
égale au poids de l'eau déplacée. La maîtresse montrera comment on applique ces faits dans la construction des navires, dans le renflouage des bâtiments qui
ont sombré, dans la construction des bouées de sauvetage et des ceintures de natation, etc.

Passant à la façon dont les gaz et les vapeurs se comportent sous l'influence de la pesanteur, elle montrera
expérimentalement, qu'ils ont une tendance naturelle
à s'étendre tout autour du point où ils se sont formés.
S'ils se produisent dans un vase clos, ils le remplissent
bientôt tout entier et pressent sur ses parois avec d'autant plus d'énergie que la quantité formée est plus
grande. Il semblerait donc que tout gaz ou vapeur

formé à l'air libre dût s'élever indéfiniment et se perdre dans les espaces célestes. Il n'en est rien. L'atmosphère gazeuse et vaporeuse qui entoure la terre et qui est sans cesse alimentée d'air, d'acide carbonique, de vapeur d'eau, etc., dégagés par la surface du sol, ne s'élève pas à plus de 60 kilomètres au-dessus et tout autour de la terre, et l'on constate que sa densité est d'autant plus grande qu'on l'examine plus près du sol. On en doit conclure que les gaz et les vapeurs par lesquels elle est constituée sont soumis, comme les corps solides et les corps liquides, à l'action de la pesanteur. On en a obtenu la certitude le jour où Galilée montra la différence de poids qui existe entre un ballon rempli d'air ordinaire et le même ballon rempli d'air comprimé. La maîtresse le montrera plus facilement encore en pesant un ballon où elle aura fait le vide avec la machine pneumatique et le même ballon dans lequel elle aura laissé pénétrer de l'air. La même expérience appliquée à tous les gaz et à toutes les vapeurs démontre que tous sont pesants. La maîtresse rappellera comment les expériences de Torricelli, puis celles de Pascal et de Périer ont établi l'existence de la pression atmosphérique et ont conduit aux instruments qui servent à mesurer cette pression. Elle construira devant ses élèves un «baromètre» à mercure et leur montrera les diverses sortes de cet instrument dont il est fait usage, soit pour mesurer la pression dans un même lieu à divers moments, soit pour mesurer la hauteur des montagnes en partant du fait que plus on s'élève dans l'atmosphère et plus la pression atmosphérique diminue. Elle terminera par l'histoire des aérostats, en montrant que leur principe réside dans l'application du principe d'Archimède aux gaz et aux vapeurs.

La maîtresse pourra refaire sous les yeux des élèves les expériences par lesquelles Mariotte a montré la façon dont les gaz se conduisent sous les diverses pressions auxquelles on les soumet et l'application qui en a été faite dans la construction des « manomètres » au moyen desquels on mesure la pression des vapeurs dans les machines industrielles.

Elle terminera par quelques expériences destinées à donner une idée précise de ce que l'on appelle la « densité » des gaz, qui n'est pas autre chose que leur poids spécifique.

Enfin, elle montrera comment les gaz sont absorbés par les liquides et s'y dissolvent, c'est-à-dire mélangent leurs atomes avec ceux des liquides ; elle dira quel rôle joue dans ces dissolutions la pression à laquelle le gaz est soumis et quelle application on en a faite dans les siphons à eau gazeuse.

Elle montrera par quelques expériences que les gaz peuvent être absorbés aussi par les corps solides, souvent en quantités très considérables : le charbon de terre absorbant, par exemple, 33 fois son volume d'acide carbonique.

Elle fera voir aussi comment les gaz peuvent traverser des cloisons poreuses pour aller rejoindre les liquides ou les solides qui les attirent, phénomène auquel on a donné le nom « d'osmose gazeuse ». Elle montrera que ce phénomène est à la base de la respiration : chez tous les animaux supérieurs, l'oxygène de l'air introduit dans les poumons par les mouvements d'inspiration étant d'abord absorbé par le liquide qui imbibe la muqueuse pulmonaire, puis traversant les parois des vaisseaux capillaires pour aller se dissoudre dans le sang, tandis que l'acide carbonique de ce dernier traverse en sens inverse les parois vasculaires pour aller se dissoudre dans le liquide qui imbibe la muqueuse pulmonaire.

Elle terminera par des expériences et des considérations sur la raréfaction et la compression des gaz. Elle montrera d'abord comment, avec la machine pneumatique, on peut enlever l'air qui existe sous une cloche, dans un ballon, etc., et y faire ce que l'on appelle à tort le « vide ». Elle rappellera que le vide est pratiquement impossible à réaliser et elle signalera les belles expériences dans lesquelles Crookes est parvenu à raréfier tellement les gaz en vases clos que l'on peut voir leurs atomes se déplacer dans les espaces dépourvus de matière pondérable. Elle rappellera que d'après certains observateurs, une sphère de 14 centimètres de diamètre dans laquelle on a fait le vide aussi parfaitement que le permet une excellente machine pneumatique, contiendrait encore plus d'un trillion de molécules. Elle rappellera encore que, d'après Wurtz, il faudrait 10 trillions de molécules d'air atmosphérique et 146 trillions de molécules d'hydrogène pour constituer 1 milligramme de chacun de ces gaz. Pour donner une idée de la dilatation à laquelle la matière pondérable peut atteindre dans la nature même et de la faible densité que, par suite, elle est susceptible de présenter, on rappellera que d'après certains physiciens, la nébuleuse qui a précédé notre système solaire était formée d'atomes pondérables tellement écartés les uns des autres que la densité de la matière nébuleuse égalait seulement les 600.000 billionièmes de celle de l'hydrogène qui est le plus léger des corps connus.

A propos de ces faits, la maîtresse parlera des odeurs. Elle montrera, par quelques expériences très simples, que les odeurs sont dues à l'émission, par certaines substances animales ou végétales, de particules extrêmement minimes, atomistiques pour ainsi dire, qui se répandent dans l'atmosphère, souvent à des distances énormes. Elle montrera comment on fabrique des pommades parfumées en disposant de la graisse en couches

minces au-dessus de certaines fleurs dont les particules
odorantes vont se fixer sur la graisse et la parfument.
Elle montrera comment un simple morceau de musc
suffit pour empester une chambre sans que, même au
bout d'un temps très long, il ait perdu une portion sensible de son poids. Elle passera de ces faits à quelques
indications sur la matière dite « radiante » et en particulier sur le radium. Enfin, elle terminera par quelques
figures schématiques montrant en quoi consiste l'organe olfactif dans les principaux types d'animaux et
chez l'homme où cet organe est essentiellement représenté par des cellules vibratiles.

De la machine pneumatique, elle passera naturellement aux pompes à gaz et à liquides dont elle fera
fonctionner des petits modèles ainsi qu'aux pipettes
et siphons, et montrera quel rôle la pression atmosphérique joue dans le fonctionnement de tous ces appareils
si utiles à l'industrie.

Abordant ensuite les effets de la compression des
gaz, elle rappellera que tout gaz et toute vapeur formés dans un espace clos pressent d'autant plus fortement contre ses parois qu'ils y sont accumulés en
plus grande quantité. Elle montrera comment, avec une
pompe aspirante et foulante convenablement agencée,
on peut accumuler de l'air ou un gaz quelconque dans
un corps de pompe où ils agiront sur un piston, etc.
Elle fera observer, d'autre part, comment la vapeur
formée par l'eau d'une marmite, s'accumulant au-dessous du couvercle, finit par soulever ce dernier pour
s'étendre au dehors. Et elle fera voir que dans ces faits
se trouve le point de départ de la « machine à vapeur ».
Elle fera d'abord, au tableau, une figure schématique,
aussi simple que possible, de la machine à vapeur, afin
d'en bien faire comprendre le mécanisme fondamental,
puis elle montrera aux élèves un de ces petits modèles

de machines qui devraient exister aujourd'hui dans tous les établissements d'instruction.

La maîtresse abordera ensuite l'exposé des phénomènes principaux qui résultent de la pression exercée par l'atmosphère à la surface du globe et sur les êtres vivants. Elle rappellera que la pression atmosphérique varie selon la latitude et l'altitude. Près de l'équateur, la pression moyenne est de 758 millimètres ; à partir du 10ᵉ degré de latitude, elle augmente, pour atteindre son maximum (762 à 764 millimètres), entre le 30ᵉ et le 40ᵉ degré ; elle diminue ensuite jusqu'au 50ᵉ degré (latitude de Paris) où elle est, en moyenne, de 760 millimètres, pour descendre à 736 millimètres dans les régions polaires. D'un autre côté, plus on s'élève dans l'atmosphère et plus la pression atmosphérique diminue. Près de l'équateur, en Amérique, elle est de 758 millimètres au niveau de la mer, tandis qu'à Quito, à 2.908 mètres d'altitude, elle descend à 554 millimètres, au-dessus de Quito, par 4.101 mètres, elle n'est plus que de 470 millimètres. Elle insistera sur ce que la diminution de pression que l'on constate en s'élevant au-dessus du niveau de la mer, est due à deux causes distinctes : la réduction de hauteur de la colonne d'air et la moindre densité de l'air.

Parlant ensuite de la pression supportée par les êtres vivants, elle montrera qu'au niveau de la mer, sous la latitude de Paris, la pression que l'atmosphère exerce sur le sol et sur tous les corps étant égale à une colonne de mercure haute de 76 centimètres, chaque centimètre carré de notre corps supporte un poids de 1ᵏᵍʳ,33. Nous ne nous apercevons pas de cette énorme pression parce que tous les liquides et les gaz contenus dans l'intérieur de notre corps en subissent une égale. Cette pression produit sur notre organisme des effets utiles : elle maintient les surfaces des articulations appliquées les unes contre les autres de telle sorte que l'effort des muscles est entièrement consacré à faire mouvoir les membres ; elle maintient les parois abdominales appliquées contre les intestins ; par son action sur la face interne des poumons elle maintient leurs vésicules dans un état de dilatation permanente qui applique les organes contre le thorax et favorise beaucoup la respiration ; elle est utile à la circulation du sang dans les veines superficielles, en poussant ce liquide vers la cavité thoracique et en augmentant la résistance que les parois des capillaires opposent à la tension sanguine.

On montrera que si la pression atmosphérique diminue d'une manière très sensible, comme cela se produit quand on gravit une haute montagne ou quand on s'élève en ballon, on éprouve des malaises, des troubles fonctionnels d'autant plus marqués que l'altitude est plus grande. Les mouvements respiratoires s'accélèrent en proportion de la raréfaction de l'air, et provoquent une sensation pénible de dyspnée en même temps que le cœur bat plus vite ; les surfaces articulaires étant moins fortement appliquées les unes contre les autres, on éprouve une sensation de fatigue des membres qui rend la marche difficile. Les congestions qui se produisent dans les veines et les capillaires sont suivies de rougeur de la face, de bourdonnements d'oreilles, d'hémorragies capillaires du nez, des oreilles, des lèvres, des poumons, etc. L'accroissement de l'évaporation des muqueuses du nez et du pharynx, provoque le desséchement de ces muqueuses et une sensation très vive de soif. C'est à cet ensemble de phénomènes que l'on a donné le nom de « mal des montagnes ». Par une expérience très simple, faite avec la machine pneumatique, la maîtresse montrera comment les phénomènes de congestion de la peau et des muqueuses se produisent : qu'une élève mette la main au-dessus d'un manchon en verre dans lequel on commence à faire le vide et l'on verra bientôt la peau se gonfler, rougir, se congestionner ; si l'on poussait plus loin l'expérience, les capillaires se déchireraient, il y aurait hémorragie sous-cutanée et production d'ecchymoses. En poussant encore plus loin l'expérience, on verrait même se produire la déchirure, on peut dire l'éclatement de la peau, sous l'influence de la pression intérieure. C'est ce fait qui a servi de point de départ à l'invention des ventouses : en faisant brûler un peu d'ouate dans un verre à Bordeaux qu'on applique sur la peau, on y raréfie l'air au point que l'on voit la peau se gonfler dans le verre, en rougissant. Si on y a préalablement pratiqué quelques scarifications, il se produit une petite hémorragie dont l'effet est de décongestionner les tissus sous-jacents.

Dans l'ascension des hautes montagnes, les phénomènes caractéristiques du mal des montagnes commencent à se montrer entre 3 et 4.000 mètres et sont beaucoup aggravés par la fatigue qui accompagne la marche. Dans les ascensions en ballon, ils ne se montrent guère qu'au-dessus de 6.000 mètres. Au delà de 7.000 mètres, les mouvements volontaires deviennent impossibles, la langue elle-même est paralysée, puis, l'on perd connaissance et la mort survient. Elle paraît être due surtout à l'insuffisance de l'oxygénation du sang, car il suffit de respirer de l'air comprimé ou de l'oxygène pur pour l'empêcher et même dissiper les phénomènes qui la précèdent. Certaines populations, dans les Andes, vivent à des altitudes supérieures à 3 et 4.000 mètres sans paraître en souffrir ; on a constaté que chez elles et chez leurs animaux domestiques, le sang est plus riche en oxygène et en hémoglobine que chez les hommes et les bêtes de la plaine. Cette modification de l'organisme ne se produit qu'à la longue. C'est à elle qu'est due l'action bienfaisante du séjour dans les hautes montagnes que l'on ordonne à certains malades, sous le nom de cure d'altitude.

On montrera, d'autre part, que l'homme et la plupart des animaux ne supportent que difficilement les pressions atmosphériques très supérieures à la normale. Les ouvriers qui travaillent sous l'eau, dans des scaphandres, n'y peuvent rester que peu de temps si la pression est élevée au-dessus de 10 atmosphères, et, en revenant à l'air, ils présentent souvent des contractions des muscles extrêmement douloureuses. Au-dessus de 17 atmosphères, il se produit des convulsions analogues à celles que provoque la strychnine, et la mort ne tarde pas à survenir. Dans ce dernier cas, la pression elle-même n'est pas la cause principale de la mort ; c'est l'oxygène qui, étant absorbé par le sang en quantité exagérée, agit comme un poison. On s'est assuré que les gaz absorbés en très grande quantité par le sang sous les fortes pressions, se dégagent de ce liquide quand la pression diminue brusquement et se répandent dans les vaisseaux à l'état de bulles qui déterminent des embolies. Il faut donc recommander de ne ramener à l'air que très lentement les hommes travaillant sous l'eau dans des scaphandres ou des cloches où l'on a dû élever la pression au-dessus de 5 atmosphères.

Les très hautes pressions sont nuisibles aux plantes comme aux animaux : tous les végétaux et même les ferments figurés meurent sous des pressions supérieures à 17 atmosphères, après avoir présenté un ralentissement notable de leur activité fonctionnelle.

Cependant, il existe au fond des mers les plus profondes des organismes qui vivent dans une obscurité absolue et sous des pressions qui peuvent atteindre plusieurs centaines d'atmosphères. On a retiré d'une profondeur de 1.500 mètres des poissons appartenant à des groupes élevés de ces animaux ; en arrivant à l'air, ils étaient extrêmement gonflés, leurs viscères sortaient par la bouche et leurs écailles se détachaient sous l'influence de la dilatation de la peau. La pression intérieure à laquelle ils étaient soumis dans le fond des mers n'ayant pas eu le temps de se mettre en équilibre avec celle de l'air, les faisait en quelque sorte éclater.

Pour en finir avec le rôle de l'atmosphère, la maîtresse entrera dans quelques détails sur l'action qu'elle exerce en raison de la vapeur d'eau qui y est mélangée à l'air. Elle montrera que des morceaux de chlorure de calcium et de carbonate de potassium desséchés, puis abandonnés dans l'atmosphère, deviennent très humides, se ramollissent et tombent en déliquescence. Elle fera voir par d'autres expériences que plus l'atmosphère contient de vapeur d'eau et plus il est facile de déterminer la condensation partielle de la vapeur en eau par un abaissement léger de temperature ; plus, au contraire, l'air est sec et plus il faut abaisser la température pour déterminer la condensation de la vapeur d'eau qu'il contient.

La maîtresse montrera expérimentalement qu'il est facile de mesurer la quantité totale de vapeur d'eau contenue dans l'air en faisant passer une quantité déterminée de ce dernier à travers des tubes contenant une matière très avide d'eau, par exemple de la pierre ponce imbibée d'acide sulfurique. Ayant pesé les tubes et leur contenu avant l'expérience, puis, les pesant après le passage d'un certain volume d'air, on obtient le poids de la vapeur d'eau qui y a été retenue. Cette expérience étant très longue, on a construit divers appareils pour mesurer la quantité, non absolue, mais relative de vapeur d'eau contenue dans l'air en divers lieux et aux divers moments de la journée. La maîtresse mettra sous les yeux de ses élèves les plus importants d'entre eux, en expliquant leur principe et leur fonctionnement : hygromètre à cheveu, basé sur la propriété qu'ont les cheveux humains de s'allonger d'autant plus que l'air est plus humide ; hygromètres à condensation de Daniel, de Regnault ; psychromètres, etc. On s'est assuré ainsi que l'humidité de l'air diminue à mesure qu'on s'élève dans l'atmosphère et qu'elle est très variable sur les divers points du globe. Dans le voisinage de la mer, l'atmosphère est plus riche en vapeur d'eau que dans l'intérieur des continents ; les nuages y sont plus abondants, plus épais, plus fréquents et les pluies sont beaucoup plus abondantes.

La maîtresse montrera comment la vapeur atmosphérique, en se condensant en eau dans les parties supérieures de l'atmosphère, sous l'influence des abaissements de température, donne lieu à la formation des nuages. Ceux-ci flottent, d'ordinaire, entre 500 et 1.500 mètres au-dessus du niveau du sol. On en a signalé sous le nom de « cirrus » entre 7.000 et 12.000 mètres, mais ils étaient formés exclusivement d'aiguilles de glace. Dans les nuages ordinaires ou « nimbus », la vapeur d'eau n'est condensée qu'en gouttelettes très fines ; si la température de l'atmosphère vient à se refroidir à leur niveau, les gouttelettes augmentent de grosseur et de poids et tombent, sous l'action de la pesanteur, en produisant la pluie. Si, au moment où la pluie tombe sur le sol, celui-ci est très froid, elle se congèle subitement et forme ce que l'on appelle le verglas ; mais si la pluie continue à tomber, comme elle est plus chaude que le verglas, elle le fait fondre. La neige, qui est formée de cristaux étoilés et unis en flocons plus ou moins gros, le grésil qui est constitué par de très petits cristaux unis en grains et la grêle qui accompagne certains orages, se forment dans les nuages mêmes, d'où ils tombent sur le sol. Les grêlons se forment toujours dans des nuages très étendus, très épais, formés à la rencontre des vents du nord et des vents du sud, à une faible hauteur au-dessus du sol et paraissant être le siège de phénomènes électriques particuliers. Les grêlons s'y entrechoquent assez fortement pour déterminer des bruits parfois considérables. La chute de la grêle ne dure jamais plus d'un quart d'heure ; elle paraît pouvoir être empêchée par les vibrations que déterminent dans l'atmosphère des fusées, des obus, etc. Dans certaines parties de la France, notamment dans le Beaujolais, on tire des fusées pour empêcher la grêle et l'on affirme obtenir des résultats utiles.

Lorsque les couches inférieures de l'atmosphère sont très riches en vapeur d'eau et se refroidissent, comme il arrive souvent l'été à la fin de la journée ou l'hiver au début du jour, les vapeurs se condensent en brouillard. Lorsqu'il y a seulement refroidissement du sol, ainsi que cela se produit toujours pendant la nuit, la vapeur des couches inférieures de l'atmosphère se condense en gouttelettes d'eau que la terre absorbe rapidement mais qui persistent sur les plantes sous forme de rosée. Pour que celle-ci se forme, il faut qu'il n'y ait pas de vent, et que le rayonnement du sol vers les espaces célestes ne soit pas empêché par la présence de quelque corps, de constructions, etc. Si, après le dépôt de la rosée, la température descend, au niveau du sol, au-dessous de zéro, les gouttelettes de rosée se transforment en gelée blanche ou givre, en se congelant. Il peut encore se former du givre sur les arbres, après les grands froids de l'hiver, si un vent chaud et humide vient à souffler ; la vapeur d'eau qu'il entraîne se condense alors sur les corps froids à l'état d'eau glacée ou de givre blanc.

Pour en finir avec cette question, la maîtresse parlera de l'importance du rôle joué par la vapeur d'eau atmosphérique et les pluies dans l'évolution des roches qui forment la surface de la terre et dans la vie des animaux et des plantes. En un tableau succinct mais précis, elle montrera les pluies dénudant le sol et entraînant les terres vers la mer par l'intermédiaire des cours d'eau, pénétrant jusque dans la profondeur des roches les plus dures qu'elle ramollit et dont elle détermine l'effritement lorsque surviennent les froids qui congèlent l'eau ou les vents et la chaleur qui la font évaporer rapidement. Elle montrera, d'autre part, la pluie nécessaire aux plantes, dont les racines puisent l'eau dans le sol, tandis que les feuilles et autres organes tendres absorbent la vapeur atmosphérique. Elle fera voir comment les graines désséchées cessent de vivre et deviennent incapables de germer, mais peuvent retrouver leurs facultés vitales quand on leur rend de l'humidité, même après des siècles de dessiccation; comment certains animaux peuvent aussi cesser de donner aucun signe de vie quand ils sont privés d'eau et revivent quand ils la retrouvent; comment certaines plantes peuvent vivre dans les déserts, quoique privées de pluies pendant de longs mois, parce que leurs racines, très étendues sous le sol, y ramassent les plus minimes quantités d'eau, tandis que leurs feuilles absorbent les vapeurs de l'atmosphère, surtout pendant la nuit, lorsqu'elles se condensent; mais elle montrera aussi que la plupart des plantes et des animaux meurent quand ils sont privés d'eau liquide ou quand l'air atmosphérique est desséché au delà d'une certaine limite.

3. *Mouvements intimes des corps.*

La maîtresse abordera maintenant la troisième catégorie des questions qui font l'objet des études de la physique, celle qui est relative aux mouvements intimes dont les corps peuvent être le siège et dont les manifestations ont reçu les noms de son, lumière, chaleur et électricité.

Elle montrera d'abord, par quelques expériences très simples, de quelle façon les corps vibrent et ondulent quand on les ébranle. Autour d'une petite pierre que l'on fait tomber dans un bassin, il se forme des ondes qui s'étendent en cercles autour du point ébranlé, en diminuant d'intensité à mesure qu'elles s'en éloignent. Un petit morceau de liège flottant sur le liquide est soulevé et abaissé alternativement au passage de chaque onde mais n'est pas transféré d'un point à un autre. Les molécules oscillent, se choquent, mais ne se déplacent pas. Lorsque ces ondes arrivent au bord du bassin, on les voit se réfléchir, c'est-à-dire revenir en sens contraire. Si l'on fait tomber à la fois deux petites pierres en deux points différents d'un même bassin, plein d'eau, il se forme autour de chacun des points ébranlés des ondes qui vont en quelque sorte à la rencontre les unes des autres jusqu'à ce qu'elles se heurtent et se pénètrent réciproquement. On dit alors qu'il y a interférence des ondulations. La maîtresse exposera que des ondulations analogues se forment dans tous les corps solides liquides ou gazeux, lorsqu'on les fait vibrer en l'un quelconque des points de leur surface ou de leur profondeur. Les physiciens en ont conclu que les atomes constituants de ces corps ondulent de la même manière que l'ensemble du corps et ils ont expliqué par ces ondulations atomiques les phénomènes auxquels on a donné les noms de son, lumière et chaleur. Il en résulte que le son, la lumière et la chaleur consistent uniquement en des vibrations intimes des corps analogues aux ondes qui se forment à la surface de l'eau dont il a été question plus haut.

4. *Mouvements qui déterminent le son.*

La maîtresse abordera alors l'acoustique ou étude du son. Elle montrera par les expériences classiques que le son est toujours constitué par des vibrations. Une cloche que l'on frappe avec un marteau rend un son et, en même temps, ses parois vibrent assez fortement pour repousser une petite boule que l'on a suspendue à leur contact : la boule s'écarte de la cloche à chaque vibration et s'en rapproche ensuite pour s'en écarter de nouveau à la vibration suivante. Une verge métallique fixée par l'une de ses extrémités et que l'on frotte avec un archet vibre assez fortement pour que ses mouvements soient visibles à l'œil. Une verge métallique fixée en son milieu et que l'on frotte avec un morceau de drap saupoudré de colophane rend un son et vibre dans le sens longitudinal au point qu'une boule suspendue au contact de son extrémité s'en écarte à chaque vibration. Une cloche en verre remplie d'eau, dont on frotte le bord avec un archet, rend un son et vibre au point de transmettre à l'eau des mouvements perceptibles à l'œil. Un timbre musical auquel on fait rendre un son en écartant brusquement ses deux branches, vibre au point que ses mouvements sont visibles à l'œil : on les rend plus sensibles encore à l'aide de boules suspendues au contact de l'une des branches ou de toutes les deux. Une corde de violon que l'on frotte avec l'archet rend un son, avec vibrations très sensibles au doigt et même à l'œil.

On montrera ensuite que l'air vibre quand il est traversé par des ondulations sonores : il suffit de placer une membrane tendue à une faible distance d'un timbre; une petite boule suspendue au contact de cette membrane s'en écarte et s'en rapproche alternativement, quand on fait résonner le timbre. D'autre part, quand on fait rendre un son à un tuyau au moyen d'une soufflerie, on peut s'assurer que l'air vibre dans son intérieur en y faisant descendre un petit plateau couvert de sable ; celui-ci sautille sous l'influence des vibrations de l'air communiquées au plateau.

La maîtresse montrera alors que dans ce tuyau, il y a des points où le sable cesse de sauter. On leur a donné le nom de « nœuds ». Le sable saute, au contraire, très fort dans le milieu des espaces situés entre les nœuds et que l'on a nommés des « ventres ». Avec une corde un peu longue, on peut rendre visibles à l'œil les ventres et les nœuds : tandis qu'elle vibre, elle paraît former deux ou trois fuseaux. Si l'on met un petit morceau de papier à cheval sur le milieu du fuseau, qui répond au ventre de la vibration, il sautille, tandis que mis à cheval au niveau des nœuds il reste immobile. Une plaque métallique vibrante et couverte de sable montre aussi des points où le sable ne sautille pas, tandis qu'il se déplace dans les autres. La maîtresse fera observer que les vibrations existent au niveau des nœuds comme au niveau des ventres, sans quoi il n'y aurait pas transmission du mouvement vibratoire initial ; mais, au niveau des nœuds, les vibrations sont assez courtes pour n'être pas sensibles, tandis qu'au niveau des ventres elles sont très amples et, par conséquent, facilement perceptibles.

La maîtresse montrera ensuite expérimentalement, que les vibrations sonores ne se transmettent pas à travers le vide. Une clochette étant placée sous une grande cloche en verre dans laquelle on a fait le vide avec la machine pneumatique peut être agitée sans qu'on entende aucun son ; si on laisse entrer l'air sous la cloche, on entend aussitôt le bruit fait par cette même clochette. On en doit conclure que ses vibrations sonores se propagent exclusivement au moyen des atomes pondérables. On montrera par quelques expériences, qu'elles se transmettent à travers l'air et les gaz, les liquides et les solides. On rappellera les expériences à l'aide desquelles on a pu mesurer la marche des vibrations sonores et s'assurer qu'elles se propagent dans l'air à raison de 350 mètres par seconde; dans l'eau, à raison de 1.400 mètres environ; dans la fonte, à raison de 3.500 mètres environ; dans le bois de sapin, à raison 6.000 mètres à la seconde, de sorte que les ondulations sonores se propagent beaucoup plus vite dans les liquides et les solides que dans l'air.

Par d'autres expériences, la maîtresse montrera que l'intensité du son va sans cesse en diminuant à partir du point où il s'est produit, lorsque l'espace est illimité, par exemple en plein air; tandis que l'intensité se maintient presque égale sur une très grande distance lorsque les ondes sonores s'étendent dans un espace nettement limité tel que l'air contenu dans un tuyau en métal ou en caoutchouc. C'est sur ce dernier fait que l'on s'appuie dans la construction des tubes acoustiques à l'aide desquels on communique entre les diverses parties d'une maison, d'un navire, etc. L'agitation de l'air diminue l'intensité du son. Celle-ci augmente avec la densité du milieu où le son se transmet. Elle montrera ensuite comment le son se produit et se propage dans les tuyaux des orgues, dans les tuyaux à anches, dans les instruments à vents et à cordes et quels artifices on emploie pour le renforcer.

Abordant la question de la réflexion des ondes sonores, elle montrera que si l'on dispose en face l'un de l'autre, à une assez grande distance, deux miroirs concaves, de manière que leurs foyers soient sur la même ligne transversale, une montre placée au foyer de l'un des miroir est entendue avec la même intensité

par une personne dont l'oreille est placée au foyer de
l'autre miroir. C'est un phénomène analogue qui se
produit dans certaines salles à voûte elliptique : une
personne parlant au-dessous de l'un des foyers de la
voûte est entendue par une autre placée au-dessous
du second foyer, tandis que les voisins de cette dernière n'entendent rien. Il existe des salles de ce
genre, à Paris, dans le musée du Louvre et le Conservatoire des Arts et Métiers. La maîtresse montrera
que si l'on parle dans une pièce fermée, les sons,
en frappant les murailles se réfléchissent en grande
partie, comme le font les ondes liquides en frappant la
paroi d'un bassin ; si la pièce est petite, la réflexion
des ondes n'est suivie de la perception d'aucun son ; si
elle est plus grande, il en résulte la perception de
bruits vagues, désignés sous le nom de « résonnances » ;
si elle est beaucoup plus grande, il peut se produire un
« écho », c'est-à-dire que les paroles elles-mêmes sont
renvoyées. On donnera alors quelques détails sur les
échos et sur les autres phénomènes de réflexion qui
ont servi de base à la construction du cornet acoustique
et du porte-voix.

On aura soin d'ajouter que les ondulations sonores
qui frappent les murailles, les portes, les planchers
et objets contenus dans une pièce où l'on parle ne
sont pas toutes réfléchies ; une partie d'entre elles
détermine dans les corps que contient la pièce et dans
les parois de cette dernière des vibrations qui peuvent
être assez fortes pour que l'oreille les transforme en
sons. Par exemple, une voix très forte peut faire vibrer
les vitres au point qu'elles rendent des sons que l'on
appelle « concomitants ». D'autre part, les vibrations se
transmettent à travers les corps solides. Une personne
placée en dehors de la pièce pourra entendre les bruits
qui s'y font et même les paroles qu'on y prononce.

C'est pour empêcher cette propagation des sons que l'on construit des cloisons avec des briques tubulaires, parce que l'air conduit moins bien les vibrations que les corps solides ; que l'on interpose entre les planchers et les plafonds des corps très poreux, etc. ; et, surtout, quand on 'e peut, que l'on fait des cloisons très épaisses et des planchers très écartés des plafonds.

Passant aux phénomènes d'interférence, la maîtresse montrera par l'expérience de Lissajous, que si les ondulations sonores émises par des plaques vibrantes interfèrent, il y a renforcement des sons lorsque les ondes interférées sont dirigées dans le même sens, et diminution considérable des sons ou même silence complet lorsque les ondes interférées sont de sens contraire.

La maîtresse fera ensuite quelques expériences pour montrer que l'intensité du son dépend de l'amplitude des vibrations, que leur hauteur dépend du nombre de vibrations produites dans un temps donné, et que le timbre dépend surtout de la nature et de la forme des corps où se produisent les ondulations sonores.

Les élèves seront alors en état de comprendre ce que c'est que la « gamme », pourquoi la musique repose sur des bases rigoureusement scientifiques et quels motifs déterminent à composer les orchestres d'instruments de diverses sortes.

On terminera ces études en montrant, à l'aide d'une oreille humaine en carton, démontable, de quelle manière les mouvements vibratoires dont on vient de faire l'étude se transforment pour nous, en bruits ou en sons, et l'on aura soin d'insister sur ce fait que s'il n'y avait pas sur la terre des êtres vivants, ce que nous appelons des bruits et des sons se réduiraient à de simples vibrations des corps pondérables, solides, liquides ou gazeux. Il n'y a des bruits que parce qu'il y

a des organes dits « auditifs » susceptibles de transformer en sons certaines vibrations atomiques. Ces
organes sont, d'ailleurs, extrêmement variables, ainsi
qu'il est facile de s'en assurer par un examen même
très rapide de leur structure dans les animaux appartenant aux principaux types. Il est possible aussi qu'ils
soient disposés, chez certains animaux, de manière à
leur permettre de transformer en sons des vibrations
trop faibles pour impressionner notre oreille. Pour
le son comme pour l'odorat, la vue, le toucher, etc.,
chaque animal est organisé de manière à ressentir
des impressions qui n'agissent pas sur d'autres animaux.

5. *Mouvements qui déterminent la lumière.*

Abordant l'optique, dont l'objet d'études est la
lumière, le professeur fera observer d'abord que la
lumière est constituée, comme le son, par des vibrations d'atomes que notre œil transforme en sensations
lumineuses, mais tandis que les ondes sonores se propagent au moyen des corps pondérables, le siège des ondulations lumineuses paraît être exclusivement l'éther.
Il est incontestable, d'abord, que la lumière se transmet dans le vide produit par la machine pneumatique,
ensuite qu'elle nous vient du soleil et des étoiles à travers les espaces intersidéraux où la matière impondérable existe seule. On peut ajouter que les ondulations
lumineuses sont arrêtées par la plupart des corps
solides ayant une certaine épaisseur ou ne s'y propagent que dans des conditions tout à fait particulières :
corps opaques, translucides, transparents.

La maîtresse rappellera alors qu'en se basant, d'une
part, sur la distance qui sépare le soleil de la terre, et,
d'autre part, sur diverses expériences à faibles dis-

tances, on a estimé que les ondulations lumineuses se propagent avec une vitesse d'environ 300.000 kilomètres à la seconde, assez grande, par conséquent, pour que sur la terre, aux plus grandes distances possibles, toute la lumière frappe l'œil de l'observateur au moment même où elle se produit.

La maîtresse montrera, à l'aide d'une expérience classique, que l'intensité des ondes lumineuses s'atténue avec la distance.

Après avoir indiqué les procédés expérimentaux employés pour mesurer l'intensité des sources de lumière, et démontré que les ondes lumineuses se propagent toujours en ligne droite dans un même milieu, la maîtresse fera voir comment se forment les ombres et les pénombres, de quelle façon les images se produisent dans la chambre obscure, pouquoi elles y sont renversées, et comment on est parti de ce fait pour créer la « photographie », dont les appareils ne sont pas autre chose que des chambres obscures.

Elle parlera ensuite de la réflexion que subissent les ondes lumineuses lorsqu'elles frappent les corps à surface polie. Elle fera voir qu'une partie seulement de ces ondes est réfléchie par un corps quelconque; une autre partie y pénètre et s'y transforme en d'autres mouvements moléculaires. Lorsque la surface d'un corps n'est pas polie, la majeure partie des ondes se propage dans ce corps et l'on dit que la lumière est absorbée par lui. Elle montrera enfin que les corps mats réfléchissent la lumière dans tous les sens, phénomène auquel on donne le nom de « diffusion », tandis que les corps à surface polie la réfléchissent dans des directions nettement déterminées. Elle montrera alors de quelle façon la lumière se réfléchit dans les miroirs plans, concaves et convexes.

Passant à la réfraction que subissent les ondes lumi-

neuses au passage d'un milieu dans un autre, la maîtresse montrera expérimentalement que si l'onde lumineuse frappe perpendiculairement le second milieu, elle
s'y propage sans dévier, que si, au contraire, elle le
frappe obliquement elle est toujours déviée, réfractée.
Elle fera voir ensuite, de quelle manière le phénomène
se produit suivant les milieux et ell   parlera des illusions auxquelles on a donné le nom de « mirages » : mirage produit par l'atmosphère terrestre et qui nous
fait voir les astres plus rapprochés du zénith qu'ils ne
le sont réellement ; mirage produit, dans les déserts, par
l'échauffement inégal des différentes couches d'air au
voisinage du sol ; mirage produit par les nuages et qui
fait voir dans le ciel des objets situés à la surface du
globe, etc. Puis elle montrera ce qui se passe lorsque
la lumière du soleil traverse les lentilles biconvexes ou
biconcaves, plan convexes ou plan concaves, concavo-
convexes, etc.

On étudiera ensuite les phénomènes qui se produisent lorsque la lumière du soleil traverse un prisme et
l'on montrera comment le rayon, qui était blanc avant
de pénétrer dans le prisme, en sort, divisé en sept rayons
inégalement déviés et diversement colorés, que l'on
nomme « couleurs du prisme » (rouge, orangé, jaune,
vert, bleu, indigo, violet), en partant de la moins
déviée) et qui sont dites « simples » parce qu'on n'a pas
pu les décomposer. Puis elle montrera comment on
peut, avec les sept rayons colorés, reconstituer un
rayon unique de lumière blanche, en leur faisant traverser une lentille aussitôt après leur passage dans le
prisme ; comment, aussi, on reconstitue la lumière
blanche pour nos yeux en faisant tourner rapidement
devant eux un disque sur lequel sont peintes toutes les
couleurs simples. Enfin, elle expliquera comment les
gouttelettes de pluie suspendues dans l'air peuvent agir

à la façou des prismes et donner « l'arc-en-ciel », lequel
apparaît sous la forme d'un cercle complet quand on est
en ballon et d'un demi-cercle quand on est sur le sol. Elle
montrera ensuite que l'on peut reconstituer la lumière
blanche, non seulement en faisant tourner rapidement
sous les yeux un disque où sont reproduites toutes les
couleurs simples, mais encore à l'aide d'un disque où
figurent seulement deux couleurs déterminées : le rouge
et le vert, l'orangé et le bleu, le jaune et l'indigo, le
jaune verdâtre et le violet; les couleurs qui, accou-
plées de la sorte, donnent du blanc étant appelées « complémentaires». Les trois couleurs rouge, jaune et bleue
réunies sur le disque, dans certaines conditions, donnent aussi du blanc ; d'autre part, on peut, avec ces trois
couleurs, en les mélangeant dans des proportions convenables, reproduire toutes celles qui existent dans la
nature.

La maîtresse montrera encore que les rayons d'une
couleur déterminée sont arrêtés ou, comme l'on dit,
absorbés par un écran offrant leur couleur complémentaire. Par exemple, les rayons rouges sont arrêtés
par un écran vert qui est la couleur complémentaire
du rouge et les verts par un écran rouge ; les rayons
jaunes sont absorbés par un écran violet qui est la
complémentaire du jaune et les rayons violets par un
écran jaune ; les rayons bleus sont absorbés par un
écran orangé qui est la complémentaire du bleu et les
rayons orangés par un écran bleu, etc.

Enfin, elle montrera que les couleurs naturelles des
corps résultent d'une décomposition de la lumière
solaire. Les corps tout à fait blancs sont ceux qui renvoient, par diffusion, en proportions égales, toutes les
couleurs du prisme ; les corps noirs sont ceux qui ne
réfléchissent aucun des rayons du prisme ; les corps
rouges ceux qui absorbent la couleur complémentaire

du rouge, c'est-à-dire le vert ; les jaunes ceux qui absorbent la couleur complémentaire du jaune, c'est-à-dire l'indigo, etc.

Mettant alors sous les yeux des élèves un spectroscope, elle leur montrera de quelle manière, à l'aide de cet instrument, on peut découvrir la nature des divers métaux ou gaz que l'on introduit dans une flamme, parce que chacun de ces corps donne un spectre distinct de ceux de tous les autres, et elle exposera comment, à l'aide d'un spectroscope on a pu déceler la présence de divers métaux et gaz dans les astres incandescents (analyse spectrale). Elle mettra enfin, sous les yeux de ses élèves les spectres fournis par la lumière du soleil et celle de quelques étoiles.

Elle fera voir alors que la lumière blanche décomposée par le prisme donne non seulement les sept rayons colorés, visibles à l'œil, dont nous venons de parler, mais encore d'autres rayons invisibles, dont l'existence ne nous est révélée que par l'action qu'ils exercent soit sur le thermomètre, soit sur diverses substances métalliques. Si l'on promène un thermomètre extrêmement sensible devant le spectre solaire, on voit le mercure rester immobile lorsqu'il est frappé par les rayons violets et indigo, tandis qu'il commence à monter sous l'influence du rayon bleu et continue à s'élever sans cesse davantage dans les rayons vert, jaune, orangé et rouge. Au delà du rayon rouge, il conserve d'abord sa position, mais il redescend à partir d'une certaine distance au delà du rouge. On en a conclu, d'abord, que les rayons violets et indigo ne sont pas calorifiques, tandis que les rayons bleu, vert, jaune, orangé et rouge, sont de plus en plus calorifiques. Ensuite, qu'il y a, au delà du rouge, des rayons calorifiques non lumineux, auxquels on a donné le nom de rayons infra-rouges, parce qu'ils sont moins réfrac-

tés que le rayon rouge qui est le moins dévié de tout le
le spectre coloré.

La maîtresse montrera, par une autre série d'expériences, que si l'on fait tomber la lumière blanche du
soleil sur un ballon en verre contenant un mélange, à
volume égaux, des deux gaz chlore et hydrogène, il se
produit une combinaison des deux corps et il se forme
de l'acide chlorhydrique. Si, d'autre part, on dirige les
mêmes rayons sur un papier imprégné de chlorure
d'argent, on voit le papier noircir petit à petit, par
suite de la décomposition du chlorure et de la formation d'une poussière impalpable d'argent métallique
coloré en noir. Le même fait se produit avec des
papiers imprégnés d'iodure d'argent ou de bromure
d'argent. Tous ces corps sont décomposés par la
lumière blanche du soleil. Si, maintenant, on fait tomber sur ces mêmes papiers les divers rayons colorés du
spectre solaire, on voit qu'ils restent intacts sous l'action des rayons rouge, orangé et jaune ; sous l'influence
du rayon vert, le papier noircit légèrement, par suite
d'une faible décomposition des sels métalliques ; il noircit de plus en plus quand il est frappé successivement
par les rayons bleu, indigo et violet. Au delà du violet,
il noircit encore davantage jusqu'à une certaine distance du spectre, au delà de laquelle il reste intact. Il
ressort clairement de ces expériences, d'abord que la
lumière blanche jouit d'un pouvoir chimique considérable sur certaines substances et, ensuite, que les
rayons les plus actifs chimiquement, sont les rayons
indigo et violet et surtout les rayons ultra-violets
auxquels notre œil est insensible. On ajoutera que
grâce à l'action chimique des rayons lumineux on est
parvenu à connaître des rayons dont aucun appareil
d'optique n'avait révélé l'existence (rayons de Rœntgen
ou rayons X) et qui ont la propriété de donner des

images photographiques de certains corps après avoir traversé des substances opaques, comme le bois, les muscles et la peau de l'homme, etc.

La maîtresse parlera alors de la photographie, en faisant observer, qu'elle repose, d'une part, sur les propriétés de la chambre obscure, et, d'autre part, sur la propriété dont jouit la lumière solaire de décomposer certaines substances chimiques. Après avoir rappelé comment débuta la photographie, en 1838, avec Niepce et Daguerre, elle mettra sous les yeux des élèves les principaux types actuels d'appareils photographiques et leur apprendra à s'en servir, en accomplissant les trois actes essentiels du photographe : 1° la formation de l'épreuve négative ou cliché, dans la chambre noire et sur une plaque de verre couverte d'une substance chimique très facilement décomposable, en particulier le bromure d'argent ; 2° la fixation de l'image ainsi obtenue ; 3° le tirage des épreuves positives sur papier au moyen des épreuves négatives sur verre.

Elle terminera par quelques considérations et expériences sur la photographie en couleur, à laquelle MM. Auguste et Louis Lumière ont fait atteindre un progrès tel que chacun peut avec leurs plaques, obtenir des photographies en couleurs aussi facilement que des images noires. Il montrera que cette découverte repose, d'une part, sur la propriété dont jouissent les trois couleurs fondamentales, rouge, jaune et bleu, de donner toutes les teintes de la nature quand elles sont convenablement mélangées, et, d'autre part, sur le fait que les rayons de chacune de ces trois couleurs sont arrêtés par des écrans imprégnés de leurs couleurs complémentaires. Partant de ces faits, MM. Lumière colorent des grains de fécule de pomme de terre, n'ayant pas plus de 15 à 20 millièmes de millimètre, en orangé complémentaire du bleu, en vert complémentaire du rouge, et en violet complémentaire du jaune et les mélangent en proportions convenables. La poudre ainsi obtenue est étalée au blaireau sur une lame de verre recouverte d'un enduit poisseux, de façon qu'il n'y ait aucune superposition de grains de fécule. Par une compression convenable, on écrase ensuite les grains de manière à les rendre polygonaux, et à les faire se toucher par leurs bords, sans qu'il reste, entre eux, aucun interstice vide. On obtient ainsi un écran dont chaque millimètre carré contient huit à neuf mille petits écrans élémentaires, ou grains de fécule orangés, verts et violets. La surface extérieure de cet écran est recouverte d'un vernis imperméable, possédant un indice de réfaction voisin de celui de la fécule. Après dessiccation du vernis, on étend sur lui une couche mince d'émulsion sensible au gélatino-bromure d'argent. Si, avant d'étendre la couche sensible sur la plaque vernie, on examine celle-ci par transparence, elle paraîtra sensiblement incolore, mais sera susceptible de donner l'impression d'une couleur quelconque, si certains éléments sont masqués. C'est ainsi que, les éléments orangés étant obturés, les radiations qui traverseront les particules vertes et violettes feront apparaître la couleur bleue complémentaire et la plaque tout entière paraîtra bleue; si ce sont les éléments verts, qui sont masqués, la lumière passant à travers les corpuscules orangés et violets donnera naissance à une coloration rouge, complémentaire du b'eu. Si, enfin, les éléments violets sont cachés, les radiations passant à travers les corpuscules orangés et verts, communiqueront à la plaque une coloration jaune, complémentaire du violet. Lorsqu'on masquera deux éléments sur trois, la coloration perçue sera celle des éléments restés transparents, et l'on aura ainsi de l'orangé (grains verts et violets obturés), du vert (grains orangés et violets obturés), ou du violet (grains orangés et verts cachés).

La plaque préparée est utilisée comme les plaques ordinaires, en ayant soin de la placer dans l'appareil photographique de telle sorte que la lumière traverse l'écran féculifère avant d'atteindre la couche sensible. Il faut aussi placer devant l'objectif un écran jaune spécial, dont le rôle est de compenser l'excès d'activité des radiations violettes et bleues. En traversant les écrans élémentaires orangés, verts et violets, les rayons lumineux projetés dans l'appareil, par l'objet que l'on veut photographier, subissent, suivant leur couleur et suivant les écrans qu'ils rencontrent, une absorption variable. Les rayons lumineux rouges, émanant de l'objet photographié, sont absorbés par les éléments verts de la couche féculifère, tandis que les éléments orangés et violets, de cette même couche, les laissent passer. La couche de gélatino-bromure sera donc impressionnée au niveau des éléments violets et orangés, tandis qu'elle restera inaltérée sous les écrans élémentaires verts. Le développement réduira le bromure d'argent et masquera les éléments orangés et violets tandis que les éléments verts apparaîtront après fixage.

On a, dans ce cas, un résidu coloré vert, complémentaire des rayons rouges envoyés par l'objet à photographier. Par conséquent, toutes les parties de cet objet (paysage, figure humaine, animaux, etc.) qui sont colorées en rouge, apparaîtront en vert sur l'image photographique. Le même fait se produira pour les autres couleurs. Les rayons lumineux jaunes envoyés par l'objet seront arrêtés par les corpuscules violets, tandis qu'ils traverseront les corpuscules orangés et verts, et iront impressionner, à leur niveau, la couche sensible. Après le développement et le fixage, on verra, sur l'image, du violet, partout où l'objet contient du jaune. Les rayons bleus, envoyés par l'objet seront arrêtés par les corpuscules orangés; mais traverseront les corpuscules verts et violets, et iront impressionner la plaque ; après développement, celle-ci montrera de l'orangé, partout où l'objet offre du bleu.

En un mot, chaque couleur de l'objet, sera représentée, dans l'image photographique, par sa couleur complémentaire. Un rameau de plante, terminé par une fleur rouge, et portant une paire de feuilles jaunes et une paire de feuilles vertes, donnera une image photographique à fleur verte, avec une paire de feuilles violettes et une paire de feuilles rouges. Si l'objet à photographier contient d'autres couleurs, celles-ci seront toutes reproduites très exactement sur l'image, en raison de la faculté qu'ont les trois couleurs fondamentales de l'écran féculifère, de reproduire, grâce à leur mélange, toutes les couleurs naturelles.

L'image obtenue comme il vient d'être dit, est une image négative, dans laquelle chaque couleur de l'objet est représentée par sa couleur complémentaire. Au moyen de certains procédés de développement, on peut inverser l'épreuve négative, de manière à obtenir directement un positif, offrant les couleurs véritables de l'objet.

Si l'on veut avoir plusieurs images positives, au moyen d'une seule image négative, il suffit de reporter cette dernière sur des plaques semblables à celle qui a été décrite plus haut, et qui joueront le même rôle que le papier, dans la photographie ordinaire. On peut ainsi tirer sur verre, avec un seul négatif, autant d'images positives que l'on désire, et chacune de ces images reproduira exactement toutes les couleurs de l'original.

La maîtresse abordera alors l'examen pratique des principaux instruments d'optique. Elle fera faire par les élèves quelques exercices afin de leur apprendre à s'en servir et leur fera comprendre, au moyen de figures schématiques aussi simples que possible, les principes sur lesquels chacun d'entre eux est construit ainsi que le but particulier en vue duquel ils ont été imaginés : d'une part, la loupe et le microscope, dont le but est de grossir les petits objets observés de très près ; d'autre part, la longue-vue, la lorgnette et la lunette astronomique, dont le but est de rapprocher, en quelque sorte, les objets éloignés, de façon à nous permettre d'observer des détails que notre œil est incapable de saisir en raison de leur éloignement ; la lanterne magique et la lanterne de projection dont le but est de mettre sous les yeux des observateurs des images très agrandies, photographiques ou autres.

On terminera l'étude de la lumière par celle de l'œil des divers types d'animaux et de l'homme, le professeur insistant d'abord sur le fait que la lumière n'est représentée, en réalité, dans l'univers, que par des mouvements atomiques de la matière impondérable et qu'il n'y aurait pas d'objets lumineux s'il n'y avait pas des organes capables de transformer ces mouvements en sensations visuelles.

La maîtresse mettra d'abord sous les yeux des élèves un œil humain, en carton, très agrandi, démontable, permettant de bien voir les parties principales qui le constituent : d'abord l'enveloppe dure et élastique qui le protège (sclérotique), autour de laquelle s'insèrent les muscles moteurs du globe occulaire, que traverse en arrière le nerf optique accompagné de vaisseaux et qui est complétée, en avant, par la cornée transparente que traversent les rayons lumineux pour pénétrer dans l'œil; au dedans de la sclérotique, la choroïde, très riche en un pigment noirâtre et qui fait de l'œil une chambre obscure ; en dedans de la choroïde, la rétine qui constitue, en quelque sorte, l'épanouissement du nerf optique et qui représente la plaque impressionnable d'une chambre noire photographique ; au milieu, comblant tout le vide de l'œil, le corps vitré, incolore et transparent, à travers lequel passent les rayons lumineux avant d'atteindre la rétine ; derrière la cornée et en avant du corps vitré, une lentille biconvexe, transparente, le cristallin, qui est susceptible de s'aplatir ou de s'épaissir sous l'influence de la contraction de la couronne musculaire (muscle et procès ciliaires) au milieu de laquelle il est suspendu ; enfin, en avant du cristallin, une membrane musculaire colorée en noir ou en bleu, en gris ou en brun, etc., susceptible de dilater ou de rétrécir l'ouverture dont elle est pourvue en son centre, en jouant le rôle du diaphragme à ouverture plus ou moins grande que l'on place devant l'objectif de la chambre noire photographique pour régler la quantité de lumière qui pénétrera dans l'appareil. Cette étude sera complétée par l'examen d'un œil de bœuf ou de mouton, dans lequel la maîtresse fera reconnaître par les élèves les diverses parties rappelées ci-dessus.

La maîtresse montrera alors, au moyen de figures schématiques au tableau noir, comment se comporte la lumière envoyée dans l'œil par un objet éclairé, plus ou moins éloigné, les rayons subissant dans le cristallin une réfraction qui les concentre et qui détermine la formation, soit sur la rétine même, soit en avant ou en arrière de la rétine, d'une image plus petite que l'objet. Elle montrera par des figures très simples, mais très nettes, au tableau, que si l'image se forme sur la rétine même, elle provoque dans les terminaisons du nerf optique, une impression aussitôt trans-

mise par ce nerf au centre nerveux et transformé par
les cellules de ce dernier en sensation visuelle. Les
atomes du nerf optique de la rétine, du corps vitré, du
cristallin et de la cornée ne transmettent, comme ceux
de l'air, que des ondulations atomiques ; seules, les
cellules nerveuses cérébrales jouissent de la faculté de
transformer ces ondulations en sensations visuelles.
Lorsque ces cellules sont supprimées ou altérées, il n'y
a plus de vision ; l'homme ou l'animal chez lesquels
cette altération s'est produite sont aveugles. Seront
aveugles aussi tous ceux chez lesquels il y aura une
altération du nerf optique, ou de la rétine, ou du corps
vitré, ou du cristallin et de la cornée assez forte pour
rendre impossible la transmission des ondulations
atomiques émises par les corps lumineux. Si toutes les
parties de l'organe sont dans l'état normal, les ondu-
dulations lumineuses les parcourent assez rapidement
pour que la vue d'une lumière coïncide presque avec
son apparition devant l'œil. Néanmoins, les ondulations
lumineuses se propagent beaucoup moins vite dans
l'œil et dans le nerf optique que dans l'air. Par contre,
elles persistent dans les cellules nerveuses pendant un
certain laps de temps : si l'on fait jaillir dans une
chambre obscure une étincelle électrique très forte,
dont la durée n'est que d'un dix millième de seconde,
on continue à voir tous les objets qu'elle a éclairés
pendant au moins un dixième de seconde, c'est-à-dire
longtemps encore après que la lueur de l'étincelle a
disparu. Si, dans la même chambre, on fait produire
par la machine électrique une série d'étincelles très
courtes mais répétées à des intervalles rapprochés, on
voit les objets d'une manière continue, comme si la
lumière était constante et non intermittente. Une allumette incandescente que l'on fait tourner rapidement
dans l'air d'une chambre obscure, nous donne la sen-

sation d'un cercle lumineux ininterrompu. Des images
photographiques prises aux divers temps successifs du
vol d'un oiseau, de la course d'un cheval, de la marche
d'un homme, etc., que l'on fait dérouler avec rapidité
devant nos yeux, nous donnent l'impression d'un oiseau
qui vole, d'un cheval qui court, d'un homme qui marche. Ce sont ces faits qui ont servi de point de départ
à la création du « cinématographe ».

La maîtresse fera voir ensuite par quelques figures
que si l'image des objets lumineux, au lieu de se former exactement sur la rétine, se forme soit en avant,
soit en arrière de cette membrane, elle ne détermine
que des sensations vagues et imparfaites. Elle montrera
que si le cristallin est trop bombé, l'image d'un objet
éloigné se forme nécessairement trop en avant de la
rétine pour qu'il y ait perception visuelle; il faut, dans
ce cas, rapprocher l'objet de l'œil, et l'on dit qu'il y
a « myopie ». Les myopes ne voient pas distinctement
les objets situés à plus de quelques mètres de leur
œil; pour lire, ils sont obligés de placer la page impri-
mée en dedans des 20 à 25 centimètres qui conviennent
normalement; parfois même, ils ne peuvent lire qu'en
collant presque leurs yeux sur le livre. Pour corriger
ce défaut, ils devront porter des lunettes à lentilles
divergentes, dont l'effet est de contre-balancer la trop
forte convergence de leur cristallin.

Lorsque le cristallin est, au contraire, d'une convergence inférieure à la normale, l'image des objets rapprochés se produit en arrière de la rétine, tandis que
celle des objets éloignés se produit sur la rétine même.
On dit alors qu'il y a « hypermétropie ». Celle-ci est
parfois si prononcée que la vue des objets les plus
éloignés eux-mêmes reste imparfaite; dans ce cas,
les sensations visuelles ne sont jamais nettes, quelle
que soit la distance qui sépare les objets lumineux

de l'œil. Chez certains individus âgés, quoique le cristallin ait une convexité normale, la vue des objets éloignés est seule distincte, parce que l'accommodation est devenue impossible sous l'influence de l'affaiblissement des muscles ciliaires qui la produisent. On dit alors qu'il y a « presbytie ». Les hypermétropes et les presbytes corrigent le défaut de leur œil au moyen de lunettes à lentilles convergentes qui compensent l'insufisance de convergence du cristallin.

Chez certaines personnes, les deux faces du cristallin ne présentent pas la même courbure ; on le reconnaît pratiquement à ce que ces personnes placées en face d'un tableau blanc sur lequel ont été tracées deux lignes noires se coupant à angle droit, ne voient distinctement que l'une de ces lignes ; on dit alors qu'il y a « astigmatisme » et on corrige ce défaut au moyen de lentilles cylindriques, c'est-à-dire planes sur les deux faces.

On terminera l'étude de la lumière par quelques considérations sur la luminosité que l'on a observée chez certains végétaux et animaux. Les bactéries sont parfois assez phosphorescentes pour faire paraître lumineux les poissons morts ou la viande qu'elles recouvrent. D'autres organismes inférieurs du groupe des infusoires, notamment les noctiluques produisent la phosphorescence de la mer. Dans d'autres cas, particulièrement sous les tropiques, ce phénomène est dû à la présence, à la surface de la mer, d'une innombrable quantité de très petites larves de crustacés. Parmi les cœlentérés, il existe aussi des espèces phosphorescentes. Parmi les insectes, tout le monde connaît, dans notre pays, les vers luisants ou lampyres, dont la femelle, dépourvue d'ailes, est phosphorescente au niveau de l'abdomen, etc. Parmi les champignons, il y a des agarics phosphorescents. La maîtresse insistera sur ce que la phosphorescence est toujours liée à l'activité respiratoire intime du végétal ou de l'animal; quand on supprime l'apport d'oxygène dans les tissus, la phosphorescence disparaît. Le spectre lumineux des insectes phosphorescents ne se distingue que par quelques traits de celui du soleil.

6. *Mouvements qui déterminent la chaleur.*

Après l'étude de la lumière, la maîtresse abordera celle de la chaleur. Elle montrera d'abord que la chaleur émise par le soleil se transmet, comme la lumière, à travers les espaces intersidéraux et le vide produit par la machine pneumatique, d'où il résulte que ses ondes se propagent, comme celles de la lumière, au moyen des atomes de la matière impondérable. La vitesse de leur propagation est égale à celle des ondes lumineuses, soit, environ, 300.000 kilomètres à la seconde.

La maîtresse montrera expérimentalement que les ondes calorifiques se propagent, commes celles de la lumière, en ligne droite et que tous les corps pondérables se laissent traverser par elles, mais dans des conditions qui varient beaucoup avec la nature de chaque corps et avec celle de la source lumineuse. Le sel gemme laisse passer la chaleur, quelle que soit sa source, sans s'échauffer lui-même; on dit qu'il est entièrement diathermane; c'est le seul corps qui présente ce caractère. Il faut en rapprocher l'air, qui se laisse traverser par la chaleur sans en presque rien retenir, ce qui permet de comprendre pourquoi l'air peut être frais et même froid quoique la chaleur solaire soit intense, phénomène fréquent en été et constant au sommet des montagnes. Comme la vapeur d'eau retient, au contraire, une partie notable de la chaleur qui la traverse, plus l'atmosphère est humide, plus est forte la proportion de chaleur solaire qu'elle empêche, pendant le jour, de parvenir jusqu'au sol ; mais, par contre, plus forte est la proportion de chaleur du sol qu'elle empêche, pendant la nuit, d'être rayonnée vers les espaces célestes. Par conséquent, s'il n'y avait pas de vapeur d'eau dans l'air, nos journées seraient plus chaudes et nos nuits plus froides. Aussi, dans les climats humides, la température subit-elle moins de variations du jour à la nuit que dans les climats secs ; dans les déserts sablonneux et dépourvus d'eau, des nuits très froides alternent souvent avec des journées très chaudes.

La plupart des corps laissent passer une partie de la chaleur qu'ils reçoivent, en conservent une seconde partie et en réfléchissent une troisième. La maîtresse fera observer qu'il n'y a aucune relation entre la transparence des corps et leur diathermanité : tandis que le sel gemme, ordinairement peu transparent, est entièrement diathermane, la glace qui est tout à fait transparente ne l'est que très peu ; le cristal de roche limpide, qui est translucide, est peu diathermane, tandis qu'il devient très diathermane lorsqu'il est enduit de noir de fumée.

La maîtresse fera voir au moyen des expériences classiques que, à l'exemple des rayons lumineux, les rayons calorifiques subissent une diminution d'intensité qui va sans cesse en augmentant avec la distance, qu'ils se réfléchissent en tou hant sur certains corps, se réfractent toujours en passant d'un milieu dans un autre, et subissent des phénomènes d'interférence, de diffraction, etc. Elle montrera particulièrement, à l'aide des miroirs concaves déjà employés pour le son, qu'un corps chaud placé au foyer de l'un des miroirs fait monter un thermomètre placé au foyer de l'autre miroir et elle fera voir comment, en traversant un prisme, les rayons caloriféeriques du soleil sont décomposés, comme les rayons lumineux, et agissent sur les appareils très sen-

sibles (pile thermo-électrique) en se montrant inégalement chauds. Elle leur fera voir que le spectre calorifique du soleil obtenu avec un prisme de sel gemme
a une étendue à peu près double de celle du spectre
lumineux, une partie de ses rayons se confondant avec
les rayons lumineux, tandis qu'une autre partie, dits
rayons obscurs, sont moins déviés par le prisme que
le rayon rouge et exercent leur action sur la pile thermo-électrique au-dessous de ce dernier. Enfin, elle montrera que les rayons calorifiques obscurs se comportent
à tous les égards comme les rayons calorifiques lumineux, ne présentant avec ces derniers qu'une différence,
celle de ne pas être visibles pour nos yeux, d'où l'on
peut conclure que la chaleur et la lumière sont dues à
une même cause, ou, pour mieux dire, sont constituées
par des mouvements atomiques semblables, mais dont
les uns (ondulations calorifiques lumineuses) impres-
sionnent à la fois notre œil et notre peau, en nous donnant simultanément la sensation de la lumière et celle
de la chaleur, tandis que les autres (ondulations calorifiques obscures) nous donnent seulement la sensation
de la chaleur.

Ces faits conduiront la maîtresse à parler des diverses
sources de chaleur qui existent à la surface de la terre :
1° sources naturelles, telles que les volcans, les eaux thermales, le sol, les êtres vivants et les divers corps ayant
absorbé la chaleur du soleil qu'ils rayonnent ensuite;
2° sources artificielles ou créées par l'homme, telles
que les foyers, les lampes, etc., et les corps qui, après
avoir absorbé la chaleur de ces diverses sources, la rayonnent en dehors deux. Parmi les sources de chaleur, les
unes sont lumineuses, par exemple les foyers et les
lampes où l'on brûle du bois, du coke, du charbon de
terre, du pétrole, etc., les autres sont obscures, par
exemple la surface du sol qui rayonne la chaleur solaire

préalablement absorbée, l'intérieur de la terre, dont la chaleur se transmet à l'eau des sources thermales, tous les corps de la surface terrestre qui ont absorbé la chaleur solaire et la rayonnent, les corps qui ont absorbé la chaleur émise par un foyer calorifique sans rougir et qui la rayonnent; le corps des animaux qui produit lui-même de la chaleur, etc.

La maîtresse montrera expérimentalement que tous les corps s'échauffent quand on les met en contact avec une source de chaleur quelconque ou quand on les place à une distance de cette source variable suivant son intensité, d'où l'on doit conclure que les mouvements atomiques par lesquels la chaleur est constituée se transmettent d'un corps à un autre, soit directement quand il y a contact, soit par l'intermédiaire du milieu qui les sépare.

Elle rappellera que sous l'influence de la chaleur tous les corps se dilatent; puis elle renouvellera les expériences qui mettent ces faits en lumière et dont il a été question plus haut (voy. p. 144).

Elle montrera ensuite que la quantité de chaleur émise par les différentes sources calorifiques varie avec la nature de la source et avec l'état de sa surface, d'où il résulte que le « pouvoir émissif » des corps est très variable. En général, les corps à surface dépolie et de couleur foncée ont un pouvoir émissif très grand. Ce sont eux aussi qui reçoivent le plus facilement la chaleur, qui ont le « pouvoir absorbant » le plus prononcé. Les corps à surface polie, les métaux en particulier, sont ceux dont le pouvoir émissif et le pouvoir absorbant sont les plus faibles : une casserole en cuivre très polie et très propre absorbe moins facilement la chaleur d'un foyer qu'une casserole en terre et qu'une casserole de cuivre dépolie ou couverte de noir de fumée; l'eau s'échauffera par conséquent moins vite dans la première que dans les secondes, mais, par contre, elle y conservera plus longtemps sa chaleur. Les vêtements blancs sont préférables, hiver comme été, aux vêtements noirs, parce que les premiers absorbent moins facilement la chaleur solaire, et laissent perdre moins facilement la chaleur du corps que les seconds. Certaines substances comme le verre absorbent et émettent beaucoup plus facilement les rayons calorifiques lumineux que les rayons calorifiques obscurs : la température s'élève beaucoup pendant le jour sous une cloche à melons ou sous le vitrage d'une serre, parce que le verre absorbe beaucoup les rayons calorifiques lumineux du soleil; elle s'abaisse moins pendant la nuit qu'au dehors, parce que le verre n'émet que fort peu les rayons calorifiques obscurs du sol. Le même phénomène se passe dans tous les appartements dont les fenêtres sont exposées au soleil; il est plus prononcé encore si les fenêtres sont formées par des vitrages doubles.

La maîtresse fera voir ensuite que si l'on met un point limité d'un corps en contact avec une source calorifique, la chaleur développée en ce point ne s'étend pas toujours avec la même facilité et rapidité : une barre de fer dont une extrémité est placée dans un fourneau de coke incandescent s'échauffe très rapidement jusqu'à l'extrémité opposée; au contraire, une barre de bois de même longueur et de même grosseur reste froide à l'une de ses extrémités, tandis que l'autre brûle. La maîtresse montrera par quelques expériences que les métaux conduisent mieux la chaleur que les métalloïdes et les minéraux, que les solides la conduisent mieux que les liquides, et que les gaz la conduisent beaucoup moins bien que tous les autres corps.

Elle dira comment on a utilisé la grande conductibilité des métaux dans la fabrication des lampes de sûreté

des mineurs : la flamme étant entourée d'une toile
métallique à mailles très fines, l'air intérieur de la
lampe qui s'est échauffé communique sa chaleur au
tissu métallique qui, en raison de sa grande conductibilité, la rayonne assez rapidement pour que le grisou
qui existerait dans l'air de la mine ne puisse pas
s'échauffer au point de s'enflammer. La mauvaise conductibilité du bois et des substances animales telles
que l'os, la corne, l'ivoire est utilisée dans beaucoup
d'ustensiles de ménage : on met aux théières métalliques
des anses en ivoire ou en bois afin de pouvoir les tenir
sans se brûler; on met parfois des anses en bois aux
casseroles en métal ; on s'enveloppe les mains d'un
linge pour saisir un corps chaud ; on conserve la glace
en l'enveloppant de laine ; les vêtements de laine sont
les meilleurs parce qu'ils ne laissent pas rayonner la
chaleur du corps ; plus les murs en briques ou en pierres,
qui sont mauvais conducteurs, sont épais et plus ils
mettent à l'abri des variations de la température exté-
rieures, etc.

On montrera alors que la différence de conductibilité
des solides, des liquides et des vapeurs ou gaz, est due
à la différence de mobilité de leurs molécules : quand
on chauffe un point très limité d'un corps solide, les
ondulations calorifiques se transmettent d'atomes en
atomes sans que ceux-ci se déplacent sensiblement ;
quand on chauffe un point limité de la paroi d'un vase
plein d'eau dans lequel est de la sciure de bois, on voit
celle-ci d'abord s'agiter, puis, monter jusqu'à la surface
du liquide et redescendre le long de l'autre paroi, indiquant que les molécules d'eau échauffées s'élèvent jusqu'au sommet du liquide d'où descend un courant de
molécules froides. Des phénomènes analogues se produisent dans les gaz : la partie de leur masse qui
s'échauffe devient plus légère et s'élève, tandis que les

parties restées froides descendent ; dans un appartement chauffé par une cheminée, un poêle ou des tuyaux
de vapeur situés près du parquet, les couches inférieures
de l'air, en s'échauffant, deviennent plus légères et mon-
tent jusqu'au plafond, tandis que les molécules des
couches supérieures, plus froides et plus lourdes, descendent vers le parquet.

La maîtresse décrira alors les divers procédés employés
pour le chauffage des appartements, des serres, etc. :
1º les fourneaux à gaz, à pétrole, à alcool, etc., qui,
étant dépourvus de conduits de tirage, rejettent dans la
pièce où ils se trouvent tous les produits de la combustion, sont par conséquent, peu hygiéniques et ne peuvent servir que dans les pièces bien aérées et avec
de grandes précautions ; 2º les cheminées ordinaires
qui, bien construites, sont d'excellents appareils de
ventilation, parce qu'elles attirent sans cesse l'air chaud
de la pièce et lui permettent de se dégager d'une manière
continue, tandis qu'il est remplacé par l'air du dehors,
mais qui sont très coûteuses car les sept huitièmes
environ de la chaleur produite par le foyer sont
entraînés par le tuyau de tirage, un huitième seulement étant rayonné dans la pièce pour l'échauffer ;
3º les cheminées à la prussienne, dont tout le foyer fait
saillie dans la pièce et y rayonne deux ou trois fois
plus de chaleur qu'une cheminée ordinaire, tout en conservant les qualités de ventilation de cette dernière ;
4º les poêles ordinaires qui, étant tout entiers dans la
pièce, ainsi que leurs tuyaux dont on peut augmenter à
volonté la longueur, rayonnent la majeure partie de leur
chaleur dans la pièce, mais n'ont qu'un tirage beaucoup
plus faible que celui des cheminées ; 5º les poêles à
combustion lente, mobiles ou fixes, dont le rayonnement est très fort mais le tirage si faible qu'ils deviennent dangereux s'ils ne sont pas l'objet d'une surveil-

lance très étroite; 6° les calorifères à air chaud, à eau chaude ou à vapeur, dont le but est de chauffer plusieurs pièces, toute une maison même avec un seul foyer et dont toute la chaleur est utilisée, mais qui ne produisent aucune ventilation, ce qui nécessite d'ouvrir fréquemment les fenêtres pour renouveler l'air.

La maîtresse fera ressortir alors que tous les phénomènes calorifiques dont elle vient de parler se résument en mouvements atomiques de la matière impondérable ou de la matière pondérable et que c'est seulement par les sensations qu'ils produisent sur les êtres vivants que ces mouvements deviennent la « chaleur ». Elle montrera que les impressions produites sur l'organisme par les mouvements moléculaires calorifiques sont reçues, chez tous les animaux, par les terminaisons nerveuses sensitives de la peau et des muqueuses.

Enfin, elle terminera ses leçons sur la chaleur par l'exposé des faits les plus importants relatifs à ce que l'on désigne sous le nom de « chaleur animale »; d'une part, elle rappellera l'action exercée par la chaleur solaire sur les végétaux, les animaux et les hommes; d'autre part, elle montrera comment la chaleur est produite dans les corps des êtres vivants, comment une partie est rayonnée au dehors par la peau, tandis qu'une autre partie est utilisée pour l'accomplissement des diverses fonctions et en particulier pour la production des mouvements de locomotion, pourquoi, enfin, la température s'élève ou s'abaisse dans les maladies, et pourquoi ces phénomènes, si peu accentués qu'ils soient, indiquent toujours un trouble plus ou moins profond des fonctions organiques.

Elle insistera, en terminant, sur ce fait que tous les êtres vivants, végétaux ou animaux, sans exception, produisent de la chaleur parce que tous respirent, mais que chez certains d'entre eux, tels que les végétaux et les animaux dits à sang froid, cette chaleur rayonne au dehors ou est consommée au fur et à mesure de sa production, de manière à n'être jamais aisément constatable ; dans les animaux dits à sang chaud, au contraire, il reste toujours assez de chaleur dans l'organisme pour qu'il soit facile de la constater à l'aide du thermomètre.

7. *Mouvements qui déterminent l'électricité.*

La maîtresse abordera ensuite l'étude de l'électricité, en montrant d'abord qu'elle est essentiellement constituée, comme la chaleur, la lumière et le son, par des mouvements moléculaires, mais que l'effet de ces mouvements sur notre organisme varie avec l'organe sensoriel recevant l'impression : si c'est l'œil, il y a une sensation lumineuse ; si c'est l'oreille, il y a une sensation sonore ; si c'est la peau, il y a une sensation douloureuse. La maîtresse montrera, en outre, que les mouvements moléculaires déterminés dans un corps par l'électricité se propagent en dehors de lui et peuvent déterminer dans d'autres corps, soit des phénomènes d'attraction et de répulsion analogues à ceux qui se produisent sous l'influence de la pesanteur, soit des mouvements atomiques semblables à ceux qui caractérisent la lumière, la chaleur ou le son, soit, enfin, des phénomènes chimiques.

La maîtresse montrera d'abord qu'il existe des sources naturelles d'électricité, comme il existe des sources naturelles de lumière et de chaleur et que l'homme a créé des sources artificielles d'électricité comme des sources artificielles de lumière et de chaleur.

Pour les habitants de notre globe, les deux grandes sources naturelles d'électricité sont le soleil et la terre. On sait aujourd'hui qu'il existe une relation étroite

entre les grandes perturbations de l'atmosphère terrestre et les variations d'activité du soleil : nos très
forts orages et nos cyclones coïncident avec les moments
où l'activité solaire atteint son maximum d'intensité ;
il paraît en être de même pour les raz de marée, les
tremblements de terre et les éruptions volcaniques.
D'autre part, les très forts orages existent seulement
dans les régions équatoriales où les rayons solaires
exercent sur l'atmosphère et la surface du sol le maximum de leur action ; sont moins fréquents dans les
régions tempérées, où ils ne se produisent que pendant
l'été, c'est-à-dire quand les conditions sont analogues
à celles des pays équatoriaux ; et n'existent pas dans
les régions polaires, où l'air est sec et l'action solaire
très faible. Enfin, on sait que dans les parties supérieures de l'atmosphère terrestre, au delà de 60 kilomètres, où l'air est aussi raréfié que dans les ampoules
de Crookes et où il est peut-être formé de gaz autres
que l'oxygène et l'azote, il se produit des phénomènes
électriques extrêmement intenses et qui ont leur reten-
tissement jusqu'au voisinage de notre sol. Tous ces
phénomènes paraissent être déterminés par le soleil,
qui exercerait sur notre globe une action électrique
analogue à son action lumineuse et calorifique.

La terre est une autre source naturelle, très puissante, d'électricité. La maîtresse montrera qu'une
aiguille aimantée, disposée sur un pivot vertical où elle
peut se mouvoir librement, se dispose toujours de
manière que l'une de ses extrémités soit tournée à peu
près vers le pôle nord de la terre et l'autre vers le pôle
sud. C'est ce fait qui sert de base à la construction de
la boussole marine, que la maîtresse mettra sous les
yeux des élèves et dont elle leur montrera le fonctionnement. Elle leur montrera ensuite qu'une aiguille
aimantée disposée de manière à se mouvoir verticale-

ment autour d'un pivot horizontal prend toujours une position déterminée par rapport au méridien du lieu dans lequel se fait l'observation. On a déduit de ces faits que la terre exerce sur les aiguilles aimantées une double action dite de « déclinaison » et « d'inclinaison » et qu'elle est, elle-même, comparable à un immense aimant.

La maîtresse rappellera qu'il existe sur la terre une source spéciale, naturelle, d'électricité, dans le minerai connu sous le nom d'oxyde de fer aimanté. Ce minerai, jouit en effet, naturellement, de la propriété d'attirer l'acier, le nickel, le cobalt et le chrome. La maîtresse montrera que si l'on met de la limaille de fer en contact avec cet aimant naturel, celui-ci n'attire les petits morceaux de fer que par ses deux extrémités, auxquelles on donne le nom de « pôles ». Au milieu, il y a une zone neutre qui n'attire pas la limaille. Si l'on casse l'aimant par le milieu, chacune de ses moitiés se comporte comme l'aimant entier ; et il en est de même, quel que soit le nombre de morceaux que l'on obtienne par des cassures successives, d'où l'on a conclu que l'aimant entier était formé par la réunion d'atomes ayant chacun deux pôles et tous orientés dans le même sens.

La maîtresse montrera alors qu'avec cet aimant naturel on peut fabriquer un nombre indéfini d'aimants artificiels, en frottant contre lui des barreaux d'acier trempé. Chaque barreau, après cette opération, se comporte comme un aimant naturel. C'est ainsi qu'on traite les aiguilles des boussoles pour les aimanter. La manière dont elles se comportent ensuite par rapport à la terre doit faire admettre que l'aimantation de l'oxyde de fer est produite par la terre agissant à la manière d'un immense aimant naturel.

La maîtresse montrera à l'appui de cette manière de

voir que l'on peut aimanter un morceau de fer doux,
d'acier, de cobalt ou de chrome, par simple influence,
c'est-à-dire en le plaçant au voisinage d'un aimant
naturel ou artificiel, sans qu'il y ait contact, d'où il
faut conclure que les mouvements atomiques par lesquels le magnétisme est constitué peuvent se transmettre d'un corps à un autre, comme les mouvements
lumineux ou calorifiques, soit par contact, soit sans
qu'il y ait contact des deux corps, fait qui confirme
encore l'hypothèse de l'action électrique du soleil sur
notre planète.

La maîtresse montrera comment on peut, avec la
balance, mesurer la force d'attraction d'un aimant ;
puis elle fera voir que les aimants artificiels perdent
leur propriété sous diverses influences, telles que les
chocs, les fortes élévations de la température, etc. qui,
sans doute, modifient la nature des mouvements moléculaires produits dans le fer au moment de son aimantation.

La maîtresse montrera alors qu'on peut créer des
sources artificielles d'électricité par simple frottement
de certains corps. Quand on a frotté un bâton de verre,
de soufre, ou de résine, avec un morceau de laine, on
le voit attirer les corps légers, tels que le papier, le
liège, etc., de la même façon que les aimants attirent
la limaille de fer. Tous les corps peuvent être électrisés
par le frottement ; mais tous, après avoir été frottés,
ne se comportent pas de la même manière : un barreau
de fer que l'on frotte en le tenant à la main n'attire pas
les corps légers ; mais si on l'emmanche sur un bâton
de verre, et qu'on le frotte ensuite, il les attire. On en
conclut que dans la première expérience les mouvements moléclaires électriques, déterminés par le frottement, se transmettent du barreau de fer à la main de
l'opérateur où ils se perdent, et l'on dit que le fer est

bon conducteur d'électricité. Dans la seconde expérience, le verre sur lequel on a emmanché le barreau
est considéré comme arrêtant les mouvements atomiques du fer frotté et l'on dit que le verre est mauvais conducteur ou isolant. L'expérience a établi que
tous les métaux, le fil de lin, l'air humide, le corps
de l'homme et des animaux, etc., sont bons conducteurs de l'électricité, tandis que le verre, la résine,
le soufre, la soie, l'air très sec, etc., sont mauvais
conducteurs ou isolants. La maîtresse montrera que
les corps bons conducteurs de l'électricité peuvent
être comparés aux corps transparents à travers lesquels
les ondes lumineuses se propagent facilement, tandis
que les corps mauvais conducteurs de l'électricité rap-
pellent les corps opaques à travers lesquels les ondes
lumineuses ne se propagent pas.

La maîtresse montrera alors, au moyen des expériences classiques, que les corps électrisés par le frottement attirent d'abord les objets légers, puis les repoussent, après que le contact a eu lieu. Une petite boule
de liège, suspendue par un fil de soie à une potence iso-
lante en verre, est attirée par un bâton de verre que l'on
a électrisé par le frottement ; mais dès qu'elle l'a tou-
ché, elle s'en écarte. Les ondes électriques que la petite
boule a reçues semblent se réfléchir à sa surface et
repousser celles du bâton de verre. Si, maintenant, on
approche de la même boule un bâton de résine électrisé, elle se précipite vers lui jusqu'au contact, après
quoi elle s'en écarte. On a conclu, fort à tort, sans nul
doute, de ces expériences, que l'électricité développée
par le frottement dans un bâton de verre n'est pas de
même nature que celle qui se développe dans un bâton
de résine. On a nommé la première « électricité vitrée »
ou « positive », la seconde « résineuse ou négative », et
l'on a formulé comme règle que tous les corps chargés

d'une même électricité se repoussent, tandis que les corps chargés de deux électricités différentes s'attirent.

La maîtresse montrera que quand on frotte deux corps l'un contre l'autre, l'un se charge d'électricité positive tandis que l'autre se charge d'électricité négative. Elle fera voir ensuite que l'électricité s'accumule toujours à la surface des corps et plus particulièrement en certains points de cette surface, variables suivant la forme du corps. Si celui-ci est une sphère, l'électrisation est faible au centre, très forte à la surface ; si c'est un plateau rond, l'électrisation est très forte sur tout le pourtour et très faible au milieu ; si c'est une ellipsoïde, elle est plus forte aux deux extrémités ; si c'est un cône plus ou moins allongé, elle est beaucoup plus forte près de la pointe que partout ailleurs. Si un cône, très allongé en pointe, est en contact avec une source permanente d'électricité, on peut s'assurer par l'expérience qu'il se produit, de sa base à sa pointe, un courant électrique qui s'échappe par la pointe et se répand dans l'air. Ce courant augmente beaucoup de rapidité si, à une certaine distance de la pointe, se trouve un corps chargé d'une électricité de nom contraire à celle de la pointe. C'est sur ce fait qu'est fondé le « paratonnerre », dont la maîtresse indiquera la construction et le rôle.

Elle montrera ensuite que l'on peut, par le frottement, créer des sources artificielles d'électricité très puissantes, et elle décrira particulièrement l'appareil dit « électrophore » ou l'électricité est produite par le frottement d'un plateau de résine avec une peau de chat ; la « machine électrique de Ramsden » ou l'électricité est produite par le frottement d'un plateau de verre au moyen de coussinets en cuir, etc. Elle montrera comment, dans ces machines, le plateau frotté et les organes qui servent à le frotter se chargent d'électricités différentes, qui se repoussent et peuvent être accumulées en des points déterminés.

Elle fera voir alors qu'il est également possible de créer des sources artificielles d'électricité par la seule action à distance d'un corps préalablement électrisé sur un autre qui ne l'est pas, c'est ce que l'on appelle l'électrisation par influence ou « induction ». Elle fera fonctionner sous les yeux des élèves « l'électroscope à feuilles d'or » où l'influence s'exerce à travers l'air qui est bon conducteur de l'électricité ; les appareils que l'on emploie pour accumuler ou condenser l'électricité et qui, pour ce motif, sont appelés des condensateurs (bouteille de Leyde, électromètre, et machines électriques déjà décrites). Puis, elle exposera les phénomènes auxquels donne lieu la réunion de deux sortes d'électricités préalablement concentrées dans deux corps différents : étincelles électriques; effluves électriques ; incandescence des fils métalliques très fins dans lesquels on fait opérer la réunion des électricités de noms contraires; éclairs produits par les étincelles électriques, auxquelles donne lieu la réunion des électricités de deux nuages électrisés l'un négativement, l'autre positivement; tonnerre ou détonation qui accompagne les éclairs ; foudre ou étincelle qui se produit entre un nuage et le sol électrisés différemment; aurores polaires (boréales ou australes) dues aux phénomènes électriques qui se produisent dans les régions supérieurs de l'atmosphère et qui se montrent comme d'immenses nappes lumineuses descendant du ciel vers l'horizon; inflammation des corps combustibles, tels que le gaz d'éclairage, l'éther, l'alcool, par l'étincelle électrique ; transformation de l'oxygène en ozone par les effluves électriques; combinaison de l'hydrogène et de l'azote en gaz ammoniac sous l'influence d'étincelles électriques répétées en une longue série ; piqûre produite sur la main par l'étincelle électrique ; commotion déterminée dans le corps humain par la décharge d'une bouteille de Leyde, etc.

La maîtresse montrera que l'on peut encore créer des sources artificielles d'électricité par la simple mise en contact, dans des conditions particulières, de deux substances différentes, telles qu'un métal et de l'eau acidulée, de deux métaux tels que le cuivre et le zinc, l'antimoine et le bismuth. Par le seul fait de leur mise en contact, ces corps se chargent d'électricités différentes : le zinc, mis en contact avec le plomb, s'électrise positivement, tandis que le plomb s'électrise négativement ; mais, celui-ci, mis en contact avec l'étain, s'électrise négativement, etc.

Elle fera voir ensuite que le développement de l'électricité provoqué par le contact est plus grand lorsqu'on multiplie les morceaux des deux métaux en les faisant alterner et les soudant les uns aux autres par leurs extrémités et lorsqu'on établit une différence de température entre les deux sortes d'éléments. C'est le principe de la « pile thermo-électrique », que la maîtresse fera fonctionner sous les yeux de ses élèves. La quantité de l'électricité produite est encore plus grande si, au lieu de souder simplement les deux métaux bout à bout, on établit entre eux des relations par de l'eau acidulée ou divers autres liquides, ainsi qu'on le fait dans les piles dites «hydro-électriques». La maîtresse mettra sous les yeux de ses élèves les principales piles de cette sorte employées dans l'industrie et leur en montrera le fonctionnement.

Elle sera ainsi conduite, naturellement, à parler des courants qui peuvent être établis au moyen de fils métalliques entre deux corps chargés d'électricités différentes, tels que les collecteurs et les commutateurs

d'une machine électrique, les deux extrémités d'une
pile thermo-électrique ou hydro-électrique, etc. Elle
montrera que les deux électricités circulent simultanément dans ce fil pour aller rejoindre chacune la
source du nom contraire, le courant positif allant vers
la source négative, le courant négatif vers la source
positive, la direction du courant étant donnée, dans la
pratique, par le courant positif. Elle montrera comment
on mesure l'intensité de ces courants à l'aide du « galvanomètre », de « l'électromètre », etc., et qu'elle résistance
les courants ont à vaincre pour circuler dans les différents corps suivant la nature de ces derniers, le diamètre des fils, etc.

Elle exposera ensuite et montrera, au moyen d'expériences, les effets thermiques et chimiques produits
par les courants électriques. Elle montrera notamment
en quoi consistent les phénomènes de « l'électrolyse »,
comment on peut affiner les métaux ou les séparer de
leurs minerais et préparer divers produits chimiques au
moyen de l'électrolyse ; enfin quels procédés on emploie
pour argenter, dorer, cuivrer, etc., au moyen de la
« galvanoplastie ».

Elle abordera ensuite l'action des courants sur les
aimants et celle des aimants sur les courants lorsqu'ils
sont placés à faible distance les uns des autres ; puis,
l'action des courants sur d'autres courants dans les
mêmes conditions et celle des courants sur les solé-
noïdes ou courants roulés en spirale qui se comportent
comme des aimants. Elle montrera comment un courant électrique, disposé autour d'un barreau d'acier
trempé, l'aimante d'une manière permanente et comment, s'il est disposé autour d'un barreau de fer doux,
il ne donne à ce dernier les propriétés des aimants que
pendant le passage du courant. Tous ces phénomènes
constituent ce que l'on appelle « l'induction » et servent

de base à la plupart des applications industrielles de l'électricité : machines dynamo-électriques (machine de Gramme) pour la production de l'électricité et son transport à distance ; sonneries électriques ; télégraphe électrique, téléphone, microphone, microtéléphone, éclairage électrique, fours électriques, etc.

La maîtresse terminera l'étude de l'électricité par celle des phénomènes électriques dont le corps des animaux et de l'homme est le siège. Elle montrera d'abord, par quelques expériences classiques, que dans les tissus des animaux et de l'homme, il se produit de l'électricité : sur un muscle de la cuisse d'une grenouille détachée du corps de l'animal et sectionné à l'une de ses extrémités, on constate, au moyen d'un galvanomètre très sensible, l'existence d'un courant électrique dirigé de l'extrémité sectionnée vers celle qui est entière, d'où l'on conclut que la première est électrisée positivement et la seconde négativement. Si le muscle est intact, on ne constate pas de courant ; des phénomènes analogues sont présentés par les nerfs, les glandes, les muqueuses, etc. Pour les expliquer, on a assimilé le muscle, le nerf, etc., envisagés, à une pile, dont les éléments seraient représentés par les molécules organiques, chaque molécule ayant une zone polaire positive et une zone polaire négative, et la molécule tout entière étant baignée dans un liquide conducteur qui permet à un courant de s'établir entre les deux pôles.

Chez certains animaux, il existe des organes qui constituent de puissantes sources d'électricité. Les poissons du groupe des raies, connus sous le nom de torpilles possèdent, de chaque côté du corps, des organes où l'électricité est produite en si grande quantité que l'on reçoit, en touchant l'animal, une commotion très forte. Un gymnote de l'Amérique pourrait étourdir un

cheval par une seule décharge de son appareil électrique.
Ces décharges sont très brusques, courtes, répétées,
mais leur int sité s'affaiblit avec la répétition. Le fonctionnement de l'organe est soumis à la volonté de
l'animal et constitue pour ce dernier un moyen de
défense. Il est intéressant de noter que ces organes ont
la même origine embryologique que les muscles striés.

La maîtresse exposera alors les principaux faits relatifs à l'action de l'électricité sur l'organisme humain.
Elle rappellera que si l'on applique, en deux points
quelconques du corps humain, les pôles d'un électro-
moteur, les courants qui en partent se ramifient en
une infinité de bras qui se répandent dans le corps
entier avec des intensités très variables parce que les
divers tissus sont très inégalement conducteurs. Pour
obtenir un effet utile, il faut faire porter l'électrisation
sur une région limitée du corps; comme la peau sèche
est très peu conductrice, il faut armer les excitateurs
d'éponges imbibées d'eau acidulée. Elle ajoutera que
l'on fait usage des électrisations surtout pour exciter
les nerfs et les muscles. Elle parlera aussi des thermo-
cautères électriques, dont les chirurgiens font usage
pour ouvrir les abcès, des splanchnoscopes électriques
utilisés pour regarder l'intérieur de quelques organes, etc.

8. *Transformations des mouvements intimes des corps.*

L'enseignement de la physique sera terminé par
une leçon sur les transformations que sont susceptibles
de subir les mouvements moléculaires qui déterminent
le son, la lumière, la chaleur et l'électricité.

On montrera d'abord, par quelques expériences, que
tout mouvement est susceptible de produire de la cha-

leur : un corps lourd et non élastique tombant d'une certaine hauteur sur le sol où il est arrêté brusquement,
s'échauffe ; une balle de fusil en plomb qui est arrêtée
dans son mouvement en avant par une plaque de métal
s'aplatit et s'échauffe au point de présenter des traces de
fusion ; un morceau d'acier qui frappe un silex s'échauffe
assez, au point de choc, pour déterminer la combustion de
parcelles du métal (briquet à silex). Un morceau de bois
que l'on frotte contre un autre peut s'échauffer au
point que les particules qui s'en détachent s'enflamment (briquet de bois des sauvages). Un piston que
l'on enfonce dans un tube en verre épais et rempli d'air
produit, par la compression très forte et très brusque de
l'air, assez de chaleur pour faire enflammer un morceau d'amadou fixé à sa face inférieure. Dans tous ces
cas, l'arrêt brusque d'un mouvement de locomotion
ayant produit de la chaleur, on en conclut qu'il y a eu
transformation d'un mouvement en un autre et si l'on
donne le nom de « travail » à la chute du corps, à la
marche de la balle, au frottement de l'acier contre le
silex, du bois contre le bois, du piston contre l'air
comprimé, etc., on dit que le travail s'est transformé
en chaleur. Dans tous ces cas, il y a eu modification
de l'état moléculaire des corps et c'est de cette modification qu'est résultée ce que nous appelons la chaleur.

Dans d'autres cas extrêmement nombreux, il y a
transformation de chaleur en travail. Lorsque l'on
ouvre la soupape d'une marmite de Papin, il s'en élève
un jet de vapeur très bruyant et que l'on pourrait
croire très chaud ; cependant on peut y mettre la main
sans éprouver aucune sensation de brûlure, même
lorsque l'eau de la marmite est à 200°. Pour se dilater,
la vapeur a dépensé toute la chaleur dont elle était
pourvue ; les mouvements moléculaires calorifiques
dont elle était le siège se sont transformés en mouve-

ments moléculaires de dilatation; la chaleur, dit-on volontiers, s'est transformée en travail. Dans une machine à vapeur, la chaleur se transforme en diverses sortes de mouvements : une partie est employée à faire dilater l'air dans lequel elle rayonne, une autre partie est employée à vaincre les frottements des diverses pièces de la machine et à les faire fonctionner ; la partie utile industriellement ne représente jamais plus de 20 p. 100 de la chaleur produite par le combustible. Cependant, toute la chaleur engendrée par ce dernier a été transformée en travail. Chez les animaux, la chaleur se transforme en mouvements des muscles, de circulation des gaz et des liquides, d'évaporation d'eau, etc. qui représentent également du travail mécanique.

Dans une foule d'autres cas, les mouvements calorifiques se transforment en mouvements lumineux. Toutes les fois qu'un corps solide, un gaz ou une vapeur sont chauffés jusqu'à l'incandescence, ils émettent de la lumière. Par exemple, si l'on introduit dans une flamme incolore et très peu éclairante, comme celle de l'alcool, un sel métallique, celui-ci donne, en se décomposant, des vapeurs formées par le métal et dont l'incandescence est accompagnée de la production d'une lumière très intense et diversement colorée. Il se produit dans le soleil et sur une très vaste échelle une transformation semblable.

Innombrables aussi sont les cas dans lesquels les mouvements calorifiques se transforment en mouvements électriques. Lorsqu'on frotte un morceau de verre avec de la laine il se produit de la chaleur dont une partie est aussitôt transformée en mouvements moléculaires électriques; il en est de même lorsque les coussins d'une machine électrique frottent le plateau de verre, lorsqu'on chauffe le point de soudure de deux métaux (piles thermo-électriques) ou bien l'une des extrémités d'un muscle ou d'un nerf, etc.

Enfin, les mouvements moléculaires calorifiques se transforment, dans une foule de circonstances, en mouvements chimiques. Si, par exemple, on veut déterminer la combinaison de l'oxygène avec le cuivre pour former de l'oxyde de cuivre, il suffit de placer le cuivre dans un tube chauffé où l'on fait circuler de l'air ; dès que le métal est parvenu à une certaine température, l'oxydation commence à se produire ; elle cesse si la température s'abaisse et elle reprend si l'on élève de nouveau la température. On dit que, dans ce cas, la combinaison chimique exige de la chaleur. Des mélanges d'oxygène et d'hydrogène, de gaz anmoniac et d'oxygène, de chlore et d'hydrogène dans lesquels ont fait jaillir une étincelle électrique, se combinent en produisant une forte détonation. Or, on peut constater que l'étincelle est accompagnée d'une élévation très grande de la température tandis que celle-ci s'abaisse fortement après la combinaison. L'étincelle a donc agi surtout en produisant de la chaleur et celle-ci a été employée à déterminer la combinaison chimique ; d'où l'on doit conclure qu'il y a eu transformation des mouvements calorifiques en mouvements chimiques. Une transformation analogue se produit lorsqu'on fait tomber les rayons solaires sur un ballon en verre contenant un mélange d'hydrogène et de chlore ; il se produit dans le ballon assez de chaleur pour déterminer la combinaison des deux corps en acide chlorhydrique. Dans ce cas, ce sont surtout, probablement, les mouvements calorifiques des rayons solaires qui se transforment en mouvements chimiques.

Dans d'autres circonstances, par exemple lorsqu'on fait tomber la lumière du soleil sur une plaque photographique enduite de bromure d'argent, ce sont les

mouvements lumineux des rayons solaires qui se transforment en mouvements chimiques. C'est une transformation analogue qui se produit dans les corpuscules
chlorophylliens des plantes vertes, lorsque, sous l'influence de la lumière solaire, l'acide carbonique de l'air
étant décomposé, son carbone se combine avec les éléments de l'eau et les azotates du sol pour former des
matières organiques.

Quant à la transformation des mouvements électriques en mouvements calorifiques, chimiques et lumineux, elle a été trop bien mise en évidence par les
expériences indiquées plus haut, pour qu'il soit nécessaire d'y insister ; mais on y ajoutera l'expérience suivante, d'où il résulte que les mouvements électriques
peuvent aussi se transformer en mouvements sonores :
une masse de fer introduite dans un solénoïde rend un
son lorsque le courant passe.

La maîtresse terminera ces considérations en insistant sur ce que les mouvements moléculaires se transforment incessamcut mais ne se détruisent jamais, pas
plus que ne se détruisent les atomes matériels qui en
sont le siège, d'où l'on conclut nécessairement que le
mouvement est éternel comme la matière.

§ 4. — La chimie

Le professeur abordera ensuite la chimie, dont l'objet est l'étude des associations ou combinaisons infiniment nombreuses que les atomes des corps pondérables
sont susceptibles de former les uns avec les autres. Cet
enseignement devra revêtir, comme celui de la physique, un caractère essentiellement expérimental. La
maîtresse mettra sous les yeux des élèves tous les corps
dont elle leur parlera, en leur apprenant à les observer
d'une manière méthodique ; elle fera fonctionner

devant elles tous les appareils dont il sera question
dans le cours et fera elle-même ou fera faire sous sa
direction, par les élèves, toutes les expériences que
comporte chaque leçon. Elle aura soin de dessiner et
de faire dessiner au tableau noir tous les appareils.

Le cours débutera par quelques expériences ayant
pour objet de faire voir comment les corps peuvent être
décomposés et reconstitués. On montrera, par exemple,
comment on peut décomposer l'eau, soit à froid, au
moyen du magnésium qui s'enflamme à son contact, en
se combinant avec l'un de ses éléments l'oxygène, tandis que l'autre, l'hydrogène, brûle ; soit en faisant
passer de la vapeur d'eau sur du fer chauffé au rouge
qui absorbe l'oxygène, tandis que l'hydrogène peut être
recueilli sous la forme de gaz; soit au moyen de
l'électricité, en recueillant à part, dans des éprou-
vettes, sous forme de gaz, les deux éléments hydrogène
et oxygène qui la constituent. Elle montrera ensuite
qu'au moyen d'une étincelle électrique, produite dans
un tube qui contient de l'oxygène et de l'hydrogène, on
détermine la combinaison des deux gaz et la formation
d'une certaine quantité d'eau. Elle pourra aussi faire
des expériences d'analyse et de synthèse avec l'acide
chlorhydrique, en montrant que ce corps est formé de
deux autres corps simples : l'hydrogène et le chlore.
Elle pourra encore faire combiner, en les chauffant, du
soufre et du fer réduits en poudre impalpable, et montrer ensuite comment on peut décomposer le sulfure de
fer qui s'est formé par la combinaison des deux éléments
simples, etc. Elle aura soin de montrer que dans toutes
ces expériences le corps composé jouit de propriétés
distinctes de celles des corps simples qui contribuent à
le former, mais que ceux-ci se retrouvent entièrement
dans le corps composé, et peuvent en être retirés, d'où
les chimistes ont été amenés à conclure que dans les

mouvements de combinaison et de décomposition des corps, aucune parcelle de matière n'est perdue ni créée.

Elle partira de cette première série d'expériences pour exposer que les corps innombrables existant à la surface de la terre sont formés par la combinaison d'un petit nombre d'éléments auxquels on a donné le nom de « corps simples » parce que l'on n'a pas pu encore les décomposer, et elle rappellera que ces derniers ont été divisés en deux grands groupes : métaux et métalloïdes.

Parmi les métalloïdes, les uns sont normalement gazeux (oxygène, azote, hydrogène) et se trouvent parfois à l'état libre dans la nature ; d'autres sont normalement solides (soufre, arsenic, antimoine, bismuth, carbone) et parfois à l'état libre dans l'univers ; mais la plupart ne se montrent jamais en liberté dans la nature, à cause des affinités excessives qu'ils ont pour l'oxygène ou l'hydrogène (chlore, brome, phosphore, silicium, fluor). Lorsqu'ils sont solides, tous les métalloïdes, sauf le bismuth et l'antimoine, ont l'aspect terreux ; sous tous les états, ils sont mauvais conducteurs de la chaleur et de l'électricité.

Les métaux qui intéressent les élèves sont tous solides, sauf le mercure qui est liquide. Ils ont l'aspect brillant et sont bons conducteurs de la chaleur et de l'électricité. La plupart ne se trouvent dans la nature qu'à l'état de combinaisons avec certains métalloïdes, principalement l'oxygène et le soufre.

La maîtresse rappellera que tous les corps, simples ou composés, sont formés d'atomes pondérables séparés les uns des autres par de la matière impondérable. Elle insistera sur ce que tous les gaz renferment, sous un même volume, le même nombre d'atomes, tandis que dans les corps liquides et solides le nombre des atomes varie, pour un même volume, d'un corps à un autre.

Elle montrera alors que les atomes d'un corps déterminé peuvent, en vertu de leur faculté d'attraction, ou bien s'associer entre eux, se river, en quelque sorte, pour former une molécule à atomes semblables, ou bien se combiner avec les atomes d'un autre corps pour former une molécule à atomes dissemblables. Cette propriété des atomes n'est qu'une forme de la gravitation, à laquelle on a donné le nom spécial « d'affinité ». Dans le gaz hydrogène, par exemple, les atomes sont accouplés de telle sorte que chaque molécule est formée de deux atomes ; il en est de même pour le chlore, l'azote, l'oxygène, etc. L'affinité qu'ont les atomes de l'hydrogène les uns pour les autres donne à la molécule de ce corps la valeur de véritables combinaisons chimiques. D'autre part, les atomes des divers corps n'ont pas la même capacité de combinaison vis-à-vis des divers atomes étrangers. Ainsi, un atome de chlore se combine avec un atome d'hydrogène, tandis que chaque atome d'oxygène ne peut se combiner qu'avec deux atomes d'hydrogène, chaque atome d'azote avec trois atomes d'hydrogène et chaque atome de carbone avec quatre atomes d'hydrogène. Ayant donné le nom de « valence » à la capacité de combinaison des divers atomes, on dit que le chlore est univalent, l'oxygène bivalent, l'azote trivalent, le carbone quadrivalent. Ajoutons que chaque atome de chlore, d'oxygène, d'azote, de carbone peut se substituer à un, à deux, à trois, à quatre atomes d'hydrogène, d'où l'on conclut que la « capacité de substitution » des atomes est égale à leur « capacité de combinaison ».

La maîtresse montrera expérimentalement qu'il faut toujours un même poids d'un corps déterminé pour former un corps composé avec un certain poids d'un autre corps : par exemple, il faut toujours la même quantité, en poids, de potasse pour former du sulfate de potassium avec une quantité, en poids, déterminée d'acide sulfurique.

Elle montrera également que si deux corps forment l'un avec l'autre plusieurs composés différents, les quantités en poids de chacun des éléments varient dans des proportions très simples. Par exemple, l'azote et l'oxygène forment l'un avec l'autre cinq combinaisons, dans lesquelles la proportion d'azote (14 en poids) restant invariable, il faut, pour former la première, 8 parties en poids d'oxygène, pour la seconde 16 parties d'oxygène ou 8×2 ; pour la troisième, 24 d'oxygène ou 8×3 ; pour la quatrième, 32 d'oxygène ou 8×4 ; pour la cinquième, 40 d'oxygène ou 8×5.

D'autre part, quand un corps déterminé se combine avec un certain nombre d'autres, on constate par l'expérience qu'il faut toujours la même proportion de chacun de ces derniers pour que la combinaison se produise. Par exemple, pour former des combinaisons avec 1 d'hydrogène, l'expérience montre qu'il faut toujours 8 d'oxygène, 33 de zinc, 85,5 de chlore, 100 de mercure. Pour 8 d'oxygène, il faut toujours 1 d'hydrogène, 33 de zinc, 35,5 de chlore, 100 de mercure, etc. On en déduit que ces quantités s'équivalent et l'on a donné aux chiffres qui les représentent le nom « d'équivalents ». Comme on a pris pour unité l'hydrogène, il suffit, pour connaître l'équivalent d'un corps, de déterminer quel poids de ce corps il faut pour former une combinaison avec l'hydrogène.

D'autre part, l'expérience ayant montré que des volumes égaux de deux gaz renferment le même nombre d'atomes et que pour former de l'eau, il faut deux volume d'hydrogène et un seul volume d'oxygène, on en conclut que dans la molécule d'eau chaque atome d'oxygène est rivé à deux atomes d'hydrogène.

La maîtresse insistera enfin sur ce que, pour traduire

tous les faits de combinaison et de décomposition chimiques dont les corps sont le siège, et que nous pouvons provoquer en nombre indéfini, il a fallu créer une langue particulière, qui est la langue chimique. Dans cette langue, on distingue chaque corps simple par l'initiale de son nom actuel ou de son appellation ancienne (quelquefois par deux lettres de l'un de ces noms) et l'on place à côté de cette lettre un chiffre indiquant la porportion atomique suivant laquelle le corps simple est représenté dans chaque corps composé. L'hydrogène, par exemple, étant exprimé par un H majuscule, l'oxygène par un O majuscule, si l'on veut indiquer la composition de l'eau, on emploie le signe H^2O, qui signifie 2 atomes de H, et un atome de O. Dans la même langue, l'acide carbonique est traduit par l'expression CO^2 indiquant que chaque molécule de ce corps est formée par la combinaison de 1 atome de carbone C et 2 atomes d'oxygène O. La chaux est exprimée par le signe CaO, indiquant que chacune de ses molécules est formée par 1 atome de calcium Ca et 1 atome d'oxygène O. Enfin, le marbre, qui est du carbonate de calcium, est représenté par la formule CaO (chaux) + CO^2 (acide carbonique) qu'on peut écrire aussi CO^3Ca indiquant qu'il est formé par la réunion d'une molécule d'acide carbonique et d'une molécule de chaux, ou de : un atome de calcium, un atome de carbone et trois atomes d'oxygène. Comme le marbre contient en outre de l'eau, sa formule complète sera CaO + CO^2 + H^2O ou CO^3Ca + H^2O. On retrouve dans cette formule les quatre corps simples dont nous y avons constaté la présence par l'expérience : le carbone, l'hydrogène, l'oxgène et le calcium (voy. p. 60).

La maîtresse abordera alors successivement l'étude des principaux métalloïdes et métaux, en les groupant les uns et les autres d'après leur « valence », et en commençant par les métalloïdes. Elle aura soin de faire appel surtout à l'observation et à l'expérience. Pour chaque métalloïde, elle indiquera l'état ou les états divers sous lesquels il se trouve dans la nature, ses caractères physiques et chimiques, les procédés au moyen desquels on peut l'obtenir, en s'attachant toujours aux plus simples, son emploi dans l'industrie, la médecine, l'économie domestique, son action sur les organismes vivants et particulièrement sur l'homme, enfin, les principaux composés qu'il forme soit avec d'autres métalloïdes ou métaux, soit avec des corps composés, en insistant particulièrement sur celles de ces combinaisons qui ont un intérêt pratique.

Commençant par l'Hydrogène, on fera remarquer que sa conductibilité pour la chaleur et l'électricité et la faculté qu'il a de former des alliages avec les métaux le rapprochent beaucoup de ces derniers, quoique son état naturel soit celui de gaz. Après avoir étudié ses propriétés, sa composition et sa préparation, on renverra, pour l'examen de ses combinaisons, à l'étude des autres métalloïdes et des métaux.

A propos du Chlore, on insistera sur les propriétés désinfectantes qu'il possède à l'état gazeux et sur le danger très grand qu'il y aurait à le respirer. On peut se servir de charpie chlorée, c'est-à-dire ayant été exposée au chlore gazeux, pour panser des plaies de mauvaise nature. On notera sa présence dans les organismes vivants sous forme de chlorures, c'est-à-dire de combinaisons avec divers métaux, tels que le sodium et le potassium. On parlera du chlorure de sodium, $NaCl$, ou sel marin, de sa présence dans les eaux de la mer, de la façon dont on l'en extrait ; du sel gemme ou sel fossile que l'on trouve dans le sol, etc. ; de sa présence dans le sang où il est indispensable et par conséquent de la nécessité de le faire figurer dans l'alimentation d'une manière permanente. On insistera sur ce qu'il favorise la digestion, facilite l'élimination de l'urée, contribue à l'élévation de la température, à l'engraissement, etc. On parlera aussi du perchlorure de fer, Fe^2Cl^6, qui est employé comme tonique à l'intérieur, comme hémostatique pour arrêter les hémorragies en coagulant l'albumine, et comme désinfectant. Le chlorure de zinc ($ZnCl^2$) sera signalé en raison de son emploi fréquent en médecine comme caustique (pâte de canquoin). On signalera le chlorure mercureux (Hg^2Cl^2) ou calomel comme purgatif très usité, particulièrement dans les affections du foie, et le chlorure mercurique ($HgCl^2$) ou sublimé corrosif comme antiseptique et parasiticide. On étudiera ensuite la combinaison du chlore avec l'hydrogène, acide chlorhydrique, HCl, et, parmi ses combinaisons avec l'oxygène, l'acide hypochloreux, Cl OH, intéressant parce que ses combinaisons avec le sodium et le potassium sont employées, sous le nom de liqueur de Labaraque et d'eau de Javelle, pour blanchir le linge, enlever les taches et comme décolorants.

Les autres métalloïdes univalents (Iode, Brome, Fluor) ne retiendront guère l'attention. Cependant, on mettra l'iode, solide et cristallisé, sous les yeux des élèves, en leur faisant observer la propriété qu'il a de dégager, même à la température ordinaire, des vapeurs violettes. On leur montrera la teinture d'iode, qui est une dissolution d'iode dans l'alcool et on rappellera que cette dissolution a la propriété très caractéristique de colorer l'amidon en violet. Elle est souvent employée comme révulsif dans les inflammations de la gorge, des bronches, des articulations, pour rubéfier la peau et exercer une action vésicante. Elle constitue un excellent remède contre les inflammations des gencives, etc.

On montrera aussi l'iodure de potassium, IK, et le bromure de potassium, BrK, qui sont très employés en médecine. A propos du fluor, on signalera la propriété qu'a l'acide fluorhydrique d'attaquer le verre, ce qui le fait employer dans la gra..ure sur verre, et celle de ne pas attaquer le plomb, ce qui fait qu'on doit le préparer dans des cornues en plomb.

Parmi les métalloïdes bivalents, on étudiera d'abord l'Oxygène d'une manière attentive; puis l'ozone, dans lequel la molécule au lieu d'être formée de deux atomes en contient trois, O^3; puis l'eau oxygénée, H^2O^2, qui contient 2 atomes d'oxygène au lieu d'un seul. Après avoir rappelé l'analyse et la synthèse de l'eau, H^2O, on fera une étude complète de ce corps; on insistera sur ce que les eaux qu'on trouve dans la nature ne sont jamais pures : celles de la pluie (eau météorique) entraînant avec elles des traces de sels minéraux, de l'ammoniaque, de l'acide carbonique et de nombreux microorganiques ou corpuscules minéraux empruntés à l'atmosphère qu'elles ont traversée; celles des sources et des rivières (eau tellurique) contenant toujours en dissolution une quantité plus ou moins considérable d'acide carbonique et de sel minéraux, particulièrement de carbonates et de sulfates. On montrera au moyen de quels réactifs ces matières peuvent être révélées, et l'on signalera les défauts qu'elle donnent à l'eau, tels que la difficulté de dissoudre le savon et de faire cuire les légumes. On rappellera que les eaux de sources très riches en bicarbonate de chaux le laissent déposer sous forme de carbonate, en arrivant à l'air, sur le sol ou sur les objets qu'on y dépose (eaux incrustantes, stalactiques et stalagmites des cavernes, etc.). Enfin, on parlera des eaux minérales froides ou chaudes employées en médecine : eaux acidulées, dans lesquelles l'acide carbonique domine (Seltz, Condillac, etc.); eaux alcalines, où dominent les carbonates alcalins et alcalino-terreux (Ems, Vals, Vichy, etc.); eaux chlorurées, où dominent les chlorures de sodium, de potassium, de calcium, de magnésium ; eaux sulfatées, riches en sulfates de soude (Carlsbad) ou de magnésium (Epsom, Sedlitz, Pullna) ; eaux sulfureuses, où dominent les sulfures alcalins (Bagnères, Cauterets, Luchon) ou l'hydrogène sulfuré (Barèges) ; eaux ferrugineuses, contenant du carbonate ou du crénate de fer (Spa, Orezza, Bussang) ; eaux bromurées et iodurées, riches en bromures ou iodures alcalins (Kreuznach, Salins) et enfin, eaux de mer qui contiennent jusqu'à 32 à 38 grammes de divers sels par litre et où le chlorure de sodium domine.

Pour compléter l'histoire de l'oxygène, on montrera l'affinité extraordinaire que certains métalloïdes ou métaux ont pour lui : à la température ordinaire le phosphore se combine lentement avec l'oxygène de l'air en produisant de la lumière (phosphorescence); chauffé au-dessus de son point de fusion, il se combine avec l'oxygène en produisant une telle quantité de chaleur qu'il s'enflamme et brûle avec une flamme très éclatante, en produisant de l'acide phosphorique, PhO^4H^3. L'antimoine chauffé au rouge se combine avec l'oxygène de l'air en produisant une telle quantité de chaleur qu'il brûle avec un vif éclat, avec émission de fumées blanches d'oxyde d'antimoine, Sb^2O^3. Le carbone, sous toutes ses formes, chauffé jusqu'à un certain degré, se combine avec l'oxygène de l'air et produit assez de chaleur pour brûler, avec ou sans flamme, en donnant de l'oxyde de carbone, CO, ou de l'anhydride carbonique, CO^2. C'est sur ce fait que sont fondés tous nos procédés de chauffage avec le bois ou le charbon de bois, la houille, les graisses, les huiles, le pétrole, etc., toutes substances très riches en carbone et qui brûlent avec d'autant plus d'activité que le courant d'air leur apportant de l'oxygène est plus fort. Parmi les métaux, le potassium, à la température ordinaire, se combine rapidement avec l'oxygène de l'air en donnant de la potasse, K^2O, mais sans produire de chaleur notable ; déposé sur l'eau, il se combine avec l'oxygène de ce corps si activement qu'il en résulte assez de chaleur pour enflammer l'hydrogène rendu libre ; celui-ci, mélangé aux vapeurs du potassium, brûle avec une flamme violette due au métal. Le sodium, dans certaines conditions, donne lieu à des phénomènes analogues. Le calcium se combine aussi à froid avec l'oxygène de l'eau, mais lentement et sans production sensible de chaleur. Le magnésium se combine à froid avec l'oxygène de l'air en produisant assez de chaleur pour brûler avec un vif éclat. Le fer se combine, à la température ordinaire, avec l'oxygène de l'air d'autant plus rapidement que celui-ci est plus humide, sans produire de chaleur notable et en donnant de l'oxyde de fer, FeO. La plupart des autres métaux se combinent lentement avec l'oxygène de l'air, soit à la température ordinaire, soit quand ils sont chauffés. Le cuivre, le mercure, l'étain ne forment cette combinaison qu'à une température élevée : le cuivre au rouge, le mercure à 350°. L'or, l'argent, l'aluminium et le platine ne s'oxydent au contact de l'air à aucune température, c'est ce qui les fait rechercher comme métaux précieux pour la fabrication des monnaies ou des bijoux, et pour certains usages domestiques ou industriels.

Abordant alors l'étude du Soufre, on signalera sa présence, à l'état libre ou naissant, dans les déjections volcaniques ; on le montrera sous les divers états qu'il est susceptible de revêtir en absorbant plus ou moins de chaleur ; on parlera de la fleur de soufre, de sa pré-

paration et de son emploi comme parasiticide en médecine, ou dans le traitement de la vigne, etc.; puis des
vapeurs de soufre employées pour détruire les ferments
des barriques ayant contenu du vin et désinfecter certains locaux, etc. On parlera ensuite des principaux
sulfures métalliques qui existent dans la nature : sulfure d'argent, AgS, d'où l'on extrait l'argent métallique ; sulfure de plomb ou galène, PbS, d'où l'on
extrait le plomb ; sulfure de zinc ou blende, ZnS ; sulfure double de cuivre et de fer ou pyrite cuivreux,
d'où l'on extrait le cuivre ; sulfure de mercure ou
cinabre, HgS, d'où l'on extrait le mercure. On terminera l'histoire du soufre par celle de l'acide sulfhydrique
ou hydrogène sulfuré, H^2S, si remarquable par son
odeur d'œufs pourris et qui existe souvent dans les gaz
intestinaux ainsi que dans un certain nombre d'eaux
minérales ; et par celle de l'acide sulfurique, SO^4H^2,
si important au point de vue industriel que l'on peut
presque apprécier la valeur industrielle d'un pays par
sa consommation d'acide sulfurique. On citera enfin les
principaux corps formés par la combinaison de l'acide
sulfurique avec les métaux (sulfates) en montrant
expérimentalement leurs principaux caractères chimiques : sulfates de sodium, SO^4Na^2, employé comme
purgatif sous le nom de sulfate de soude ou sel de
Glauber ; sulfate de calcium, SO^4Ca, abondant dans
la nature, à l'état hydraté, sous le nom de gypse et qui
sert à fabriquer le plâtre par calcination ; sulfate de
magnésium, SO^4Mg, très employée comme purgatif
sous le nom de sulfate de magnésie ou sel de Sedlitz :
sulfate de fer, SO^4Fe, très connu sous le nom de vitriol
vert et employé pour désinfecter les fosses d'aisance :
sulfate double d'aluminium et de potassium $(S,O^4)^3Al^2$
$+ SO^4K^2$, très employé, sous le nom d'alun, comme
astringent, et très utile pour précipiter les matières ter-

reuses dont certaines eaux fluviales sont chargées, de manière à les rendre potables, préparé en grandes quantité avec l'*alunite* qu'on trouve en abondance sur certains points de l'Italie.

Dans le groupe des métalloïdes trivalents, on étudiera particulièrement l'Azote, qui existe dans l'air, à l'état gazeux, mélangé avec l'oxygène; puis l'ammoniaque qu'il forme par combinaison avec l'hydrogène, AzH^3; le protoxyde d'azote, Az^2O, connu sous le nom de gaz hilarant et employé comme anesthésique; l'acide azotique, AzO^3H. Parmi les combinaisons que ce dernier forme avec les métaux, on signalera : l'azotate de potassium, AzO^3K, très abondant dans la nature sous le nom de salpêtre, employé pour la fabrication de la poudre et, en médecine, comme diurétique; l'azotate d'argent, AzO^3Ag, employé en médecine comme caustique, sous le nom de nitrate d'argent ou pierre infernale.

On étudiera ensuite l'air atmosphérique, en insistant sur ce qu'il est formé par un simple mélange d'oxygène dans la proportion de 20,9 p. 100 et d'azote dans la proportion de 79,1 p. 100, rapport qui ne varie ni avec l'altitude, ni avec les saisons, ni avec les climats; cependant, dans les pays très chauds, où les oxydations sont très fortes, et au-dessus de la mer, la proportion de l'oxygène peut descendre jusqu'à 20,3. On rappellera que l'air renferme aussi une faible proportion d'acide carbonique et une quantité très variable de vapeur d'eau.

A propos du Phosphore, on montrera la nécessité de le conserver dans l'eau, à cause de son extrême avidité pour l'oxygène et l'on ajoutera que sa phosphorescence doit être attribuée à une oxydation lente, car elle est arrêtée par le sulfure de carbone, l'alcool, l'éther, les vapeurs de térébenthine qui ont la propriété d'arrêter les oxydations. On parlera des effets toxiques exercés par le phosphore sur l'organisme, notamment dans la fabrication des allumettes, sur laquelle ou donnera quelques détails. Le phosphore forme avec l'oxygène divers composés dont un, l'acide phosphorique, PhO^4H^3, est intéressant par les sels qu'il forme avec certains métaux, notamment le phosphate neutre de calcium $(PhO^4)Ca^2H^2$, qui forme la majeure partie des cendres des os des animaux et de l'homme et d'où l'on extrait le phosphore.

A propos de l'Arsenic, on parlera des sulfures employés dans la peinture : bisulfure d'arsenic, As^2S^2, ou réalgar, d'une belle couleur rouge; trisulfure d'arsenic, As^2S^3, ou orpiment, d'un beau jaune; sulfo-arséniure de fer ou mispickel, qui est le minerai d'arsenic le plus abondant dans la nature. On montrera comment on décèle la présence de l'arsenic dans les tissus des gens empoisonnés (appareil de Marsh) en le transformant en hydrogène arsénié, AsH^3. L'arsenic forme, avec l'oxygène, l'acide arsénieux, As^2O^3 ou arsenic blanc, employé en médecine comme caustique dans la poudre escharotique de Dubois et à l'intérieur, à très faible dose, comme tonique, surtout contre les fièvres intermittentes rebelles. Avec le potassium, il forme un arsenite de potassium, AsO^3HK^2, qui constitue la base de la liqueur de Fowler, très usitée comme tonique; il se trouve dans certaines eaux minérales, à l'état d'arsenite de fer. L'arsenite de cuivre est très employé comme matière colorante sous le nom de vert de Scheele; sa coloration est très belle, mais son emploi détermine de nombreux accidents, en particulier chez les ouvrières qui fabriquent des fleurs artificielles L'oxygène forme encore avec l'arsenic un acide arsénique, AsO^4H^3, dont certains sels métalliques sont employés en médecine, notamment l'arséniate de sodium, AsO^4HNa^2. dans la liqueur de Pearson, et l'arséniate ferreux.

A propos de l'Antimoine, on parlera de quelques combinaisons qu'il forme avec l'oxygène et qui sont utiles : protoxyde d'antimoine, Sb^2O^3, émétique et employé sous le nom de fleurs argentines d'antimoine; acide antimonique, $SbOH^3$, qui forme avec le potassium des sels parfois employés comme émétiques sous le nom d'antimoine diaphorétique.

A propos du Bismuth, on parlera du sous-nitrate de bismuth, $AzO^3(BiO)$, employé pour le pansement des plaies comme désinfectant et, à l'intérieur, comme astringent très efficace dans la plupart des diarrhées.

Dans la famille des métalloïdes quadrivalents, on passera rapidement sur le Bore et le Silicium, en signalant l'acide borique, BoO^3H^3, employé comme astringent et antiseptique, et le silicate de potassium dont on fait usage pour les pansements inamovibles, en remplacement du plâtre.

On étudiera ensuite avec soin le Carbone, en mettant sous les yeux des élèves les principales formes sous lesquelles on le trouve dans la nature : diamant, graphite, charbon de bois, houille et anthracite, noir animal, noir de fumée, etc. On montrera qu'en chauffant du carbone avec du soufre, il se forme un sulfure de carbone; qu'en le combinant directement avec l'hydrogène, au moyen de l'étincelle électrique, on obtient de l'acétylène; qu'en présence d'un alcali, le carbone fixe l'azote et donne naissance à un cyanure; que le carbone mis en contact avec les oxydes de fer, de bismuth, d'antimoine et avec la vapeur d'eau, quand il est chauffé au rouge, attire l'oxygène de ces corps pour former de l'oxyde de carbone, CO, ou de l'anhydride carbonique, CO^2. On parlera ensuite de l'oxyde de carbone, gaz remarquable par sa toxicité et qui rend dangereux les poêles à combustion lente, et de l'acide carbonique, très employé dans la fabrication des eaux gazeuses. On

montrera comment ce dernier se forme dans l'organisme, donne au sang la coloration noire caractéristique du sang veineux et est éliminé par les poumons à
chaque expiration. On terminera par l'examen des combinaisons de l'acide carbonique avec les métaux (carbonates) dont on montrera d'abord expérimentalement
les caractères généraux : carbonate de potassium, CO^3K^2,
et carbonate de sodium, CO^3Na^2, qui abondent dans les
cendres des végétaux et qui légitiment l'emploi de ces
dernières dans le lessivage ; carbonate de calcium, CO^3Ca,
très abondant dans la nature où il forme tous les terrains calcaires sous les formes de spath d'Islande, ara-
gonite, marbre, craie, albâtre calcaire, pierre calcaire
à chaux et à bâtir, etc. ; carbonate de plomb, CO^3Pb,
très employé dans la peinture sous le nom de blanc de
plomb ou céruse, mais dangereux pour les ouvriers qui
le manient ; carbonate de magnésium, CO^3Mg, très
employé en médecine comme purgatif, sous le nom de
magnésie blanche ; carbonate de fer, CO^3Fe, très employé
en médecine comme tonique et tenu en dissolution,
grâce à la présence de l'anhydride carbonique, dans
un grand nombre d'eaux minérales ferrugineuses.

Après avoir étudié les métalloïdes conformément à
la méthode employée ci-dessus, on pourra passer rapidement sur les métaux. On les fera connaître aux élèves
en attirant leur attention sur leurs principaux caractères physiques et chimiques. On indiquera la manière
de les préparer et on fera ressortir expérimentalement
les principaux caractères de leurs sels.

Parmi les métaux univalents, on étudiera succinte-
ment l'Argent ; mais on insistera particulièrement sur
le Potassium et le Sodium dont les sels, particulièrement
les carbonates, les phosphates et les chlorures existent
toujours dans l'organisme des êtres vivants auxquels
ils sont indispensables.

Parmi les métaux bivalents, on étudiera particulièrement le Calcium, dont les sels les plus importants ont été déjà étudiés à propos des métalloïdes ; le Plomb, le Zinc et le Cuivre à cause de leur emploi dans l'industrie, et le Mercure en raison de l'action toxique qu'il exerce sur les ouvriers qui le manient.

Parmi les métaux trivalents, le Fer, l'Aluminium et l'Or devront attirer l'attention des élèves. On insistera particulièrement sur l'extraction du fer, sur sa transformation en fonte par l'absorption de carbone, sur l'affinage de la fonte en fer doux par fusion dans un courant d'air qui brûle le charbon, sur la transformation du fer en acier et sur son durcissement par la trempe lorsqu'il est chauffé au rouge cerise. On montrera aussi comment se préparent la limaille de fer, le fer porphyrisé et le fer réduit par l'hydrogène ou l'électricité que l'on emploie en médecine comme toniques.

Parmi les métaux quadrivalents, on étudiera rapidement l'Étain et le Platine, en raison de leur emploi industriel.

Le professeur abordera ensuite la *chimie organique*, en insistant d'abord sur l'importance jouée par le carbone dans la formation des corps organiques. Quoique l'atome isolé de carbone puisse s'unir à 4 atomes d'hydrogène, 2 atomes d'une molécule carbonique ne peuvent s'unir qu'à 6 atomes d'hydrogène au lieu de 8. Si tous les atomes de la molécule carbonique étaient saturés par l'hydrogène ils se sépareraient. Aussi, tandis que la formule CH^4, représentant 1 atome de carbone et 4 atomes d'hydrogène est réalisée dans le méthane ou gaz des marais, la formule C^2H^8 représentant 2 atomes de carbone et 8 d'hydrogène est irréalisable ; si elle se formait, elle se diviserait tout de suite, pour former 2 molécules de méthane, car C^2H^8 équivaut à $CH^4 + CH^4$. Si, de la formule CH^4 nous enlevons 1 atome d'hydrogène, nous aurons CH^3 qui ne répond à aucun corps réel, mais où le carbone ayant perdu une partie de l'hydrogène qui satisfait son affinité se trouve en possession d'une force d'attraction disponible; il en pourra user pour se river à un autre atome de carbone et, si celui-ci est lui-même uni à 3 atomes d'hydrogène, on aura 2 molécules de CH^3 unies l'une à l'autre, $CH^3 + CH^3 = C^2H^6$ qui est réalisé dans l'éthane. On peut ainsi envisager une série de formules contenant 3, 4, 5, etc., atomes de carbone, et l'on verra qu'elles ne peuvent être réalisées que s'il y a toujours moins d'atomes d'hydrogène que n'en comporterait la quadrivalence des atomes de carbone[1]. On voit par là que le carbone peut former avec les atomes de l'hydrogène une série indéfinie de corps. Comme dans chacun de ces corps, les atomes d'hydrogène peuvent être remplacés par des atomes d'oxygène ou d'azote, on montrera que de chacune des formules citées plus haut pourra sortir une nouvelle série indéfinie de corps. Ainsi s'explique qu'avec les quatre éléments simples, carbone, hydrogène, oxygène et azote les affinités chimiques aient pu former tous les corps organiques dont nous constatons la présence dans la nature.

On montrera ensuite que tous les corps organiques peuvent être divisés, d'après le nombre des éléments simples qui les constituent, en trois grands groupes :

1. Pour mettre en lumière l'union des atomes de carbone et d'hydrogène les uns avec les autres dans ces corps, on emploie souvent les formules suivantes où l'on voit les atomes de carbone rivés l'un à l'autre d'une part et s'unissant, d'autre part, en vertu de leurs affinités restées libres, à des atomes d'hydrogène :

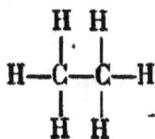

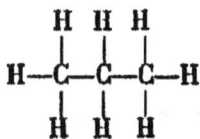

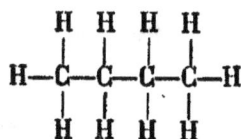

```
   H H              H H H              H H H H
   | |              | | |              | | | |
H—C—C—H          H—C—C—C—H          H—C—C—C—C—H
   | |              | | |              | | | |
   H H              H H H              H H H H
```

corps « binaires », composés uniquement de carbone
et d'hydrogène ; corps « ternaires », formés de carbone,
d'hydrogène et d'oxygène ; corps « quaternaires », dont
la molécule est constituée par les quatre éléments carbone, hydrogène, oxygène et azote.

Parmi les corps du premier groupe, que l'on désigne
communément sous le nom d' « hydrocarbures », on
étudiera d'abord le protocarbure d'hydrogène, formène
ou méthane, CH^4, vulgairement connu sous le nom de
gaz des marais. Il se dégage en abondance de certains
sols marécageux et brûle parfois, au contact de l'air,
avec une flamme bleue (feux follets). Dans certaines
mines, il forme avec l'air un mélange (grisou) qui
détonne au contact d'une flamme en produisant parfois
des accidents terribles. C'est pour éviter l'explosion de
ce mélange, que les mineurs emploient les lampes spéciales dites lampes de mineurs ou de Davy (voy. plus
haut p. 200). On étudiera ensuite l'éthane, C^2H^6, et le
pétrole dont il est un des éléments principaux, puis la
parafine et la vaseline, que l'on sépare des huiles
lourdes du pétrole. On étudiera aussi l'éthylène, C^2H^4,
et l'acétylène, C^2H^2, qui se forment dans la combustion
d'une foule de substances organiques riches en carbone
et qui brûlent avec des flammes très éclairantes. On
insistera sur l'éclairage à l'acétylène. On parlera aussi
de la benzine, C^6H^6, et de l'essence de térébenthine
employée dans la peinture et l'on indiquera comment
on obtient cette dernière par la distillation des sucs
résineux. On parlera enfin du gaz d'éclairage et de sa
fabrication ; puis, du goudron.

Abordant alors l'étude des corps ternaires, on montrera d'abord qu'ils se divisent en : hydrates de carbone, alcools et éthers, acides et aldéhydes ; puis, on
étudiera successivement les corps les plus importants
de chacun de ces groupes.

Parmi les hydrates de carbone, dont la caractéristique est de renfermer, avec le carbone, de l'hydrogène et de l'oxygène dans les proportions qui constituent l'eau, on étudiera le glycogène, $(C^6H^{10}O^5)^2$, qui est produit dans le foie et d'autres organes et qui se transforme ensuite en glucose ; le glucose ou sucre de fruits, $C^6H^{12}O^6$, qui existe aussi dans l'organisme humain, introduit en partie par les aliments et en partie formé dans certains organes, notamment dans le foie ; quand il est produit en excès on l'élimine par les urines (diabète) ; le saccharose ou sucre de canne, $C^{12}H^{22}O^{11}$, que l'on extrait de la betterave et qui existe dans divers autres végétaux ; le sucre de lait ou lactose, $C^{12}H^{22}O^{11}$; l'amidon, $(C^6H^{10}O^5)^3$, ou fécule, qui existe en abondance dans toutes les plantes et s'accumule dans certains organes, tels que les tubercules de la pomme de terre, les graines du haricot, de la lentille, du blé, etc., et forme la majeure partie des farines, dont on indiquera la fabrication ; les celluloses, $(C^6H^{10}O^5)^n$, qui forment les parois des cellules des végétaux et servent à la préparation du fulmicoton, ou coton poudre (nitro-cellulose) avec lequel on fabrique les poudres sans fumée ; le collodion, qui sert au pansement des plaies pour les mettre à l'abri de l'air ; le celluloïde avec lequel on fabrique une foule d'objets imitant l'écaille, l'ivoire, etc., dangereux parce qu'ils s'enflamment très facilement. A propos des celluloses, on parlera des mucilages et des gommes qui sont produits par une modification des parois des cellules végétales et qui sont très employés dans l'industrie ; enfin on parlera du phénol ou acide phénique, C^6H^5OH, très employé comme antiseptique.

Passant aux alcools, dont la caractéristique est de pouvoir se combiner aux acides pour former des corps neutres nommés éthers, on étudiera principalement : l'alcool méthylique ou esprit de bois, $CH^3.OH$, que l'on obtient par distillation du bois en vases clos ; l'alcool éthylique ou alcool ordinaire, esprit de vin, $C^2H^5.OH$, que l'on retire de tous les fruits et liquides sucrés par fermentation du glucose ou de la saccharose ; on insistera sur sa production, sa distillation, ses usages dans l'alimentation, l'éclairage, le chauffage, etc. A propos de l'alcool, il sera utile de faire une leçon sur les phénomènes chimiques de la fermentation alcoolique que provoquent dans les liquides sucrés les Saccharomyces. On parlera aussi de la fermentation acétique provoquée dans l'alcool par le Micrococque, des fermentations qui déterminent la putréfaction des matières organiques, des fermentations provoquées par les ferments non figurés ou diastases.

Puis on parlera de l'éther ordinaire ou éther sulfurique $(C^2H^5)^2O$, que l'on obtient en traitant l'alcool par l'acide sulfurique et qui est formé par la combinaison d'une molécule d'alcool éthylique avec une autre molécule du même alcool, suivie d'élimination d'eau, comme l'indique la formule : $C^2H^5(OH) + C^2H^5(OH) = (C^2H^5)O + H^2O$. On parlera ensuite de la glycérine, $C^3H^3(OH)^3$ que l'on retire des corps gras (huiles, beurres, graisses) en les saponifiant; puis de la nitroglycérine, dont les propriétés sont analogues à celles du fulmicoton ou nitrocellulose, et de la dynamite. A propos des éthers, on étudiera ensuite le chloroforme, $CHCl^2.Cl$, où 3 atomes de chlore sont associés à 1 atome de carbone et 1 atome d'hydrogène, et qui est employé comme anesthésique ; l'iodoforme $CHI^2.I$, où 3 atomes d'iode sont associés à 1 atome de carbone et 1 atome d'hydrogène, et qui est employé comme anesthésique local dans le pansement des plaies.

Parmi les acides organiques, dont la caractéristique est de pouvoir s'unir aux bases pour former des sels, on étudiera particulièrement : l'acide formique, CHO.

OH, qui existe en grande quantité dans le corps des fourmis et se trouve aussi chez l'homme dans le sang, la sueur, etc. ; l'acide acétique, $C^2H^3O.OH$, qui se trouve en petite quantité, soit libre, soit combiné aux bases, dans le sang, la sueur, la rate, etc. et parfois en grande quantité dans l'estomac, où il est produit par la fermentation des aliments sucrés ou amylacés. On l'obtient en grand par la distillation du bois ou par une fermentation de l'alcool dont il faudra montrer le mécanisme. On parlera ensuite des principaux acétates : acétate neutre de cuivre $(C^2H^3O^2)$ $Cu+H^2O$, ou cristaux de Vénus, d'un vert bleuâtre foncé ; vert de Schweinfurt, qui est une combinaison d'acétate de cuivre et d'arsénite de cuivre ; acétate neutre de plomb $(C^2H^3O^2)^2Pb$ $+ 3H^2O$, ou Extrait de saturne, avec lequel on prépare l'eau blanche. A propos des acides palmitique, $C^{16}H^{31}O.OH$, oléique $C^{18}H^{33}O.OH$ et stéarique, $C^{18}H^{35}O.OH$, que l'on extrait des graisses animales, on exposera le mécanisme de la fabrication des savons et des bougies. On donnera quelques détails sur les acides lactique et butyrique qui se forment dans la fermentation du lait ; sur l'acide oxalique $(CO)^2.(OH)^2$ et les oxalates qui donnent à l'oseille ses propriétés et se trouvent dans l'urine ; puis on parlera du tannin, $C^{14}H^{10}O^9$, et des tannates qui donnent à certaines écorces les propriétés qui les rendent propres au tannage des peaux, dont on exposera le mécanisme ; de l'acide tartrique et des tartrates, qui existent dans le vin et beaucoup de fruits et dont quelques-uns sont vomitifs, notamment le tartrate stibio-potassique ou tartrate d'antimoine et de potasse, très employé en médecine comme vomitif ; de l'acide citrique, $C^6H^5O^7$, et des citrates, qui donnent au citron et à d'autres fruits leur saveur acide ; enfin de l'acide phénique ou phénol, $C^6H^5.OH$, qui prend naissance dans la décomposition du bois et de la houille par la

chaleur et qui est très employé comme antiseptique ;
puis, on parlera de l'acide picrique, que l'on obtient en
traitant le phénol par l'acide azotique et dont les sels,
picrates d'ammonium, de baryum, de calcium, de fer,
sont très employés en pyrotechnie (mélinite).

Parmi les Aldéhydes, ou corps ternaires qui se forment par oxydation des alcools en leur enlevant une partie de leur hydrogène, on étudiera : l'essence d'amandes
amères ou aldéhyde benzoïque, C^7H^6O, qui se forme
par dédoublement d'une substance quaternaire, l'amygdaline, abondante dans certaines amandes, dans les
feuilles du laurier-cerise, etc. et qui est très toxique ;
le chloral, très employé comme hypnotique, dans la
molécule duquel trois atomes de chlore s'ajoutent aux
atomes de carbone, d'hydrogène et d'oxygène, pour
donner la formule $C^2Cl^3O.H$.

Passant aux corps quaternaires, on étudiera d'abord
ceux auxquels on a donné le nom d' « Amines » et qui
servent de transition entre les corps inorganiques ayant
l'ammoniaque pour base et les corps organiques quaternaires. On montrera que les amines dérivent, en
effet, de l'ammoniaque, AzH^3, par la substitution de
molecules d'hydrocarbures à un ou plusieurs atomes
de l'hydrogène de l'ammoniaque[1]. On ajoutera que les
amines sont des alcalis ou alcaloïdes organiques, c'est-
à-dire des corps ayant la propriété de se comporter
comme des bases à l'égard des acides organiques ou
minéraux, et qu'ils se divisent naturellement en deux
classes : les amines ou alcaloïdes artificiels et les

Les figures suivantes mettent bien en lumière la façon dont
cette substitution s'opère pour produire les trois amines suivantes :

$$Az \begin{cases} H \\ H \\ H \end{cases} \quad Az \begin{cases} CH. \\ H \\ H \end{cases} \quad Az \begin{cases} CH. \\ CH. \\ H \end{cases} \quad Az \begin{cases} CH. \\ CH. \\ CH. \end{cases}$$

ammoniaque   méthylamine   diméthylamine   triméthylamine amines ou alcaloïdes naturels. C'est seulement parmi les alcaloïdes naturels que se trouvent les corps intéressant les élèves ; on citera notamment : la lécithine, qui existe en grande quantité dans le jaune d'œuf, les nerfs, le cerveau, le sang, le pus, etc. ; la leucine et la tyrosine, que l'on trouve dans toutes les matières organiques putréfiées et qui existent dans l'urine des malades atteints de typhus, de variole, d'atrophie du foie, etc. ; la créatine, produit de désassimilation des matières albuminoïdes, qui existe principalement dans les muscles des animaux ; les ptomaïnes, substances très instables, qui se trouvent dans les matières en putréfaction. Enfin, on parlera de l'acide urique, dont on constate souvent la présence dans l'urine, sous la forme de cristaux d'urates, et qui se dépose sous la même forme dans les articulations des rhumatisants, des goutteux et des arthritiques ; puis, de l'urée, $CO(AzH^2)^2$, qui se trouve dans l'urine comme produit ultime de la désassimilation des matières organiques quaternaires et, en particulier, de l'acide urique, et qui, elle-même, peut être dédoublée par oxydation en eau, acide carbonique et azote.

On parlera ensuite des alcaloïdes végétaux les plus importants : atropine, $C^{17}H^{23}AzO^3$, que l'on retire de la belladone ; cocaïne, $C^{17}H^{21}AzO^4$, que l'on extrait de la coca ; morphine, $C^{17}H^{18}AzO^3 + H^2O$, que l'on retire de l'opium ou suc du pavot ; quinine, $C^{20}H^{21}Az^2O^2$, que l'on extrait de l'écorce de quinquina ; strychnine, $C^{21}H^{22}Az^2O^2$, que l'on extrait de la noix vomique ; amygdaline, $C^{20}H^{27}AzO^{11}$, dont le dédoublement en présence de l'eau et sous l'influence d'un ferment non figuré, l'émulsine, donne naissance à l'essence d'amandes amères, à du glucose et de l'acide cyanhydrique. On parlera ensuite de l'aniline, $AzH^2.C^6H^5$, qui se forme quand on décompose par la chaleur des matières organiques azotées et que l'on peut extraire du goudron et de la houille. On montrera comment, avec l'aniline, on est parvenu à fabriquer une multitude de couleurs artificielles que l'on emploie dans la teinture et l'on entrera dans quelques détails pratiques au sujet de l'industrie de la teinture.

On terminera l'étude de la chimie organique par le cyanogène et les matières albuminoïdes. Après avoir attiré l'attention des élèves sur les caractères généraux, physiques et chimiques, des matières albuminoïdes, la maîtresse parlera des principales de ces matières : l'albumine de l'œuf, la caséïne du lait, la fibrine du sérum sanguin, que l'on trouve aussi dans l'urine des malades atteints de certaines affections des reins, la vitelline du jaune d'œuf, la myosine des muscles, la globuline des globules du sang, etc., les peptones, qui se produisent, sous l'influence de la digestion, par la transformation des albumines véritables, etc.

On montrera alors les différences qui existent entre l'albumine morte et l'albumine vivante, la première pouvant rester sans modification pendant une période très prolongée, tandis que la seconde se modifie incessamment sous l'influence de l'oxygène qui, d'une part, lui fait subir des modifications multiples et incessantes et dont elle s'incorpore, d'autre part, des atomes. On ajoutera que d'après une hypothèse fort plausible, l'albumine vivante aurait été produite directement par la transformation du cyanogène, $(CAz)^2$, et de ses combinaisons oxygénées. L'acide cyanique, $CAzHO$, produit d'oxydation du cyanogène, jouit, en effet, comme l'albumine vivante, de la propriété de s'associer sans cesse des molécules nouvelles, en vertu des affinités jamais entièrement satisfaites de son carbone ; c'est ce qui a fait dire à un éminent chimiste : « je considère volontiers l'acide cyanique comme une molécule à demi vivante. » Comme le cyanogène lui-même ne peut se former par synthèse qu'à une température très élevée, il n'a pu apparaître dans la nature qu'à une époque où la terre était encore incandescente mais contenait de la vapeur d'eau, avec du carbone et de l'azote gazeux. Une fois formés par synthèse naturelle, les composés du cyanogène n'eurent qu'à se comporter comme ils le font encore aujourd'hui sous nos yeux, c'est-à-dire attirer à eux les molécules de l'eau, et, en particulier, les atomes de l'oxygène, pour donner naissance aux matières albuminoïdes vivantes, dont la faculté essentielle est précisément d'attirer à elles d'une façon incessante les atomes et les groupes d'atomes que la gravitation ou toute autre force motrice amène à leur contact. Aussi, le chimiste déjà cité plus haut a-t-il pu dire de l'albumine vivante qu'elle « représente une énorme molécule engagée dans un mouvement de formation et de destruction continuel et sans fin » et qu'elle « se comporte vraisemblablement vis-à-vis des molécules chimiques ordinaires comme le soleil à l'égard d'un petit météore [1]. »

La chimie nous montre ainsi, à la fin de ses études, la matière vivante composée, comme la matière non vivante, de simples atomes sans cesse s'attirant ou se repoussant, se pénétrant les uns les autres ou se séparant ; et la vie nous apparaît comme une simple forme particulière du mouvement éternel dont la matière infinie et éternelle est nécessairement animée.

§ 5. — L'HISTOIRE NATURELLE

L'histoire naturelle ne sera étudiée qu'après la Cosmographie, la Physique et la Chimie, dont la connaissance, ainsi que l'on a pu s'en assurer par les pro-

---

1. PFLUGER, *Ueber die physiologische Verbrennung in den lebendigen Organismen*, in *Pflüger Archiv.*, X, 1875.

grammes exposés plus haut, facilitera singulièrement son enseignement. On procédera, d'ailleurs, dans l'étude de la Géologie, de la Botanique et de la Zoologie comme dans celle de la Physique et de la Chimie, c'est-à-dire par l'exposé des faits qui sont de nature à conduire le plus facilement aux idées générales. Ce ne sont pas des noms de terrains, de roches ou de fossiles, de plantes ou d'animaux que l'on se proposera de faire apprendre aux élèves, mais les grands traits de l'organisation, de la vie et de l'évolution des êtres.

a) *La Géologie.*

Commençant l'étude des sciences naturelles par la Géologie, la maîtresse rappellera d'abord quelles transformations la surface de la terre a subies depuis le début de l'isolement de la planète jusqu'à la formation des continents (voyez plus haut p. 90). Elle fera voir ensuite que l'ancienneté relative des continents est indiquée par les restes des végétaux et des animaux qu'on trouve à leur surface et par la disposition des roches ou des strates de terrains. Elle notera que d'après ces monuments du passé, on admet dans l'histoire de l'évolution de la surface de la terre quatre phases ou périodes principales, au sujet desquelles on exposera simplement quelques faits fondamentaux.

1° *Période azoïque.* Sa durée a dû être de plusieurs milliers de siècles pendant lesquels les continents eurent une disposition dont il nous est impossible de nous rendre compte parce que les sédiments déposés sur leurs bords par les mers ne contiennent pas le moindre reste d'organismes et ont été modifiés par la chaleur intérieure du globe (action métamorphique). Cependant, il est permis d'admettre que le Canada, l'Ecosse, la Scandinavie, la Bretagne et le Plateau central de la France faisaient partie de ces continents.

2° *Période primaire* ou *paléozoïque*, plus longue encore, sans doute, que la précédente, pendant laquelle les continents formaient : autour du pôle nord, une immense calotte dont le Canada, l'Ecosse, la Scandinavie, la Bretagne, le Plateau central de la France, la Bohême, la partie méridionale de l'Afrique, l'Australie, la région des grands lacs faisaient partie, soit à l'état de continents, soit à l'état d'îles ; autour du pôle sud, une mer dont le fond s'élevait peu à peu. De nombreuses éruptions de matières intérieures du globe se faisaient à travers les fissures de la croûte solidifiée, mais sans que la disposition des terres fut modifiée. La température était à peu près uniforme partout et assez élevée pour permettre le développement d'une énorme quantité de végétaux, dont les restes carbonisés forment nos terrains houillers. Après avoir noté que tous les végétaux de cette période appartenaient aux groupes inférieurs (Fougères, Lycopodes, Pins, Sapins, etc.) on rappellera que les animaux sont incapables de fabriquer les matières organiques dont ils se nourrissent, tandis que les végétaux verts les fabriquent, sous les rayons solaires, avec les éléments inorganiques de l'air et du sol, d'où l'on doit conclure que les végétaux pourvus de chlorophylle ont dû précéder les animaux sur la terre. Aussi la période primaire ne présente-t-elle guère, au milieu d'une masse énorme de végétaux, que des animaux inférieurs; les seuls vertébrés dont on y trouve des restes sont des poissons et des batraciens. On n'y a pas découvert de restes d'animaux aériens; ceux-ci ne pouvaient sans doute pas se développer, en raison de l'énorme quantité d'acide carbonique contenu dans l'air, tandis que ce gaz est, au contraire, éminemment favorable au développement des végétaux. La maîtresse montrera des dessins et fera au tableau des figures des principaux végétaux et animaux de cette période.

3° *Période secondaire* ou *mézozoïque* : on constate la présence de deux continents immenses, situés l'un au nord et l'autre au sud de l'équateur, séparés par une mer faisant tout le tour du globe. Sur ces continents apparaissent, pendant les milliers de siècles qu'elle dure, des végétaux appartenant aux groupes supérieurs, des reptiles aquatiques ou terrestres dont quelques-uns atteignent des tailles gigantesques (Ichtyosaure et Plésiosaure qui ne quittaient pas la mer et atteignaient jusqu'à dix mètres de long, Iguanodon et Mégalosaure, terrestres et plus grands encore, etc.), et dont d'autres avaient les membres antérieurs pourvus d'ailes (Ptérodactyle et Ramphorhynque), des oiseaux, dont les premiers venus avaient une queue à vertèbres et des dents comme les reptiles (Archœopterix); enfin des Mammifères du groupe des marsupiaux, c'est-à-dire tout à fait inférieurs.

4° *Période tertiaire,* dont la durée ne fut, sans doute, pas moins longue que celle des périodes précédentes. Les terres qui reliaient l'Amérique du Nord et l'Europe d'une part, l'Afrique et l'Amérique du Sud d'autre part s'affaissent pour former l'Atlantique, tandis que le Pacifique se produit par des affaissements analogues. Plus tard, l'isthme de Panama se souleva et relia les deux Amériques. Au début de cette période, le sud-ouest de l'Europe communiquait avec le nord-ouest de l'Afrique et la Méditerranée était divisée en plusieurs bras peu larges. Le bassin de Paris tout entier, la Belgique, le sud de l'Angleterre, la région alpine, la Russie méridionale, la Syrie, la Perse, la région hymalayenne, l'Arabie, le Nord-est de l'Afrique étaient submergés. La Méditerranée communiquait, du sud au nord, avec l'Océan boréal par une passe étroite située à l'ouest de la région ouralienne. Au sud, la Méditerranée communiquait par l'isthme de Suez et la mer Rouge avec l'Océan Indien.

Au début du tertiaire moyen ou miocène, un soulèvement transversal se produisit dans les points où la croûte terrestre offrait le moins de résistance et donna naissance aux massifs montagneux des Pyrénées, des Apennins, des Alpes, du Caucase et de l'Hymalaya, c'est-à-dire à l'immense chaine qui s'étend aujourd'hui depuis l'océan Atlantique jusqu'à la mer de Chine. Au sud de la Méditerranée, les montagnes de l'Atlas se soulevaient ainsi que le Maroc.

Pendant ce temps, la Méditerranée occidentale se creusa par affaissement de son fond, le détroit de Gibraltar se forma ; le sud de l'Europe fut nettement séparé du nord de l'Afrique et il ne resta plus, des terres qui les unissaient auparavant, que les îles de la Corse, de la Sardaigne, de Malte, de Sicile, ainsi que la botte italienne. Un affaissement analogue se produisit dans l'est de la Méditerranée, tandis que la Grèce et l'Asie Mineure émergeaient. La communication de la Méditerranée avec la mer Rouge fut interrompue par le soulèvement de l'isthme de Suez. Les relations avec l'Océan Boréal furent également interrompues par émersion des terres situées à l'ouest de l'Oural. La Méditerranée ne communiqua plus, dès lors, qu'avec l'Océan Atlantique, par le détroit de Gibraltar.

Enfin, avant que la période tertiaire s'achevât, pendant le Pliocène, l'Atlantique prit sa forme définitive ; le sud de l'Angleterre, la Belgique, le bassin de Paris, se soulevèrent, ne conservant plus que de grands lacs et des fleuves très larges. Le même exhaussement se produisit en Russie, en Perse, etc., ne laissant plus subsister que la mer Noire, la mer Caspienne, etc. Par suite de tous ces mouvements d'exhaussement et d'affaissement, la surface de la terre avait pris l'aspect général qu'elle offre actuellement, mais les climats ne s'étaient encore que peu différenciés, car on trouvait en France et dans une partie de l'Europe une flore et une faune assez semblables à celles de l'Afrique actuelle. C'est seulement vers la fin de la période tertiaire que les climats se différencièrent, sous l'influence des affaissements et des exhaussements qui continuaient de se produire.

Pendant la période tertiaire, les végétaux sont encore très nombreux, mais les espèces de la période primaire et d'une partie de la période secondaire ont disparu. Les différentes espèces qui persistent, ainsi que celles qui se forment, s'adaptent peu à peu au climat particulier de chaque continent, de sorte qu'une partie des espèces de l'époque tertiaire existent encore de nos jours plus ou moins modifiées. Parmi les animaux, les grands reptiles de l'époque secondaire disparaissent. Les espèces de reptiles, de poissons, d'oiseaux et de mammifères d'aujourd'hui se développent. Les singes apparaissent et atteignent une grande importance. Les anthropoïdes existent dans les régions chaudes; on en constate même, pendant le tertiaire moyen, plusieurs espèces dans l'Europe occidentale, mais ils en disparaissent à la fin du tertiaire, sous l'influence de l'abaissement de température déterminé par le grand développement que prirent alors les glaciers dans la partie supérieure de l'hémisphère nord. On n'a pas trouvé non plus, dans les terrains de la période tertiaire, de restes d'aucun organisme pouvant être considéré avec certitude comme appartenant à l'espèce humaine.

5° *Période quaternaire* : à son début, les vallées de l'Europe occidentale sont couvertes de lacs et de marécages d'eau douce ; il s'en dégage des vapeurs d'eau très abondantes, qui sont entraînées par les vents vers les massifs montagneux, s'y refroidissent et retombent en neige. Celle-ci, en s'accumulant et se durcissant sur les sommets, forme d'immenses glaciers dont on trouve aujourd'hui les traces à des distances considérable, des montagnes, car l'étendue des glaciers est allée, depuis cette époque, sans cesse en se réduisant.

Dès le début de la période quaternaire, les premiers hommes furent produits par la transformation des grands singes anthropoïdes. Comme ceux-ci n'existaient plus que dans les régions chaudes, c'est probablement dans ces régions que se formèrent les premiers êtres méritant le nom d'hommes.

Après avoir tracé le tableau sommaire des évolutions subies par la surface de la terre et ses habitants depuis sa solidification jusqu'à nos jours, le professeur exposera les phénomènes auxquels elles sont dues. Il montrera comment les mers, en battant les rivages des terres, en arrachent des matériaux qui vont se déposer ailleurs en strates dont la disposition, la composition et les restes fossiles nous révèlent l'époque relative où elles ont été formées. Il montrera aussi comment, à ces phénomènes, s'ajoutent ceux qui sont déterminés : par les pluies entraînant les terres de la surface avec les petits animaux ou végétaux qu'elles contiennent jusque dans les fleuves en les déposant sur leurs bords et à leurs embouchures; par les vents qui soulèvent et emportent les sables; par les glaciers qui se forment au sommet des hautes montagnes et descendent peu à peu, comme des fleuves, en entraînant les matériaux auxquels ils adhèrent sur leurs bords et dans leur fond. Il aura soin de montrer que toutes ces actions de la mer, des pluies, des fleuves, des vents, des glaciers sont à la fois destructives et formatrices. Les matériaux enlevés à une région sont déposés dans d'autres, de telle sorte que l'on peut souvent, d'après leurs caractères minéralogiques et leur fossiles, découvrir d'où ils viennent.

Après avoir étudié ces actions purement physiques, le professeur montrera que soit l'eau de la pluie ou des fleuves, soit celle de la mer exercent aussi sur les continents une action chimique importante. Il fera remarquer que l'action chimique de l'eau est due en partie à l'hydratation produite par l'eau elle-même et en partie aux oxydations déterminées par l'air et l'acide carbonique qu'elle tient en dissolution. Par la seule hydratation, les minerais de fer se changent en limonite, le sulfate de chaux connu sous le nom d'anhydrite se change en gypse en se gonflant au point que son volume augmente parfois de 33 p. 100, etc.

D'autre part, grâce à l'acide carbonique qu'elle tient en dissolution, souvent en très fortes proportions, l'eau transforme les calcaires ou carbonates de chaux en carbonates bicalciques qui, étant solubles, sont ensuite entraînés par elle ; elle décompose également, à la température ordinaire, les silicates de calcium, de potassium, de sodium, de fer, etc., qui existent dans un grand nombre de roches et les transforme en carbonates alcalins. Les roches les plus dures sont ainsi profondément modifiées par l'eau des pluies, surtout dans les pays où celles-ci sont abondantes : les granites et les gneiss de Bretagne, par exemple, deviennent facilement friables parce qu'ils sont sans cesse exposés à la pluie, tandis que les granites de l'Egypte où il pleut rarement, conservent leur dureté. Les basaltes eux-mêmes sont altérés par l'eau lorsqu'ils sont riches en silicates, comme c'est le cas pour le pyroxène et l'amphibole. Le professeur fera observer que les roches transformées en corps solubles par l'eau chargée d'acide carbonique sont souvent entraînées par elle et déposées plus ou moins loin du lieu où elles existaient dans leur état primitif. Il montrera que c'est ainsi que se sont formées les stalactites et les stalagmites, les tufs, les grès ferrugineux, etc. Il notera encore les dépôts de sel marin, de matières terreuses, etc., que les eaux de la mer abandonnent lorsqu'elles s'évaporent dans des mers intérieures ou des golfes peu profonds ; c'est ainsi que se sont formées les mines de sel gemme qu'on trouve dans une foule de pays. C'est aussi par la précipitation des sels calciques tenus en dissolution dans l'eau des mers que l'on voit, sur beaucoup de rivages, les grains de sable et même les cailloux, les galets, les coquilles, les débris de coraux, etc., être agglomérés par un ciment calcaire, pour former ce que l'on appelle les conglomérats et les poudingues, etc.

Le professeur traitera ensuite la question, très importante au point de vue pratique, de l'action exercée par les organismes vivants sur la formation des terrains et des roches. Commençant par les végétaux, il montrera comment la tourbe se forme par la putréfaction des sphagnes et de certaines mousses, avec perte de l'hydrogène et de l'oxygène que contenaient les plantes vivantes et accroissement du carbone. Il montrera ensuite comment les houillères se sont formées, pendant la période primaire, par le dépôt, dans les lacs et les embouchures fluviales, des débris des végétaux entraînés par les rivières et les fleuves et la production dans ces dépôts de phénomènes chimiques analogues à ceux que nous constatons aujourd'hui dans les tourbières. Par suite des affaissements et exhaussements successifs du sol, des strates minérales se sont ordinairement formées au-dessus des dépôts végétaux, et l'on peut ainsi voir des couches de roches alterner avec les couches de houille. On montrera comment, aujourd'hui encore, à l'embouchure de certains fleuves, il se forme des dépôts de bois flottés, d'herbes, de débris végétaux, qui, à la suite de leur putréfaction, donnent un combustible intermédiaire entre la tourbe et la houille ; comment les herbes des steppes de la Russie ont formé, en se décomposant, les terres noires, très fertiles parce que riches en silices, en soude, en potasse, en ammoniaque et en acide phosphorique connues sous le nom de « tchernoïsèm »; comment les potamogetons et les renoncules aquatiques peuvent, en fixant le bicarbonate de chaux dissous dans de l'eau, former des dépôts de travertins; comment d'autres dépôts calcaires sont formés, dans les mers peu profondes, comme le golfe de Naples, par des algues marines (corallines et nullipores) qui fixent les carbonates et les abandonnent après leur mort sur le fond de la mer; comment les varechs, en se putréfiant au fond de la mer, produisent une sorte de tourbe marine; comment des spores de fougères forment la roche connue sous le nom de sporite; comment les tests siliceux des diatomées forment le tripoli et quels immenses dépôts de silice ou de calcaire sont formés, dans le fond des océans, soit par les tests d'autres diatomées microscopiques soit par les squelettes des radiolaires ou des foraminifères; comment les cœlentérés du groupe des coralliaires forment avec leurs squelettes calcaires des îles entières, etc.

Elles parlera ensuite des actions destructives et formatrices des volcans, en indiquant d'abord la distribution de ces derniers autour des grands océans et sur les montagnes où l'on peut supposer que la croûte terrestre solidifiée offre le minimum de résistance. Elle étudiera tour à tour les phénomènes relatifs aux périodes d'activité et de repos des volcans; la nature des laves et des vapeurs projetées pendant les éruptions; celle des fumerolles ou émanations gazeuses qui se dégagent, sans pression sensible, de la lave ainsi que des fissures et des cratères des volcans; celle des solfatares ou soufrières; celle des geysers ou sources jaillissantes chaudes que l'on trouve autour de certains vol-

cans éteints depuis longtemps, par exemple en Islande,
et dont l'eau est très riche en silice ; celle des soufflards
ou suffioni de la Toscane, de la Californie et du San
Salvador, etc., qui sont des jets de vapeur d'eau riches
en acide borique, en hydrogène libre, en anhydride carbonique, etc.; celle des salses ou boues salées, ordinairement froides, abondantes surtout dans le Caucase, parfois riches en gaz des marais et en pétrole ; celle des mof-
fettes ou émanations d'acide carbonique gazeux que l'on
trouve près de Naples, en Auvergne, etc.; et enfin celles
des sources thermo-minérales que l'on trouve dans une
foule de régions volcaniques. Elle exposera ensuite comment les volcans se sont formés d'après les hypothèses
les plus généralement admises : l'hypothèse, aujourd'hui
abandonnée, du soulèvement, d'après laquelle les volcans naîtraient d'un seul effort de la matière incandescente et extensible qui formerait encore tout le globe
terrestre au-dessous de la croûte superficielle solidifiée ;
l'hypothèse de l'infiltration, très discutée, d'après
laquelle l'eau de la mer, des rivières ou des pluies péné-
trerait jusqu'à un foyer de matières incandescentes et,
en s'y vaporisant, déterminerait le soulèvement du sol
et la production des cratères éruptifs ; l'hypothèse
hydrothermale, d'après laquelle il existerait, dans
l'épaisseur de l'écorce terrestre, une circulation incessante d'eaux d'infiltration qui, en s'échauffant à une
certaine profondeur, se vaporiseraient et produiraient
le soulèvement et l'éruption volcanique ; l'hypothèse
thermo-dynamique, d'après laquelle le noyau central de
la terre, en se refroidissant, se contracterait et déterminerait, en certains points, des affaissements de la croûte
terrestre solidifiée, avec exhaussements corrélatifs en
d'autres points ; enfin, l'hypothèse d'un noyau interne
soumis à une pression formidable et formé à sa surface,
au-dessous de la croûte terrestre, par un mélange de

matières en fusion, de gaz et de vapeurs qui, dans les points de moindre résistance de l'écorce, c'est-à-dire au niveau des chaînes montagneuses la soulèvent et se dégagent. Le professeur montrera comment, avec ces diverses hypothèses sur la constitution interne du globe, on peut expliquer les tremblements de terre, la présence à sa surface de roches éruptives et la formation des plissements ou dislocations que l'on observe dans une foule de terrains stratifiés.

Enfin, pour terminer l'étude de la géologie, le professeur insistera sur l'opinion généralement admise par les géologues les plus distingués et d'après laquelle les phénomènes qui se produisent actuellement sous nos yeux dans l'écorce terrestre sont de même nature que ceux qui s'y sont produits dans les temps passés, de sorte qu'il n'y a jamais eu sur le globe de révolutions mais simplement une évolution lente et incessante, au cours de laquelle la terre passa successivement par toutes les phases dont les monuments minéraux, végétaux et animaux de sa surface nous permettent de tracer l'histoire.

b) *La Botanique.*

Après l'étude de la Géologie, le professeur abordera celle de la Botanique, en faisant appel autant que possible à l'observation directe. Il montrera d'abord que les plantes peuvent être divisées très naturellement en deux grands groupes : celui des plantes pourvues de chlorophylle et celui des plantes sans chlorophylle ; le premier jouissant de la propriété de fabriquer, sous les rayons solaires, des matières organiques avec l'acide carbonique de l'air, l'eau et les azotates du sol ; l'autre dépourvu de cette propriété et condamné par suite à vivre parasitairement aux dépens des plantes et des animaux ou de certaines matières organiques.

Dans l'étude de la Botanique et dans celle de la Zoologie, on devra toujours commencer l'étude de chaque groupe, grand ou petit, par l'observation d'un type déterminé, que l'on pourra choisir parmi les représentants les plus parfaits du groupe. Après l'avoir étudié avec soin, on montrera les formes qui en dérivent, et l'on terminera par l'exposé des caractères généraux propres à tout le groupe. Quand on arrive à cette dernière partie de l'étude du groupe, l'esprit est déjà prêt à enregistrer les caractères généraux, tout en les rapportant à des formes précises et bien connues [1].

Le professeur commencera l'étude des plantes chlorophyllées par les Algues vertes unicellulaires. Elles lui serviront de point de départ pour montrer la constitution des cellules végétales et les divers procédés suivant lesquels elles peuvent se multiplier. Il fera voir par quelle évolution les Algues unicellulaires ont pu donner naissance aux Algues pluricellulaires les plus grandes. Ensuite il étudiera une Fougère, pour montrer le phénomène, constant chez les Cryptogames vasculaires, auquel on a donné le nom de « génération alternante » et qui consiste dans l'alternance d'une génération asexuée (la Fougère proprement dite) qui produit spontanément des spores sous ses feuilles, avec une génération sexuée (le prothalle), qui porte des organes reproducteurs mâles et femelles et qui se développe lui-même par germination spontanée de la spore.

Passant ensuite au vaste groupe des plantes dési-

---

1. J'ai appliqué cette méthode dans mon enseignement de la Botanique et de la Zoologie à la Faculté de médecine de Paris et j'ai pu constater les avantages qu'elle présente sur la méthode qui consiste à exposer d'abord les caractères généraux de chaque groupe. C'est aussi cette méthode que j'ai suivie dans mon manuel d'*Histoire naturelle médicale*.

gnées sous le nom de Gymnospermes, il fera l'étude
du Sapin[1], en examinant tour à tour sa racine, sa tige,
ses rameaux, ses feuilles, ses bourgeons à fleurs, produits par une simple transformation des feuilles, ses
organes reproducteurs et enfin l'ovule d'où sortira une
nouvelle plante. Il attirera l'attention des élèves sur
l'extrême simplicité de la fleur, qui est réduite à
l'ovule.

Passant au groupe des plantes chlorophyllées An-
giospermes, dans lequel l'ovule est toujours entouré
d'organes enveloppants ou accessoires plus ou moins
nombreux et formant une véritable fleur, on étudiera
successivement une vingtaine de plantes choisies parmi
celles qui sont les plus communes dans nos pays, les
plus utilisées dans l'alimentation ou l'industrie et
présentant le plus grand nombre de caractères intéressants. On aura soin d'en mettre toutes les parties
sous les yeux des élèves, en faisant au tableau noir
des figures schématiques pour mettre en relief les princ-
cipaux caractères : de leurs racines, de leurs tiges,
de leurs feuilles, de leurs fleurs, de leurs fruits, etc.

Parmi les graminées, la maîtresse choisira, par
exemple, le blé ou l'avoine ; elle insistera sur la structure de la graine de cette plante, en montrant que son
embryon présente une seule petite feuille rudimentaire
ou cotylédon, d'où le nom des Monocotylédones donné
à toutes les plantes qui offrent ce caractère (Graminées, Palmiers, Amomacées, Colchicacées, Iridacées,
Liliacées). Après avoir étudié l'organisation et le développement de la plante choisie, elle donnera quelques
indications sur la manière dont l'homme a rendu utiles,
en développant leur graines, les Graminées employées

1. Dans mon livre *Le Sapin* (Biblioth. scientifiq. internat.,
F. Alcan, édit.) j'ai montré comment, avec une seule plante, on
peut faire une étude complète de la Botanique.

aujourd'hui à son alimentation ou à celle de ses animaux domestiques.

Elle étudiera ensuite, dans le même groupe, une plante à fleur très développée, telle que l'Ail ou l'Oignon, en attirant l'attention des élèves sur ce que, dans ces plantes, la tige est formée d'un plateau souterrain portant sur sa face inférieure des racines et sur sa face supérieure des feuilles réduites à l'état d'écailles charnues, du milieu desquelles s'élève le rameau aérien qui porte les fleurs. Dans l'Ail, l'Oignon, l'Echalotte, c'est le bulbe souterrain que l'on mange. Elle montrera que dans une autre Liliacée, l'Asperge, la tige souterraine se ramifie pour donner un rhizome, nommé « griffe » à cause de sa forme, et d'où s'élèvent chaque année des rameaux qui sont devenus charnus par la culture et sont mangés, dès leur sortie du sol, sous le nom de pousses d'asperges.

Passant au groupe de plantes auquel on a donné le nom de Dicotylédones parce que leur embryon est toujours pourvu de deux petites feuilles ou cotylédons, elle étudiera successivement : parmi les Ulmacées, le Figuier, si remarquable par le développement en forme de sac charnu et comestible du plateau ou réceptacle qui porte les fleurs; parmi les Catanéacées, le Châtaignier dont la culture a rendu la graine très riche en amidon et comestible; parmi les Composées ou Synanthéracées, le Topinambour, en attirant l'attention, d'une part sur l'organisation de l'inflorescence de toutes les Composées (un plateau plus ou moins large portant un nombre souvent très considérable de fleurs presque toujours diversement constituées) et, d'autre part, le développpement, dans le Topinambour, d'une tige souterraine ou rhizome que la culture a rendue très épaisse, charnue, très riche en inuline, comestible pour l'homme et les animaux. Parmi les Cucurbitacées, elle étudiera la Citrouille et le Melon, en attirant l'attention sur le développement souvent énorme que l'on est parvenu, par la culture, à donner aux fruits de ces plantes ; parmi les Salicacées, le Saule ou le Peuplier, si abondants dans nos pays et chez lesquels on montrera que les fleurs portent les unes seulement des organes mâles, les autres seulement des organes femelles ; parmi les Campanulacées, la Raiponce, remarquable par sa racine charnue et comestible et ses fleurs dont les pétales sont unis pour former une élégante coupe colorée (fleurs dites gamo-pétales). Parmi les Labiées, qui sont si nombreuses dans nos champs, nos bois et nos jardins, elle étudiera une espèce quelconque, en faisant remarquer la division de la corolle gamopétale en deux lèvres (fleurs bilabiées) ; parmi les Scrofulariées, la Digitale, si remarquable par ses grandes fleurs à deux lèvres et son emploi en médecine contre les maladies du cœur, Parmi les Solanacées, elle étudiera la Pomme de terre, en faisant remarquer le développement des rameaux souterrains ou rhyzomes très riches en fécule et dont on a considérablement fait varier les caractères par la culture. Parmi les Ombellifères, elle choisira la Carotte ou le Fenouil, en attirant l'attention sur la disposition des fleurs en une sorte d'ombrelle et sur la présence dans les fruits de canaux qui sécrétent une substance à saveur et à odeur ordinairement très prononcées, en raison de laquelle on les emploie (Anis, Carvi, etc.), enfin sur le développement qu'on a fait acquérir par la culture à la racine de la Carotte, du Panais, pour les rendre comestibles. Parmi les Tiliacées, on étudiera le Tilleul, remarquable par la longue bractée qui accompagne ses fleurs, par la grande quantité de ses organes mâles ou étamines et par le parfum qui fait employer ses fleurs en infusion. Parmi les Euphorbiacées, on choisira une espèce à suc lacté ou latex, en attirant l'attention sur l'âcreté de ce liquide, et le Ricin à cause de ses graines purgatives et de ses fleurs mâles à étamines arborescentes. Parmi les Linacées, on étudiera le Lin, en montrant comment se forme le mucilage autour de ses graines quand on les met en contact avec l'eau et en quoi consistent les fibres employées comme textiles. Parmi les Rutacées Aurantiées, on étudiera le Citronnier ou l'Oranger, en attirant l'attention, d'une part sur les longs poils que porte intérieurement l'enveloppe de son fruit et dans lesquels est contenu le suc acide et sucré, aromatique, en raison duquel on fait usage des citrons, des oranges, des pamplemousses; d'autre part sur les glandes à sécrétion très odorante qui soulèvent l'épiderme du péricarde et qui font employer ce dernier pour la fabrication de liqueurs. Parmi les Crucifères, on choisira la Moutarde sauvage, très abondante dans tous les champs, ou le Colza que l'on cultive beaucoup pour l'huile que fournissent ses graines, en attirant l'attention sur les modifications que l'on a fait subir aux Choux pour obtenir le chou de Bruxelles, dont on mange les bourgeons, le chou-fleur dont on mange les fleurs très multipliées et avortées, le chou pommé dont on mange les feuilles très développées et pressées en une pomme souvent très grosse, etc. Parmi les Papavéracées, on étudiera le Pavot, en attirant l'attention sur le suc laiteux qui coule de son fruit quand on l'incise pendant qu'il est encore vert et qui, extrait de certaines espèces orientales, constitue l'opium; parmi les Légumineuses-Papilionacées, le Haricot, la Lentille ou la Vesce, en attirant l'attention sur la forme en papillon de leur corolle, sur leur fruit en gousse, sur les vrilles qui terminent leurs feuilles et qui leur servent à s'accrocher et à grimper et, enfin, sur la richesse de leurs graines en fécule, richesse augmentée par la culture et qui donne à ces

graines une grande utilité pour l'alimentation des
hommes et des animaux. Parmi les Légumineuses Mimo-
sées, on pourra dire quelques mots des Mimosas, dont
les fleurs servent à la préparation des pommades parfumées par la seule irradiation de leurs molécules odorantes sur de l'axonge, et des Acacias qui produisent
la gomme arabique par suite d'une altération des
parois de leurs cellules déterminée par un Bactériacée.
Parmi les Rosacées, on parlera des Pruniers, des Abri-
cotiers, des Pêchers, des Poiriers, des Pommiers, des
Néfliers, etc., en attirant particulièrement l'attention
sur la manière dont se forment leurs fruits, rendus très
succulents par la culture. On terminera par les Magno-
liacées et les Renonculacées, en faisant observer
les analogies considérables qui existent entre la disposition des organes qui forment les fleurs et celle des
feuilles sur les bourgeons auxiliaires ; car il n'y a pas
de plantes où il soit plus facile de constater les phénomènes évolutifs par lesquels les bourgeons foliaires ont
donné naissance aux bourgeons floraux.

Dans cette étude des principaux types des plantes
chlorophyllées de notre pays qu'il est le plus utile de
connaître, le professeur s'attachera surtout à donner
aux élèves une idée précise des formes très diverses que
sont susceptibles de revêtir les organes des végétaux ;
il mettra en relief les états transitoires indiquant le
passage d'une organe à un autre, par exemple de la
tige à la racine, de la tige aux rameaux, des rameaux
aux feuilles, des feuilles aux diverses parties constituantes de la fleur, etc. Il se préoccupera moins des
caractères assignés aux familles par les botanistes, car
ces caractères ne sont pas plus constants que les
familles ne sont réelles, ces dernières n'ayant été créées
que pour mettre de l'ordre dans nos connaissances. Il
sera même utile de terminer les leçons sur la morpho-

logie des plantes chlorophyllées par quelques considérations relatives à ce fait qu'il n'y a, parmi les êtres
vivants, ni espèces, ni genres, ni familles, ni classes ou
ordres réels, mais seulement des individus qui sont,
d'une part, plus ou moins semblables les uns aux autres
en raison de la parenté plus ou moins directe qui existe
entre eux et, d'autre part, assez différents pour qu'un
examen attentif permette de les distinguer [1].

La maîtresse devra donner ensuite quelques détails
sur la structure anatomique des divers organes, en
prenant pour point de départ les cellules végétales les
plus simples et montrant quelles transformations
elles subissent pour donner naissance aux différentes
sortes d'éléments anatomiques qui entrent dans la
composition des tissus. Elle donnera quelques détails
sur la position et le rôle de ces tissus, puis étudiera
les fonctions principales des racines, des tiges, des
feuilles, des fleurs, des fruits, etc. Elle insistera particulièrement sur la respiration et la fonction chlorophyllienne, qui ont été confondues à tort pendant longtemps : la première identique chez les végétaux et les
animaux, et se traduisant par l'absorption d'oxygène de
l'air et le rejet d'acide carbonique formé par l'oxydation des substances contenues dans l'intimité des
tissus ; la seconde propre aux seules cellules qui contiennent des corpuscules chlorophylliens. Sous l'influence des rayons solaires, ceux-ci fabriquent avec
l'acide carbonique de l'air, l'eau et les azotates du sol,

1. On pourra faire lire aux élèves les pages superbes écrites
sur cette question par Buffon, dans son *Mémoires sur la manière
d'étudier l'histoire naturelle* (*Œuvres complètes*, édit. de LANES-
SAN, I).

Dans ce mémoire extrêmement remarquable se trouve le fondement de toute la théorie de l'évolution à l'appui de laquelle Buffon apporta lui-même des arguments tels qu'on peut l'en considérer comme le fondateur.

soit des matières ternaires comme l'amidon que l'on trouve habituellement dans les corpuscules chlorophyllés, soit directement des matières quaternaires. De même que la graisse formée dans les cellules des animaux s'accumule dans certains tissus, tels que les couches sous-cutanées de la peau, l'amidon, l'inuline, le sucre et autres corps ternaires formés dans les cellules végétales s'accumulent dans certains organes : l'amidon et l'inuline dans les tiges et rameaux, dans les tubercules, dans les graines ; le sucre surtout dans les fruits, etc. Ces provisions de matières ternaires sont ensuite transformées, digérées sous l'influence de diastases et servent, dans les cellules non chlorophyllées des plantes, à la formation des matières quaternaires, notamment du protoplasma. Les corpuscules chlorophylliens sont donc, en somme, des producteurs d'aliments organiques avec des matières purement inorganiques.

Elle parlera ensuite des mouvements qui se produisent dans le protoplasma des cellules des plantes et de ceux qu'exécutent les divers organes végétaux sous l'influence de la lumière, de la chaleur, de l'eau, de l'électricité, etc., d'où il y a lieu de conclure qu'ils jouissent d'une motricité et d'une sensibilité analogues à celles des animaux.

Elle terminera l'étude de la botanique par celle des plantes dépourvues de chlorophylle ou végétaux achlorophyllés. Elle montrera d'abord que l'impossibilité où elles sont de produire des matières organiques, les contraint à vivre en parasites, soit sur des matières organiques, soit aux dépens d'autres végétaux ou des animaux. Elle pourra utilement faire voir qu'il y a parmi les végétaux des formes intermédiaires entre la vie autonome et la vie parasitaire. Le Gui, par exemple, enfonce des prolongements de sa tige, analogues à des racines, dans les tissus des branches de certains arbres et emprunte ainsi à ces derniers des matériaux nutritifs ; mais, comme ses feuilles sont riches en chlorophylle, il jouit, en outre, de la propriété de fabriquer, sous les rayons solaires, des matières organiques qui servent aussi à son alimentation. Sur le même arbre, souvent, on voit se développer des champignons de grande ou de petite taille, tels que des Agarics ou des Polypores. Ils enfoncent dans les tissus du tronc ou des racines, des filaments (mycélium) à l'aide desquels ils absorbent les liquides nutritifs en circulation dans l'arbre ; ils se nourrissent de ces liquides, et s'en nourrissent exclusivement, car, étant dépourvus de chlorophylle, ils ne jouissent pas de la propriété de fabriquer, sous les rayons solaires, des matières organiques. Voilà donc réunis sur le même arbre : le Gui qui est un demi-parasite et le Champignon qui est un parasite complet.

Parmi les plantes achlorophyllées, il en est, d'autre part, un certain nombre auxquelles il suffit, pour leur alimentation, de matières organiques ternaires et de sels d'ammoniaque. La maîtresse montrera comme exemple la moisissure bleuâtre qui se développe sur les confitures, le fromage et le pain (*Aspergillus niger*) mais qui s'accroît et se multiplie plus abondamment encore à la surface d'un liquide formé par de l'eau, des matières organiques ternaires telles que le sucre et l'acide tartrique, des azotate, sulfate et phosphate d'ammoniaque, c'est-à-dire des corps riches en azote, et divers sels minéraux. Elle respire l'oxygène de l'air et se nourrit avec le carbone, l'hydrogène et l'oxygène du sucre qu'elle combine à l'azote des sels ammoniacaux. Elle est, en quelque sorte, à demi parasite, puisqu'elle peut fabriquer les matières quaternaires de son protoplasma avec des matières ternaires. A ce point de vue, elle ressemble aux cellules dépourvues de chlorophylle des plantes vertes, car ces dernières paraissent être capables de former du protoplasma avec l'amidon produit dans les corpuscules chlorophylliens sous l'influence de la lumière et avec les azotates minéraux du sol.

Après ces considérations générales, le professeur étudiera les types principaux des végétaux parasites : tout en bas de l'échelle, les Schizomycètes ou Bactériacées, qui sont unicellulaires, de taille microscopique et vivent toujours en parasites sur ou dans les organismes vivants ou sur les matières organiques. Il signalera particulièrement les espèces caractéristiques des maladies contagieuses de l'homme, des animaux domestiques ou des végétaux cultivés. Après avoir indiqué l'organisation et la multiplication des Schizomycètes, le professeur montrera quel rôle énorme ces petits êtres jouent dans la nature, rôle très ancien aussi car on a découvert leurs restes jusque dans les terrains primaires. Les uns sécrètent des matières colorantes, d'où le nom de « chromogènes » qu'on leur a donné. On voit souvent leurs masses gélatineuses et colorées en rouge s'étendre sur le pain humide, la colle d'amidon, etc., ou bien colorer le lait en bleu, etc. Ceux que l'on qualifie de «zymogènes» jouent un rôle considérable dans les fermentations putride, acétique, butyrique, lactique, cellulosique, etc., au moyen des liquides ou « zymases » qu'ils sécrètent et qui sont analogues aux ferments solubles du tube intestinal. Ceux que l'on qualifie de « photogènes » déterminent la phosphorescence que présentent souvent les poissons morts, les viandes peu fraîches, etc. ; c'est encore le produit de leur sécrétion qui devient lumineux par son oxydation à l'air. Enfin, les Schyzomicètes « pathogènes » déterminent une foule de maladies des hommes ou des animaux, telles que le charbon, le choléra, la diphtérie, la dysenterie, l'érysipèle, la fièvre typhoïde et la fièvre jaune, la lèpre, la peste, la variole, la tuberculose, etc.

Après avoir étudié la manière dont les micro-organismes pathogènes se multiplient dans le sang ou dans les tissus et dans les cultures artificielles, on indiquera qu'ils agissent, non par eux-mêmes comme on l'a cru pendant longtemps, mais par les liquides nuisibles ou « toxines » qu'ils sécrètent, et l'on montrera comment, par la culture dans des liquides spéciaux ou dans divers organismes, on parvient à diminuer la toxicité de leurs sécrétions au point qu'après un certain nombre de cultures on peut s'en servir pour mettre les animaux ou l'homme à l'abri des maladies qu'ils occasionnent. Atténués par la culture artificielle, ils deviennent, comme on dit, des « vaccins ». S'appuyant sur le fait que la plupart des maladies provoquées par ces micro-organismes ne récidivent pas, on donne à l'individu que l'on veut prémunir, une maladie légère, qui l'empêchera de contracter la maladie plus grave. Le fait a été établi pour quelques-uns d'entre eux, tels que la Bactérie de la variole, celle du charbon, etc. Il est probable que l'on obtiendra des résultats analogues par l'atténuation des diverses toxines pathogènes produites par les Schizomycètes.

La maîtresse parlera ensuite des Champignons qui déterminent les plaques du muguet (*Oïdium-albicans*) et de ceux très voisins qui provoquent les fermentations alcooliques dans le vin, la bière (*Saccharomyces*), etc. Elle notera ceux qui déterminent les teignes, ceux qui produisent le charbon du blé, l'ergot du seigle, etc. Elle terminera par l'étude de quelques formes supérieures de champignons utiles : la Truffe, les Agarics, les Bolets, etc. Elle aura soin de mettre sous les yeux des élèves des échantillons ou un tableau colorié de toutes les espèces toxiques des Bolets et des Agarics, en attirant leur attention sur les espèces comestibles avec lesquelles on les confond le plus ordinairement.

Elle parlera ensuite des quelques espèces de plantes supérieures qui, étant dépourvues de chlorophylle, vivent en parasites sur d'autres plantes, par exemple les Orobanches que l'on trouve fréquemment dans nos forêts et surtout la Cuscute, qui occasionne des dégâts si considérables dans certains champs de luzerne ou de trèfle.

Elle terminera ses leçons de Botanique par quelques considérations générales sur les transformations que subissent les plantes sous l'influence du climat, de la nature du sol, de la culture, etc., et sur l'évolution de ces êtres qui s'est produite dans le cours des périodes géologiques, les formes les plus inférieures ayant apparu les premières sur la terre, tandis que les plus parfaites s'y sont montrées les dernières.

c) *La Zoologie.*

Dans les leçons de Zoologie, la maîtresse s'inspirera des principes exposés au sujet de la Botanique, c'est-à-dire qu'elle procédera par l'examen successif d'un certain nombre d'individus, en commençant par les animaux les plus inférieurs. Elle étudiera ainsi successivement : un Monérien, dont le corps est réduit à une simple masse protoplasmique mobile et dont la multiplication se fait par simple segmentation ; puis, un Amœbien, remarquable par les prolongements de sa masse au moyen desquels il se meut ; un Foraminifère, remarquable par la formation de squelettes calcaires ; un Radiolaire à squelette siliceux ; un Infusoire, en attirant l'attention sur le rôle des cils vibratiles et sur l'apparition d'une bouche et d'un tube intestinal rudimentaires. Après avoir indiqué les caractères communs à tous ces êtres, caractères qui les ont fait réunir en un groupe spécial, sous le nom de Protozoaires, le professeur étudiera un type très simple de Cœlentéré, par exemple une Actinie, en insistant sur ce que le corps est réduit à une sorte de sac représentant la cavité intestinale et s'ouvrant au dehors par une seule ouverture, la bouche. Après avoir examiné toutes les parties du corps et leur rôle on exposera la structure et le développement de l'œuf, afin de montrer comment se forment les deux couches concentriques de cellules qui constituent la paroi externe (ectoderme) et la paroi interne (endoderme) du corps et d'où naîtront tous les organes. Cette étude faite très simplement et avec des figures schématiques au tableau sera d'une grande utilité, à ce moment du cours, parce que le professeur pourra insister sur ce que dans tous les animaux, le développement de l'œuf et celui des divers tissus et organes se font d'après des procédés analogues. Parmi les Cœlentérés, on pourra dire encore quelques mots des Eponges, à cause de l'utilisation du squelette de certaines espèces, et des Coralliaires à cause du rôle considérable que leurs squelettes calcaires ont joué et jouent encore dans la formation de certains terrains calcaires, de certaines îles, etc.

Passant à l'étude du grand groupe des Vers, on montrera particulièrement aux élèves, parmi les Annélides, une Sangsue et un Ver de terre, en attirant leur attention sur ce que ces êtres se distinguent des Cœlentérés par un tube digestif ouvert aux deux extrémités et dont les parois sont distinctes de celles du corps, par un système nerveux en forme de chaîne ganglionnaire ventrale avec anneaux de ganglions entourant la bouche, par une division du corps en segments disposés bout à bout les uns à la suite des autres comme des anneaux. On montrera comment la bouche de la Sangsue est organisée pour couper la peau et sucer le sang. Parmi les Echinodermes, on étudiera l'Oursin et l'Etoile de mer, pour montrer la disposition rayonnante des organes dans le premier, de tout le corps lui-même dans la seconde. Parmi les Mollusques, il faudra étudier un individu de chacun des trois types les plus communs et les plus importants : une Moule, comme type des Lamellibranches, en montrant surtout la disposition symétrique des deux moitiés latérales du corps : les lames branchiales qui servent à la respiration ; le manteau qui les enveloppe et qui sécrète les deux valves de la coquille ; parmi les Gastéropodes, une Limace, en attirant l'attention sur ce qu'elle rampe au moyen de la peau épaissie de son ventre et un Escargot qui est une limace pourvue d'une coquille ; parmi les Céphalopodes, le Poulpe, en attirant l'attention sur les tentacules qui entourent sa bouche et qui lui servent à saisir sa proie, sur sa locomotion où est appliqué le principe du tourniquet hydraulique de sorte qu'il progresse à reculons, sur la poche de noir qui lui sert à dissimuler sa présence quand il fuit un ennemi.

Dans le grand groupe des Arthropodes, on étudiera, parmi les Crustacés, l'Écrevisse, en attirant l'attention sur la carapace calcaire qui l'enveloppe et sur la division de son corps en anneaux articulés, portant chacun une paire de pattes ou autres appendices, sur le système nerveux formé d'une chaîne ganglionnaire ventrale et d'un anneau circumbuccal, sur la respiration qui s'effectue à l'aide de lames branchiales disposées sous la carapace du thorax, etc. Parmi les Arachnides, on étudiera le Scorpion et l'Araignée, le premier très analogue, par la forme de son corps, à l'Écrevisse, est remarquable par le dard venimeux qui termine sa queue ; la seconde, à corps très ramassé, à abdomen

très volumineux et pourvu de glandes avec le produit
desquelles l'animal tisse la toile qui lui sert de piège
pour prendre les insectes dont il se nourrit. Parmi les
Myriapodes, on observera le Millepattes, remarquable
par la division de tout son corps en un grand nombre
d'anneaux dont chacun porte une paire de pattes, et la
Scolopendre à cause du venin qui rend sa morsure
dangereuse. Parmi les Insectes, on étudiera le Hanneton, en attirant l'attention sur la division du corps en
trois parties principales : la tête qui porte les organes
buccaux, les antennes, les yeux, etc.; le thorax formé
par la soudure de trois anneaux et porteur de trois
paires de pattes ; l'abdomen formé de plusieurs anneaux
et dépourvu de pattes, mais muni de petites ouvertures
(stomates) pour l'entrée et la sortie de l'air qui sert à
la respiration. On étudiera ensuite quelques Insectes
utiles ou nuisibles, tels que l'Abeille, la Fourmi, la
Mouche, le Moustique, etc., en insistant sur leurs métamorphoses, sur les particularités de leur vie, sur ce qui
les rend utiles ou nuisibles, etc. : fabrication de la cire
ou du miel par les Abeilles, destruction des bois par les
Termites, des graines par les Charançons, des fruits
par les larves de diverses espèces.

Passant au grand groupe des Vertébrés, on étudiera
successivement un Poisson, tel que la Carpe ; un Amphi-
bien tel que la Grenouille ; un Reptile sans membres,
Couleuvre ou Vipère, en attirant l'attention sur les
dents et les glandes venimeuses de ces dernières ; un
Reptile pourvu de pattes comme le Lézard ; un Oiseau,
tel que la Poule ; et, enfin, un Mammifère, tel que le
Lapin. A propos de chacun de ces animaux, on aura
soin de montrer aux élèves en quoi consistent et comment sont constitués les membres qui servent à la locomotion, de manière à montrer par quelles transformations graduelles la nature est passée des nageoires des

Poissons aux pattes des Reptiles, aux ailes des Oiseaux et aux quatre membres des Mammifères dont l'évolution s'est produite de manière à limiter de plus en plus le rôle des membres postérieurs à la locomotion, tandis que les membres antérieurs se modifiaient en vue de la préhension, pour commencer à devenir de véritables mains chez les Singes et chez l'Homme. On étudiera aussi, dans chacun de ces animaux, tour à tour, l'organisation de la peau ; du tube digestif, et particulièrement la dentition, en montrant la différence qui existe entre la dentition d'un herbivore, d'un carnassier, d'un rongeur, d'un insectivore, d'un omnivore, etc. ; les organes de la reproduction ; le système nerveux et les sens.

On terminera l'étude de la Zoologie par celle des animaux parasites d'autres animaux ou de végétaux. On montrera que dans la plupart des grands groupes passés en revue plus haut, il y a des parasites, mais on ne s'arrêtera qu'à ceux qui sont intéressants au point de vue de l'hygiène ou de la pathologie. Dans le groupe des Protozoaires, on parlera des Amœbes qui vivent dans l'intestin et autres cavités ; des Sporozoaires qui vivent dans les globules rouges du sang, déterminent la fièvre intermittente et sont transportés des malades aux hommes sains par les Moustiques chez lesquels ils évoluent pendant une des phases de leur existence ; des Infusoires Flagellates et en particulier des Tripanosomes, qui vivent à l'état adulte dans le sang des malades atteints de la maladie du sommeil et, pendant une autre phase de leur existence, chez la mouche Tsé-Tsé à laquelle est due la contagion.

Dans le groupe des Vers, on étudiera d'abord les Nématoïdes : les Lombrics ou Ascarides, très fréquents dans le tube intestinal de l'homme, particulièrement pendant l'enfance, en attirant l'attention sur le fait qu'ils se nourrissent non aux dépens des tissus ou des humeurs de l'homme lui-même, mais avec les aliments déjà en partie digérés au milieu desquels ils vivent dans l'intestin grêle; aussi ne troublent-ils la santé qu'en raison des excitations qu'ils produisent sur les terminaisons nerveuses de la muqueuse intestinale et qui déterminent de l'agitation ou même des convulsions. On notera que la femelle et le mâle sont distincts et que les œufs se développent, non dans l'intestin, mais dans l'eau d'où les larves peuvent passer dans un autre individu avec l'eau ingérée. On étudiera ensuite l'Oxyure, remarquable par sa petite taille et qui vit dans le gros intestin, au voisinage de l'anus, très fréquent chez les enfants qui en rendent parfois de grandes quantités et chez lesquels ils provoquent des démangeaisons très vives; les œufs éclosent et se développent ailleurs que chez l'homme, dans l'eau. Puis on parlera du Tricocéphale, remarquable par l'extrême finesse de sa tête et de la partie antérieure de son corps qu'il enfonce dans la muqueuse du cæcum afin d'y sucer le sang et les humeurs intercellulaires ou cellulaires. On décrira la Trichine, ver microscopique, que l'on trouve souvent en grande quantité, enfermé en de petits kystes, dans les muscles du porc; de là, elle peut passer, avec la viande qui la contient, dans le tube intestinal de l'homme, où elle se développe et se reproduit; de ses œufs sortent des larves qui traversent presque aussitôt les parois intestinales et vont s'enkyster dans les muscles, provoquant parfois, si elles sont très nombreuses, des accidents graves. On parlera aussi de la Filaire, ver très long, filiforme, qui vit à l'état adulte dans les profondeurs de la peau, chez les indigènes des pays chauds et à l'état de larve dans l'eau, etc.

On étudiera ensuite, parmi les vers du groupe des Trématodes : le Distome du foie, ver aplati, en forme de feuille, pourvu d'un intestin très ramifié, à ramifications terminées en cul-de-sac, comme dans les cœlentérés. Il vit à l'état adulte, en très grandes quantités, dans les canaux biliaires du foie des moutons où il est extrêmement fréquent; les œufs évacués avec la bile vont se développer dans l'eau d'où la larve peut passer avec ce liquide soit dans le tube digestif d'un poisson où elle s'enkyste, soit dans celui d'un mouton d'où elle remonte, par le canal évacuateur de la bile, dans le foie pour y atteindre l'état adulte. On le trouve parfois à cet état dans le foie de l'homme.

Parmi les vers Cestoïdes, on étudiera particulièrement le Tænia armé, qui est le plus fréquent chez l'homme et qui se présente avec une tête très petite, munie de crochets et de ventouses lui servant à se fixer dans l'intestin, un corps très allongé, aplati en ruban, formé d'anneaux qui représentent chacun un individu; ceux-ci se détachent lorsqu'ils sont parvenus à l'état adulte et sont évacués souvent en nombre considérable; si l'œuf est ingéré par un porc, sa coque se détruit, l'embryon mis en liberté traverse les parois intestinales pour se rendre dans le tissu cellulaire de l'animal. Là, il s'enkyste et donne naissance par bourgeonnement à une tête et à quelques anneaux très petits de tænia. Ces kystes sont visibles à l'œil nu et font dire du porc qu'il est « ladre ». Si un homme ingère l'un de ces kystes avec de la viande de porc insuffisamment cuite, le kyste se détruit et le tænia se développe rapidement dans l'intestin. La maîtresse fera observer que le tænia adulte représente une véritable colonie d'individus et elle notera que ceux-ci n'ont pas d'intestin et ne se nourrissent qu'en absorbant par toute la surface de leur corps les substances rendues assimilables par la digestion des hommes.

Dans le groupe des Arachnides, on étudiera le Sarcopte de la gale, qui vit sous l'épiderme de l'homme, ordinairement entre la base des doigts où il creuse des galeries à la façon des taupes et se nourrit des humeurs qui se forment sous l'influence de l'irritation qu'il produit dans la peau. On pourra dire aussi un mot du Demodex, très petite arachnide à corps allongé, que l'on trouve souvent dans les folicules sébacés de la peau de la face.

Dans le groupe des Insectes, on étudiera : les Poux de la tête et du corps, qui vivent en suçant les liquides de la peau et qui sont remarquables par leurs trois paires de pattes armées de griffes et leur abdomen allongé, aplati de haut en bas ; les Puces, remarquables par les sauts qu'elles font pour atteindre leurs victimes, par leur corps aplati latéralement, par la lancette qui arme leur bouche et dont elles se servent pour sucer le sang ; on notera que de leurs œufs, pondus dans les tapis, les fentes des planchers, etc., sort une larve annelée, très allongée, sans pattes, qui ne tarde pas à s'enfermer dans une coque soyeuse, s'y transforme en nymphe et, quinze jours après, sort sous la forme adulte ; la Chique, qui s'introduit sous la peau des animaux ou de l'homme et y prend vite une très forte taille, tandis que ses œufs se développent ; les Moustiques dont les larves vivent dans l'eau et qui, à l'état adulte, sont pourvus d'une paire d'ailes et d'un long dec lequel leur bouche suce le sang de l'homme ou des animaux. On insistera sur les observations qui établissent la transmission de la fièvre intermittente par certains moustiques, ceux-ci puisant dans le sang des malades les Sporozoaires pathogènes que leur dard dépose ensuite dans les capillaires d'autres personnes, et l'on rappellera que pour combattre la fièvre intermittente, il faut supprimer les mares où se développent les larves et munir les fenêtres ou les lits de toiles impénétrables aux insectes adultes ; le Taon, dont la bouche est munie de lancettes si puissantes qu'elles percent la peau des chevaux et des bœufs ; les Œstres, dont la larve vit dans l'intestin du bœuf, du mouton, du cheval, en s'y nourrissant des humeurs purulentes dont elle détermine la production avec ses crochets ; les Lucilies, sortes de mouches qui pondent leurs œufs sur les plaies, sur le bord des fosses nasales, où les larves produisent de graves désordres ; la Mouche Tsé-Tsé de l'Afrique centrale, qui transmet de bœufs en bœufs et à l'homme, par ses piqûres, le Tripanosome de la maladie du sommeil.

On abordera enfin l'étude de l'anatomie de l'homme, en ayant soin de placer sous les yeux des élèves un squelette et des pièces en carton pâte représentant les principaux organes en grandeur naturelle. Dans cette étude, on s'attachera beaucoup moins à mettre en relief les détails de l'organisation qu'à faire ressortir le rôle de chaque organe, à mettre en relief les progrès successifs réalisés par chaque animal sur ceux qui l'ont précédé et à éclairer la marche suivie par la nature dans son œuvre de perfectionnement graduel de tous les organismes qui constituent le règne animal. Dirigée de cette façon, l'étude de chaque animal facilite considérablement celle de tous ceux qui lui sont supérieurs en organisation. Quand on a vu, par exemple, le poumon d'une grenouille constitué par un simple et vaste sac, dans la paroi duquel se ramifient des vaisseaux sanguins visibles à l'œil nu, on n'a qu'à se figurer la réunion d'un nombre indéfini de ces sacs, pour se faire une idée exacte de la structure du poumon très complexe des oiseaux et des mammifères. On comprend sans peine la structure de la moelle épinière des Vertébrés, quand on connaît la chaîne ganglionnaire de la Sangsue. On se rend facilement compte du rôle particulier de chacune des parties du système sanguin de l'homme, de son appareil cérébro-spinal et du grand sympathique, lorsqu'on a assisté au développement graduel de ces parties dans les divers types d'animaux dont l'homme représente le plus haut degré d'évolution.

On devra montrer aussi par quels états passe chaque animal depuis sa sortie de l'œuf jusqu'à l'âge adulte. Indépendamment de l'intérêt que cet examen offrira par lui-même, il donnera lieu à des observations importantes sur les relations des divers groupes les uns avec les autres, car l'embryon offre souvent des caractères de filiation ancestrale qui disparaissent dans la forme adulte.

On devra signaler aussi les mœurs de chacun des groupes d'animaux dont il sera parlé dans les leçons. Cette étude intéressera beaucoup les élèves, par les considérations auxquelles elle donnera lieu relativement à l'intelligence des animaux, aux familles et associations qu'ils forment, aux sentiments altruistes dont ils fournissent des manifestations et qui constituent les premières bases scientifiques de la morale naturelle.

Enfin, on terminera l'étude de la morphologie et de la biologie des plantes, des animaux et de l'homme, par quelques considérations générales sur les causes qui ont déterminé l'évolution, — ascendante dans son ensemble, descendante pour quelques êtres comme les parasites, — des plantes, des animaux et des hommes. On montrera que conformément aux vues générales émises d'abord par Buffon et Lamarck, c'est surtout dans l'action que le climat et la nourriture exercent sur les êtres vivants qu'il faut chercher la cause principale des transformations qu'ils ont subies et des modifications qui se produisent encore lentement dans leur organisation. On mettra sous les yeux des élèves cette belle page où Lamarck a posé les principes de la doctrine de l'évolution : « A mesure qu'en parcourant de grandes portions de la surface du globe, le naturaliste observateur voit changer les circonstances d'une manière un peu notable, il s'aperçoit constamment alors que des espèces changent proportionnellement dans leurs caractères. Or, le véritable ordre de choses qu'il s'agit de considérer en tout ceci, consiste à reconnaître : 1° que tout changement un peu considérable et ensuite maintenu dans les circonstances où se trouve chaque race d'animaux opère en elle un changement réel dans leurs besoins ; 2° que tout changement dans les besoins des animaux nécessite pour eux d'autres actions pour satisfaire aux nouveaux besoins ; 3° que tout nouveau besoin nécessitant de nouvelles actions pour y satisfaire, exige de l'animal qui l'éprouve, soit l'emploi plus fréquent de telle ou telle de ses parties dont auparavant il faisait moins d'usage, ce qui la développe et l'agrandit considérablement, soit l'emploi de nouvelles parties que les besoins font naître insensiblement en lui par des efforts de son sentiment intérieur[1]. » On pourra, à l'appui de ces principes, rappeler soit les faits indiqués par Lamarck lui-même, soit ceux qui ont été exposés par ses successeurs. On pourra notamment indiquer comment M. Edmond Perrier explique, par la modification des besoins, les transformations graduelles qui se sont produites dans les membres des animaux vertébrés[2].

On montrera ensuite comment les modifications produites par l'influence du climat, de la nourriture, des besoins, etc., sont transmises et accentuées par l'hérédité, puis conservées, soit par la sélection artificielle si l'homme intervient, comme il le fait pour les plantes cultivées et les animaux domestiques, soit par la sélection naturelle, si le fait se produit en dehors de toute

1. LAMARCK, *Philosophie zoologique*, I, p. 234.
2. *Les forces physiques et l'hérédité*, in *Revue scient.*, 16 avril 1904.

intervention de l'homme et sous la seule influence de la nature. On pourra mettre sous les yeux des élèves la belle page de l'histoire du Pigeon où Buffon a tracé, le premier, en termes d'une admirable clarté, les principes et les règles de la sélection artificielle, puis celle où Darwin a exposé sa théorie, de la sélection naturelle, aujourd'hui fortement battue en brèche dans la partie qui concerne la formation des espèces[1]. Enfin, on montrera que par ces belles hypothèses, complémentaires de celles que les astronomes ont édifiées relativement à l'évolution de l'univers, de celles que les physiciens invoquent pour expliquer les changements d'état et les mouvements intimes de la matière et de celles que les chimistes emploient pour expliquer la formation et la décomposition des corps, on peut, aujourd'hui, expliquer scientifiquement et en dehors de toute conception métaphysique, l'évolution de l'univers et celle des êtres vivants qui le peuplent.

d) La Physiologie et l'Hygiène.

On abordera enfin l'étude de la physiologie humaine, à propos de laquelle seront traitées les questions d'hygiène dont la maîtresse n'aura pas eu encore l'occasion de parler. L'hygiène, en effet, est un art pratique dont les éléments sont nécessairement empruntés à toutes les autres sciences, mais particulièrement à la physique, à la chimie et à la physiologie.

En second lieu, on ne devra pas oublier que les jeunes filles auxquelles on va enseigner la physiologie ne sont pas des étudiantes en médecine, qu'il n'y a pas lieu d'entrer devant elles dans tous les détails du fonctionnement des organes et que l'on doit se borner à leur donner les connaissances qui leur seront nécessaires

1. Voir DE LANESSAN, Le Transformisme.

pour élever leurs enfants, préserver toute leur famille contre les erreurs d'hygiène et conduire convenablement leur ménage.

Le professeur rappellera d'abord que l'unité vivante est la cellule ou, pour mieux dire, le protoplasma qui constitue la masse vivante cellulaire et son noyau. Le protoplasma respire en absorbant l'oxygène de l'air et en rejetant l'acide carbonique qui résulte des combustions déterminées par l'oxygène ; il se nourrit au moyen de matières organiques ou inorganiques ; en se nourrissant, il s'accroît ; il se multiplie et se reproduit ; il se meut ; il est sensible ; il naît et il meurt Toute cellule contenant du protoplasma vivant est donc une cellule vivante ; toute cellule contenant du protoplasma mort est une cellule morte ; par voie de conséquence, tout être dont les cellules sont vivantes est un être vivant ; tout être dont les cellules sont mortes est un être mort. Mais, un être quelconque peut rester vivant, quoiqu'une partie de ses cellules, celles d'un membre par exemple, soient mortes, ou bien mourir si certaines de ses cellules, par exemple celles du cœur, sont mortes. De ces faits, il résulte qu'il y a lieu d'étudier, au point de vue de la physiologie, d'une part les fonctions communes à toutes les cellules, et, d'autre part la fonction des cellules qui constituent chaque organe. Il en résulte aussi que les deux fonctions les plus générales de tout être vivant sont la nutrition et la respiration, puisque toutes les cellules sans exception ne peuvent vivre et exercer leurs fonctions particulières qu'à la condition de se nourrir et de respirer. C'est donc par l'étude de ces deux fonctions que doit débuter celle de la physiologie et c'est sur elles que l'on insistera le plus, dans l'enseignement des jeunes filles, parce que ce sont elles qui sont les plus intéressantes au point de vue de l'hygiène et de l'élevage des enfants.

On commencera logiquement l'étude de la nutrition par celle des aliments. On rappellera d'abord que l'organisme humain, comme celui de tous les animaux, est incapable de fabriquer lui-même ses aliments organiques ainsi que le font les plantes vertes ; il ne peut même pas, comme certaines plantes achlorophyllées inférieures, fabriquer des matières quaternaires avec des matières ternaires telles que le sucre ou l'amidon et les azotates d'ammoniaque ; il est donc indispensable de lui donner des aliments ternaires et quaternaires.

On montrera ensuite que la quantité nécessaire de ces aliments est indiquée par les pertes que subit quotidiennement l'organisme en matières ternaires ou quaternaires. Or, l'expérience a établi qu'un homme adulte et en plein fonctionnement, perd chaque jour, 500 grammes de matières albuminoïdes, que la combustion des corps ternaires (graisses, sucre, amidon, etc.), de son organisme ou de ses aliments représente 2.400 calories par vingt-quatre heures ; qu'il perd environ 3 kilogrammes d'eau par les urines, la sueur, l'exhalation pulmonaire ; qu'il exhale 470 litres environ d'acide carbonique, représentant 610 à 690 grammes d'oxygène et 230 à 260 grammes de carbone ; qu'il rejette par ses fèces ou ses urines 22 à 23 grammes de sels minéraux, parmi lesquels le sel marin figure pour plus de moitié. Il faut donc que l'alimentation rende au corps, chaque jour, une quantité de ces divers matériaux égale à celle qui est perdue et permettant de produire la même quantité de calories. Il en résulte aussi que l'on ne devra considérer comme des aliments véritables que les seules substances capables de fournir à l'organisme des principes chimiques semblables à ceux qui composent les tissus ou de donner de la chaleur. Enfin, il en résulte que l'alimentation devra fournir à notre organisme à la fois des matières albuminoïdes, des corps ternaires et des substances minérales.

La maîtresse montrera alors que la viande fraîche ou la chair de poisson fournissent des albuminoïdes dans la proportion de 13 à 23 p. 100, des matières grasses dans la proportion de 5 à 10 p. 100 et environ 1 p. 100 de sels minéraux. Les abats des animaux de boucherie fournissent un peu moins de matières albuminoïdes et de graisse ; les œufs et le lait moins encore ; les fromages sont toujours moins riches en matières albuminoïdes et plus riches en graisse que les viandes. Les mollusques sont presque aussi riches en albuminoïdes que la viande, mais beaucoup moins riches en graisse. Les graines des légumineuses contiennent souvent plus d'albuminoïdes que les viandes, mais moins de matières grasses, de sels et d'eau. Les tubercules des pommes de terre sont très pauvres en albuminoïdes, mais contiennent entre 20 et 28 p. 100 d'hydrates de carbone. Les légumes herbacés (choux, betteraves, courges, asperges, etc.), ne contiennent que 1 à 2 p. 100 d'albuminoïdes, très peu de matières grasses, de 4 à 8 p. 100 d'hydrates de carbone. Les Champignons contiennent jusqu'à 4,5 et même 8 p. 100 (truffes noires) d'albuminoïdes, mais peu d'hydrates de carbone et très peu de graisses. Certains fruits sont à la fois riches en albuminoïdes et en hydrates de carbone, par exemple les châtaignes qui contiennent de 4 à 8 p. 100 des premiers et plus de 35 p. 100 des seconds. Les amandes, les noix, les noisettes sont riches à la fois en albuminoïdes (15 à 24 p. 100) et en huiles grasses (53 à 62 p. 100). Les fruits verts (pommes, poires, prunes, abricots, pêches, raisins, fraises) sont très pauvres en albuminoïdes et en graisses, mais très riches en sucre (4 à 10 p. 100) et en eau (75 à 85 p. 100). En résumé, d'une façon générale, les aliments d'origine animale sont riches en albuminoïdes et en graisses,

tandis que les aliments d'origine végétale sont plus
riches en hydrates de carbone (amidon, sucre, etc.), et
en sels de potasse, de soude, de magnésie, de chaux,
contenus dans les plantes à l'état d'albuminates, de
malates, citrates, oxalates, etc. Le phosphore existe
aussi en proportions notables dans certaines graines
et dans quelques tubercules, sous la forme de lécithines
et de nucléines qui sont des combinaisons de bases azotées avec des acides gras.

Enfin, d'après les multiples expériences faites au sujet
de la production des calories pour chaque catégorie
principale d'aliments, on sait que : 107 grammes d'albuminoïdes peuvent donner 394 calories ; 64 grammes de
graisses donnent 557 calories ; 407 grammes d'hydrates
de carbone peuvent produire 1588 calories ; soit, au
total 2.532 calories ou un peu plus des 2.400 calories
perdues en vingt-quatre heures. Il faudra donc composer la ration normale de manière qu'elle contienne au
moins les quantités de chacune des catégories d'aliments indiquées ci-dessus ; mais on pourra faire varier
les proportions de chacune de ces catégories pourvu
que l'on arrive au moins aux 2.400 calories perdues.

Le professeur montrera que les diverses substances
indiquées plus haut, non seulement fournissent à l'organisme humain les corps organiques ou inorganiques
dont il a besoin pour réparer ses pertes, mais encore
déterminent dans les tissus des conditions qui varient
avec leur nature : les aliments d'origine animale donnent aux humeurs une acidité qui modère les oxydations, tandis que les aliments d'origine végétale rendent
les humeurs alcalines et facilitent les oxydations.

On montrera ensuite qu'en raison de la multiplicité
des éléments chimiques qui entrent dans la constitution des diverses sortes de cellules qui constituent
chaque tissu, il est impossible de se contenter d'un

seul aliment, alors même qu'il contiendrait, comme le pain, la viande ou le lait, des albuminoïdes, des hydrates de carbone, des graisses et des sels minéraux. Il faut unir au moins deux de ces aliments complets et les unir dans des proportions déterminées, par exemple du pain et du lait en proportions égales ; avec ce régime, on peut vivre à peu près indéfiniment, mais dans des conditions défectueuses.

D'autre part, on montrera qu'une partie seulement des matières dont nous nous nourrissons sont de véritables aliments. Beaucoup de substances albuminoïdes, notamment celles des os, des cartilages, la mucine, la kératine, l'élastine, etc. ne sont pas utilisables par l'organisme. La gélatine ne l'est qu'en partie. Parmi les hydrates de carbone, la cellulose des membranes cellulaires végétales est à peu près entièrement inapte à nourrir l'homme ; il en est de même des mucilages et des gommes. Les tissus végétaux jeunes eux-mêmes sont peu nutritifs.

D'un autre côté, les matières albuminoïdes végétales sont moins utilisables que les albuminoïdes animales : d'abord, elles sont moins digestibles, comme si leur séjour dans l'intestin de l'homme n'était pas suffisamment prolongé (on sait que la digestion des herbivores est plus lente que celle des carnivores) ; ensuite, elles sont plus difficiles à transformer, dans le sang, en principes semblables à ceux des cellules, ce qui montre bien la différence d'organisation intime qui existe entre les herbivores et les carnivores ou les omnivores. Il en résulte que l'homme doit chercher ses aliments albuminoïdes plutôt dans la chair des animaux que dans les organes des végétaux, même lorsque ceux-ci en contiennent beaucoup. Il en est de même pour les principes ternaires : les graisses des animaux sont plus utilisables par l'homme que les hydrates de carbone des plantes.

Enfin, la façon dont les divers aliments sont utilisés n'est pas la même : les albuminoïdes le sont principalement pour la reconstitution des principes albuminoïdes des cellules, dont une partie est constamment oxydée en produisant de la chaleur. Quelques matières albuminoïdes, comme l'asparagine des asperges, la lécithine du jaune d'œuf, les matières extractives du bouillon, etc., ne sont pas nutritives en ce sens qu'elles ne peuvent pas servir à la reconstitution ou à l'accroissement du protoplasma cellulaire, mais elles agissent comme excitateurs nerveux. Certaines matières quaternaires non albuminoïdes, telles que les alcaloïdes végétaux, les matières colorantes, les essences ne sont pas non plus nutritives, mais agissent en excitant ou ralentissant l'activité vitale. Les alcaloïdes du café et du thé sont particulièrement excitants du système nerveux, d'où le nom d'aliments « nervins » qui leur a été donné ; mais, à haute dose, ils deviennent dépressifs.

Les graisses animales et végétales sont, à la fois, nutritives, en ce sens qu'elles fournissent aux tissus des éléments de reconstitution ou d'accroissement de leurs matières grasses, et producteurs de chaleur par leur combustion dans le sang ou la profondeur des tissus. A ce dernier point de vue, elles sont particulièrement importantes, car ce sont elles qui, sous le plus faible poids, introduisent dans l'économie le maximum d'énergie. Ce sont elles aussi qui sont les premières consommées par oxydation ; à cet égard, elles sont éminemment protectrices des matières albuminoïdes, car celles-ci sont d'autant moins activement comburées que les matières ternaires le sont davantage.

Les hydrates de carbone (amidon, sucre, etc.) jouent un rôle analogue aux graisses, c'est-à-dire qu'ils servent, d'une part à reconstituer les principes ternaires constitutifs des cellules, et, d'autre part, à produire de la chaleur par leur oxydation dans le sang ou dans les tissus. C'est même à l'un d'eux, le glucose, introduit directement ou produit par transformation d'autres principes, que l'on attribue la production de la chaleur qui, dans les muscles, se transforme en mouvements musculaires. La combustion de ces corps protège, comme celle des graisses, la désassimilation des albuminoïdes de l'organisme. Ils peuvent remplacer complètement les graisses dans l'alimentation et y être remplacés par les graisses; mais il y a avantage à n'exclure ni les uns ni les autres.

L'alcool pris à dose modérée est comburé dans l'économie presque en totalité, en produisant de la chaleur, et il en produit proportionnellement autant que le sucre et l'amidon. Comme les hydrates de carbone et les graisses, il ralentit la désassimilation des aluminoïdes de l'organisme, mais à un degré un peu moindre que ces substances. Il est aussi un puissant excitateur nerveux et ressemble, à cet égard, aux aliments dits nervins. A ces divers points de vue, il est toujours utile, à condition qu'on n'en prenne pas, en 24 heures, plus d'un gramme par chaque kilogramme de poids du corps, par exemple, 70 grammes si l'individu pèse 70 kilogrammes. Il est surtout utile dans les temps froids et humides, alors que le rayonnement du corps est intense. Il l'est aussi pour produire un effort considérable tout à coup. Sa nocivité, à haute dose, provient de l'excitation qu'il exerce sur les centres nerveux et de ce fait qu'il s'y fixe dans une certaine proportion et n'est éliminé ensuite que lentement, de sorte que ses effets quotidiens s'accumulent. Tous les aliments nervins se comportent d'une manière analogue, ce qui fait qu'après avoir été excitateurs, ils deviennent, à haute dose, stupéfiants.

Après cet examen des divers aliments et de leur rôle,

la maîtresse montrera quelle doit être la composition de la ration alimentaire, celle-ci variant naturellement d'après l'âge du sujet à nourrir et d'après ses occupations. On fera observer d'abord, que le régime alimentaire exerce une action puissante sur le tempérament et le caractère : une alimentation très riche en viande fait les tempéraments sanguins et les caractères violents, tandis qu'une nourriture où les végétaux dominent fait des tempéraments nervoso-lymphatiques et des caractères doux. Des populations entières témoignent en faveur de cette action : les peuples grands mangeurs de viande, tels que les Anglo-Saxons, sont plus actifs, plus rudes, plus violents, plus conquérants que les peuples dont l'alimentation est surtout composée de céréales, comme les Indiens, les Chinois, les Arabes, etc.

On notera aussi que l'alimentation doit varier avec le climat et avec les occupations et l'âge. Elle doit être plus carnée et plus abondante, plus riche en graisses dans les pays froids où le rayonnement de la chaleur du corps est très intense que dans les pays chauds. Elle doit être moins abondante et moins excitante pour les intellectuels que pour les ouvriers manuels. Pour un adulte se livrant à des travaux intellectuels et ne faisant que peu d'exercices physiques, la meilleure ration sera composée de 200 à 250 grammes de viande ou de poisson, avec des œufs, du lait, du riz, des légumes verts, du café, du thé, une petite quantité de vin et peu de légumes farineux. On a constaté, en effet, que sous l'influence du travail intellectuel, les matières albuminoïdes et grasses de l'organisme ne sont que très peu désassimilées. On évitera aussi le travail intellectuel pendant ou après le repas, afin de ne pas attirer vers le cerveau le sang qui doit alors affluer vers l'estomac et l'intestin. La ration des hommes qui font un travail manuel pénible devra contenir deux ou trois fois plus de viande et beaucoup plus de graisses, de légumes féculents et un litre de vin ou deux litres de bière par jour. Les ouvriers anglais qui font de forts travaux mangent jusqu'à 600 et 700 grammes de viande par jour et un kilo et demi de pommes de terre, sans parler des matières grasses et de l'alcool sous des formes diverses. On fera observer que l'alimentation des enfants doit être réglée d'après ce fait que chez eux l'assimilation et la désassimilation sont plus actives que chez l'adulte et que, par conséquent, ils produisent et perdent plus facilement leur calorique, et on aura soin d'indiquer avec précision le régime qui leur convient le mieux au fur et à mesure qu'ils avancent en âge. On notera que la puberté est le moment de la vie où les besoins de la nutrition sont les plus intenses et que c'est celui où doivent prédominer, dans le régime, les albuminoïdes en vue de l'accroissement, les matières grasses et sucrées ou amidonnées en vue de la production du calorique dont la dépense est considérable. Enfin, on fera observer que l'alimentation des vieillards doit être conçue en tenant compte du fait que leur rayonnement de calorique est égal à celui des adultes, tandis que leur assimilation est moins active, d'où il résulte que les aliments doivent être pris en quantités relativement plus grandes.

Après cette étude des aliments et de l'alimentation, on fera l'histoire de la digestion, en commençant par celle des actes mécaniques et en montrant successivement le rôle des dents dans la mastication, de la salive dans l'humectation des aliments, des muscles du pharnyx dans la déglutition, de ceux de l'œsophage dans la propulsion du bol alimentaire vers l'estomac, des contractions de l'estomac pour broyer les aliments et ensuite les pousser dans l'intestin, des mouvements des muscles qui entrent dans la constitution des parois intestinales et qui poussent petit à petit les matières digérées et leurs détritus jusqu'à ce que ceux-ci soient expulsés sous forme de fèces. On étudiera ensuite les phénomènes chimiques successifs de la digestion : 1° dans la bouche, sous l'influence de la salive et de sa diastase (ptyaline ou amylase) qui transforme les matières amylacées en un sucre soluble, la maltose ; 2° dans l'estomac, sous l'action du suc gastrique, de son acide chlorhydrique et de sa diastase, la pepsine, qui transforme les matières albuminoïdes animales ou végétales en peptones solubles ; 3° dans l'intestin, où le suc pancréatique agit par l'une de ses diastases, la thrypsine, sur les matières albuminoïdes pour les transformer en des albumines particulières, les hexones, considérées comme les noyaux de toutes les albumines de l'organisme ; par une autre de ses diastases, la mylopsine, sur les hydrates de carbone pour les transformer en sucres solubles, la maltose et l'achroodextrine ; par une troisième diastase, la strepsine, sur les matières grasses pour en dédoubler une partie en acides gras et glycérine tandis que toutes les autres sont émulsionnées, c'est-à-dire divisées en particules si minimes qu'elles deviennent susceptibles de traverser les parois des cellules intestinales. La bile que le foie verse dans l'intestin grêle favorise cette dernière action. Enfin, la digestion est complétée chimiquement par les liquides que sécrètent les glandes de l'intestin grêle et du duodénum et qui agissent, les premiers sur les hydrates de carbone, les seconds sur les matières albuminoïdes. On ajoutera que la transformation des albuminoïdes, des graisses et des hydrates de carbone continue, sous l'influence de nouveaux ferments, pendant qu'ils traversent les parois intestinales, pendant leur séjour dans les vaisseaux chylyfères ou sanguins et jusque dans les diverses cellules. C'est seulement dans ces dernières que se produit la transformation ultime, grâce à laquelle sont constituées les différentes albumines et graisses que l'on trouve dans chaque sorte de cellules. Alors seulement l'assimilation est effectuée ; mais il a fallu qu'elle fût précédée de toutes les autres transformations opérées soit dans l'intestin, soit dans les ganglions lymphatiques ou les vaisseaux sanguins, d'où résulte l'impossibilité de nourrir les malades, soit par les lavements de bouillon ou autres solutions d'albuminoïdes, soit par les injections sous-cutanées de peptones, qui souvent sont dangereuses.

La maîtresse fera ensuite l'application à l'hygiène de toutes les connaissances relatives à la nutrition, en montrant comment les repas doivent être distribués et composés, quels aliments il est nécessaire d'y faire figurer, quels autres on doit éliminer, par exemple les boissons alcooliques en excès, de quels autres on peut se passer dans un but économique, quels assaisonnements ou boissons sont utiles pour exciter l'appétit ou favoriser la digestion, tels que le poivre, le sel, la moutarde, le café, le thé ; quelles précautions il faut prendre, au point de vue des eaux, afin d'éviter la contagion de certaines maladies parasitaires ou la surabondance des sels calcaires ; enfin, à quel régime il convient de soumettre les enfants, les vieillards, les personnes qui se livrent aux travaux intellectuels ou aux travaux manuels, les femmes enceintes ou en couches, les nourrices, etc.

La maîtresse parlera ensuite de la respiration, de la circulation sanguine et lymphatique et des phénomènes de désassimilation qui se produisent dans l'intimité des cellules ou dans les vaisseaux sanguins. Après avoir étudié le sang et la lymphe, en exposant les caractères de leurs liquides ou plasmas, et ceux des globules sanguins, (globules rouges ou hématies et globules blancs

ou leucocytes qui sont de véritables glandes unicellulaires mobiles, sécrétant des ferments divers), on étudiera le mécanisme de la circulation lymphatique par
laquelle tous les tissus sont imprégnés de lymphe, et
celui de la circulation sanguine (cœur, artères, capillaires, veines) grâce auquel le sang circule dans toutes
les parties du corps. On étudiera ensuite le mécanisme
de la respiration, par lequel l'air atmosphérique est
alternativement attiré dans les poumons (inspiration)
puis, expulsé (expiration) en insistant uniquement sur
les faits qui offrent un intérêt général. On exposera
ensuite les phénomènes chimiques de la respiration :
d'une part ceux qui se produisent dans les poumons où
le sang veineux noir exhale son acide carbonique, en
absorbant de l'oxygène qui le fait devenir rouge,
d'autre part, ceux qui se produisent dans la profondeur
des tissus où le sang cède aux cellules son oxygène et
se charge de l'acide carbonique éliminé par ces dernières. On étudiera ensuite les phénomènes chimiques
de désassimilation qui se produisent dans les tissus et
dans le sang sous l'influence de l'oxygène de l'air :
désassimilation des albuminoïdes, d'où peuvent sortir
des graisses et autres corps dont les termes ultimes
sont l'acide carbonique et l'urée ; désassimilation des
hydrates de carbone et des graisses dont les termes
ultimes sont l'acide carbonique et l'eau. On insistera
sur ce que les phénomènes de désassimilation sont toujours accompagnés de production de chaleur, comme
ceux de la combustion, et l'on montrera comment cette
chaleur est utilisée : 1° par l'homme au repos : rayonnement dans l'air, 1.560 calories ; évaporation de 1.100
grammes d'eau par la peau et les poumons, 611 calories ;
échauffement de l'air expiré, 80 calories ; échauffement
dans le corps, des aliments et des boissons, ainsi que
des fèces et urines, 53 calories ; travail de la circulation,

de la respiration et autres travaux intérieurs ou petits mouvements involontaires, 150 calories ; soit une dépense totale de 2.430 calories par 24 heures ; 2° chez l'homme en travail : petits mouvements inconscients ou déplacements du corps et de son centre de gravité, mouvements de la circulation et de la respiration, 75 calories ou 2 p. 100 ; rayonnement par la peau et par l'air expulsé des poumons, etc., 2.262 calories ou 60, 3 p. 100 ; évaporation de la sueur et de l'eau expulsée par les poumons, 1.155 calories ou 30, 8 p. 100 ; perte de chaleur par les fèces et les urines, 18 calories ou 0,5 p. 100 ; travail productif 240 calories ou 6, 4 p. 100, c'est-à-dire une proportion très minime de la chaleur perdue par le corps qui est, au total de 3.750 calories.

Comme complément des phénomènes intimes de la nutrition, de la respiration et de la circulation on étudiera les principales excrétions : celle du rein ou urine (1.200 à 1.250 grammes par jour) par laquelle surtout s'élimine l'urée, produit ultime azoté de la désassimilation des albumines ; celle de la peau ou sueur (1.000 à 2.000 grammes et davantage par jour) qui sert surtout à régulariser la température du corps, car elle contient de 980 à 995 p. 100 d'eau, des acides lactique, formique, butyrique, des chlorures, des graisses, un peu d'urée ; celle des glandes sébacées qui sont très nombreuses dans la peau ; celles des glandes mammaires, ou lait, qui sert à la première nourriture des enfants et constitue un aliment complet ; celle du foie ou bile, etc. Puis, l'on donnera quelques détails sur la nécessité du bon fonctionnement de toutes ces glandes et des dangers qui résultent de la non-élimination des produits ultimes de la désassimilation, notamment de l'acide carbonique et de l'urée ou de certains ferments.

La maîtresse fera l'application à l'hygiène de toutes les connaissances relatives à la respiration, à la circu-

lation et à la calorification : précautions à prendre afin
que l'on dispose dans les maisons et les appartements
d'une quantité suffisante d'air pour que la respiration
s'accomplisse dans les meilleures conditions ; sup-
pression des poussières qui sont susceptibles de contenir des germes de végétaux ou d'animaux parasites ;
entretien de la propreté du corps par les lavages, les
bains, les frictions d'alcool, de liquides antiseptiques ;
surveillance de toutes les excrétions, afin qu'elles
soient régulières; nettoyage du linge par la lessive ;
nettoyage du mobilier, des tapis, des tentures, des
meubles, afin de faire disparaître toutes les matières
impures et les germes contagieux qui pourraient y être
déposés par les animaux, les malades, etc.; entretien
de la chaleur du corps par les vêtements, le chauffage, etc.

On étudiera ensuite le fonctionnement des organes
locomoteurs : os, muscles striés des membres, du
tronc, de la tête, etc., et muscles lisses des muqueuses,
des vaisseaux, etc., en insistant particulièrement sur
la manière dont les contractions des muscles se produisent, sur le travail qui en est la conséquence, sur les
excitations qui déterminent les contractions à l'état normal, sur le rapport qui existe entre la chaleur produite
dans le muscle et le travail exécuté, sur les mouvements des membres, sur la marche, la course, le saut,
la natation, etc. Puis, on fera l'application de ces faits
à l'hygiène, en montrant la nécessité de l'exercice
physique et sa limitation aux possibilités de chaque
individu, de manière à éviter le surmenage et les accidents, auxquels l'abus de la marche, de la course ou
de la gymnastique donne lieu très souvent, tels que
les hernies, les affections du cœur ou des poumons, etc.

On terminera l'étude de la physiologie par celle des
organes des sens dont il a été question déjà dans la

physique et celle du système nerveux. Après avoir rappelé la structure des centres nerveux, celle des nerfs sensitifs et de leurs terminaisons et celle des nerfs moteurs, déjà étudiée à propos de l'anatomie humaine, le professeur passera en revue les fonctions principales des centres et le rôle des nerfs. Il attirera l'attention sur ce fait que les cellules nerveuses ou neurones qui forment les couches ou noyaux d'aspect grisâtre des centres nerveux sont reliées les unes aux autres par les fibres nerveuses considérées comme de simples prolongements de leurs substances constituantes, et que c'est dans les cellules nerveuses que se produisent les phénomènes caractéristiques du fonctionnement nerveux, les fibres nerveuses n'étant que des conducteurs, d'où il résulte que l'on pourrait comparer le système nerveux à un ensemble complexe d'appareils électriques, dont les cellules seraient les organes excitateurs ou récepteurs et les fibres nerveuses les fils transmetteurs.

La maîtresse montrera alors, par quelques expériences, en quoi consistent les phénomènes nerveux. Elle fera voir d'abord que si l'on isole le train de derrière d'une grenouille du reste du corps, il ne s'y produit aucun mouvement spontané ; mais si l'on pince la peau de l'une des cuisses, il se produit une contraction de ses muscles. On dit que cette contractions est purement réflexe parce qu'elle s'est produite en dehors de toute volonté et de toute conscience. La maîtresse montrera qu'il se produit dans notre corps, constamment, un nombre incalculable de mouvements réflexes analogues à celui-là : contractions du muscle cardiaque, des fibres musculaires des vaisseaux, des fibres musculaires du pharynx et du larynx dans la déglutition ; contractions de l'estomac, des intestins, de la vessie et de son col, de l'iris, des fibres musculaires de la peau, etc. Toutes ces contractions se produisent sans que notre volonté intervienne, sans même que nous en ayons conscience, chaque fois qu'une excitation est produite sur le cœur et les vaisseaux par le sang, sur les muqueuses intestinales par les aliments ou les produits de leur digestion, sur la muqueuse vésicale par l'urine, sur l'iris par la lumière, sur la peau par la chaleur, le froid, etc. Dans tous ces cas, les excitations agissent sur les terminaisons des nerfs sensitifs; ceux-ci les transmettent aux cellules des centres nerveux, d'où part une excitation nouvelle qui, transmise par les nerfs moteurs, va déterminer la contraction des fibres musculaires. La maîtresse pourra entrer utilement dans quelques détails relativement à l'action du système nerveux sur la nutrition, la respiration, la circulation et la calorification, les sécrétions de la bile, de l'urine, de la sueur, etc.

La maîtresse montrera qu'il existe une seconde catégorie de mouvements réflexes dans lesquels la conscience intervient, tandis que la volonté reste encore en dehors : lorsque, par exemple, on regarde le soleil, il se produit immédiatement une contraction de l'iris dont on n'a pas conscience et une contraction des paupières dont on a conscience, mais qui s'opère en dehors de la volonté, avant que la volonté ait eu le temps d'intervenir. Une foule de mouvements analogues se produisent chez nous, à chaque instant, par exemple lorsque nous parlons, chantons, marchons, courons ; les muscles nécessaires à tous ces mouvements se contractent sans que la volonté intervienne. Dans tous ces cas, l'excitation reçue par les terminaisons nerveuses sensitives sont transmises, à la fois, aux cellules qui renvoient les excitations motrices et aux cellules psychiques de la conscience. Le réflexe est conscient mais involontaire. Lorsque, au contraire, on ouvre les paupières pour regarder le soleil malgré l'impression pénible que l'on éprouve, les contractions des muscles palpébraux sont à la fois conscients et volontaires. Dans ce cas, l'excitation reçue par les terminaisons nerveuses sensitives est transmise à la fois aux cellules psychiques de la conscience et à celles de la volonté et ce sont ces dernières qui provoquent l'excitation motrice en vertu de laquelle on ouvre les paupières. Les cellules psychiques de la volonté peuvent être excitées directement par une idée, par un souvenir et il en peut résulter l'envoi d'une excitation motrice dans tel ou tel muscle des membres, de la face. Le mouvement étant alors produit sans qu'il y ait eu excitation des terminaisons sensitives, on dit qu'il est purement volontaire et conscient; mais, en réalité, il est la conséquence d'une excitation des cellules psychiques de la volonté sans laquelle il ne se produirait pas. La maîtresse montrera alors, que si l'on supprime, chez un animal supérieur, le cerveau, on fait disparaître tous les mouvements volontaires et conscients, et que ces mouvements disparaissent aussi lorsque les cellules grises du cerveau de l'homme sont détruites par quelque maladie. Elle montrera enfin que la destruction morbide des diverses parties des centres nerveux supprime telle ou telle faculté intellectuelle ou même l'intelligence toute entière, sans que la mort en soit nécessairement la conséquence, d'où l'on doit conclure que les facultés psychiques sont localisées dans les centres nerveux cérébraux.

Elle pourra terminer utilement l'histoire du système nerveux en exposant le mécanisme des principales émotions : comment, dans la joie, sous l'influence d'une excitation des centres nerveux respiratoires et vaso-moteurs, les battements du cœur sont accélérés, les petits vaisseaux de la peau dilatés en déterminant

la rougeur, l'innervation des muscles accrue au point
de déterminer les battements des mains, les sauts, les
mouvements des bras et des jambes, etc., tandis que
dans la tristesse les battements du cœur sont ralentis,
les petits vaisseaux cutanés contractés au point de produire la pâleur, l'innervation des muscles diminuée
jusqu'à déterminer l'affaissement des membres et du
corps, etc. Et elle terminera en montrant que tous ces
phénomènes disparaissent lorsque les centres nerveux
sont détruits par la maladie ou supprimés expérimentalement chez les animaux.

Enfin, de toute cette étude du système nerveux, elle
concluera que les cellules nerveuses et leurs conducteurs sont les régulateurs de toutes les fonctions de
l'organisme.

§ 6. — CONSIDÉRATIONS GÉNÉRALES
SUR L'ENSEIGNEMENT DES SCIENCES

J'ai beaucoup développé les programmes de la cosmographie, de la physique, de la chimie, de l'histoire
naturelle et de la physiologie afin de montrer de quelle
façon il me paraît que ces sciences doivent être enseignées aux jeunes filles. On a pu remarquer que j'ai
insisté particulièrement sur les faits ayant un caractère
d'utilité pratique et sur les idées générales qui servent
de liens aux faits. Il suffit d'avoir la moindre expérience
de l'enseignement, pour savoir avec quelle facilité les
détails sortent de la mémoire quand ils ne reposent pas
sur des idées générales, des doctrines, voire des hypothèses leur formant une assise. Si l'on possède cette
assise, il est facile de retrouver les détails ; quand on
ne la possède pas, ces derniers sont perdus pour toujours. Or, l'un des vices principaux de notre enseignement secondaire actuel est de négliger cette base,

pour ne donner que les détails des diverses sciences, et
les donner presque toujours sous forme de questions
et de réponses analogues à celles du catéchisme. On
prépare ainsi des candidats au baccalauréat, mais on
n'apprend rien de solide aux élèves; quelques mois
après avoir passé leurs examens, ils ont oublié tout ce
qu'ils avaient appris. Leur mémoire s'est débarrassée
de tout ce qu'on y avait mis pêle-mêle comme dans un
chiffonnier.

Ce vice est encore aggravé par la manière dont les
sciences sont réparties. Toutes ou presque toutes sont
enseignées à la fois : dans une même semaine, parfois
dans une même journée, on fait une leçon de physique,
une autre d'histoire naturelle. Si bien que l'esprit de
l'enfant est obligé de sauter sans transition d'un sujet
à l'autre. Les faits s'amalgament dans sa mémoire, les
expériences se confondent, les idées se brouillent et
rien ne laisse une trace profonde. J'estime donc qu'il
est indispensable, comme je l'ai indiqué plus haut, de
n'étudier les sciences que les unes après les autres ;
j'ajoute qu'il faut les enseigner dans des leçons suffisamment prolongées pour que l'esprit des élèves ait le
temps de s'arrêter à chaque fait, à chaque expérience,
à chaque considération générale. Pour s'assurer leur
attention, le professeur les interrogera sans cesse. Dès
qu'il aura exposé une série de faits, exécuté les expériences qui s'y rapportent et mis en lumière les idées
générales qui en découlent, il interrogera les élèves afin
de savoir si elles ont compris la valeur des faits, la
signification des expériences, l'importance des idées
générales. Toutes les fois que les circonstances s'y prê-
teront, il en appellera, aux ardoises, par exemple pour
les formules chimiques, pour les figures schématiques
des appareils et des organes, etc. Avec ce système, les
élèves n'ayant pas besoin de prendre des notes, ne

seront pas détournées de l'attention due au maître par
le travail hâtif fait sur leurs cahiers. Afin d'éviter la perte
de temps, on ne leur dictera pas non plus les résumés
auxquels beaucoup de maîtres s'attardent; mais il serait
indispensable que le maître rédigeât succinctement chacune de ses leçons, et la fît lithographier ou dactylo-
graphier, de manière à la distribuer à tous les élèves,
aussitôt après le cours, comme on le fait dans certaines
écoles spéciales. On fera éviter ainsi une grosse perte
de temps aux maîtres et aux élèves et ceux-ci n'auront
aucun prétexte à invoquer s'ils ne tirent pas profit de
l'enseignement reçu.

Le Dessin. — Complément des sciences.

Les leçons consacrées aux sciences devront être complétées par celles du dessin. Celui-ci devra être enseigné suivant les principes que j'ai déjà indiqués à propos
de l'enseignement primaire et en développant, dans la
mesure du possible, l'application de ces principes. Il
sera utile de faire dessiner correctement et scientifiquement les principaux appareils ou machines employés
dans les cours de physique et de chimie, les animaux
et les plantes, les monuments historiques, les types
humains, etc., dont il est question, tous les objets, en
un mot, sur lesquels portent les divers enseignements,
tout cela, bien entendu, sans préjudice des autres sujets
particuliers de dessin dont il a été question plus haut,
mais en ayant toujours pour guide cette idée que l'enseignement du dessin doit être le complément de celui
des sciences, de l'histoire et de la géographie.

§ 7. — GÉOGRAPHIE ET HISTOIRE

De même que les sciences, la géographie et l'histoire
devront être enseignées d'une manière didactique, mais

dans un esprit tout différent de celui qui est appliqué
aujourd'hui. On pourra prendre pour base et point de
départ les principes que j'ai exposés à propos de l'enseignement primaire, en donnant plus de développement
au programme dont j'ai tracé l'esquisse.

On négligera les détails pour ne s'arrêter qu'aux
grands traits de chaque époque. Dans l'histoire romaine,
par exemple, ce qui est intéressant, surtout pour des
jeunes filles, ce ne sont pas les batailles sans nombre
livrées par les généraux romains, c'est la succession du
régime monarchique patriarcal, du régime républicain
aristocratique qui résulta de la transformation du précédent, du régime césarien qui se substitua, par l'association d'un chef militaire et du peuple, au régime
aristocratique. Ce qui est intéressant encore, c'est
l'évolution des mœurs qui s'effectua parallèlement à
celle de l'organisation politique. C'est aussi l'œuvre de
conquêtes incessantes qui permet à la cité Romaine de
s'emparer de tout le bassin méditerranéen, de détruire
tour à tour le commerce carthaginois et le commerce
grec et de s'annexer tous-les peuples alors connus jusqu'au jour où les chrétiens alliés aux barbares renver-
sèrent l'empire et substituèrent leurs chefs aux Césars.

Dans l'histoire de France, la succession des rois, que
l'on s'attache à faire apprendre à nos enfants, n'offre
aucun intérêt ; sans intérêt aussi sont les incessantes
guerres auxquelles les souverains se livrent par ambition ou simple fantaisie guerrière ; mais il est fort intéressant de voir ce qu'était l'Europe pendant la période
impériale de l'histoire romaine, ce qu'elle devint après
la chute de l'empire, ce que fut là féodalité pendant
tout le moyen âge, comment s'édifièrent peu à peu les
grands Etats, quels conflits d'intérêts et d'ambition
éclatèrent entre eux dès qu'ils se furent constitués, etc. ;
comment vécurent les villes pendant la période impé-

riale et le moyen âge et comment elles conquirent
les libertés qui en firent des communes plus ou moins
antonomes. Ce que furent les mœurs publiques ou privées pendant ces diverses périodes de l'histoire, à
quelles productions diverses de l'esprit humain elles
donnèrent naissance et comment peu à peu surgirent,
dans l'esprit des peuples, les idées de droits personnels
et politiques d'où sont issues les sociétés modernes.
Quelle évolution enfin se produit au sein de celles-ci et
quelles phases nouvelles d'évolution il en peut sortir.

L'enseignement secondaire de la géographie devra
marcher parallèlement et simultanément avec celui de
l'histoire. J'estime que l'histoire et la géographie
devraient incomber au même professeur et que leurs
leçons devraient être, en quelque sorte, confondues. On
ne devrait jamais faire l'histoire d'une époque, sans
avoir, au préalable, indiqué l'état géographique de
chacun des pays dont on devra parler. Quant à la géographie physique, qui est la base de toute la science
géographique et historique, j'ai dit, précédemment, de
quelle manière on devra l'enseigner : beaucoup de
cartes et de planches en plâtre ou en terre glaise faites
par les élèves et indiquant les reliefs, les cours des
fleuves, les cols des montagnes qui ont servi au passage
des peuples et des armées, etc. On y pourra utilement
ajouter des projections lumineuses, des dessins de
monuments, d'habitations, de costumes, de types
humains, etc.

§ 8. — LA GRAMMAIRE ET LA LITTÉRATURE.
LES LANGUES ÉTRANGÈRES ET ANCIENNES

La grammaire française ou les grammaires anglaise,
allemande, etc., ne devront jamais faire l'objet d'exercices de mémoire ; mais on obligera chaque élève à se

faire, pour elle-même, une grammaire succincte, avec les règles, les exemples, etc., qu'elle puisse consulter incessamment et qui, étant son œuvre, laissera une trace profonde dans sa mémoire, non par les mots mais par les idées et les exemples. On fera au tableau des exercices quotidiens d'analyses grammaticale et logique. On utilisera aussi les ardoises pour les exercices relatifs à la signification des mots, à la synonymie, à l'homonymie, etc., de manière à graver dans l'esprit, les mots qui conviennent le mieux pour exprimer chaque objet et chaque idée. Les seuls exercices écrits seront les copies des meilleures pages de grands écrivains, la rédaction de lettres et de narrations, dont les élèves imagineront elles-mêmes le sujet et qu'elles traiteront à leur guise, l'exposé original de questions historiques, scientifiques ou autres, traitées par les professeurs, en un mot des exercices susceptibles de développer, non seulement l'imagination, mais surtout la raison et le goût des élèves. On y ajoutera de nombreuses lectures, non de pages séparées mais d'ouvrages entiers, choisis parmi ceux des meilleurs auteurs anciens et modernes, lectures dont les élèves devront tirer elles-mêmes un jugement, des appréciations critiques et faire les extraits qui leur paraîtront les plus dignes d'être conservés. On habituera les élèves à parler en classe de leurs lectures et autres travaux, à présenter publiquement leurs observations et critiques sur les narrations, lettres, etc. de leurs compagnes, de manière à les contraindre à parler correctement et à exprimer en public leurs pensées.

Dans nos lycées, on apprend un peu aux garçons et aux filles à écrire, on ne leur apprend guère ou pas du tout à parler. La parole cependant, est, dans la vie, beaucoup plus utile que la plume.

L'enseignement des langues étrangères vivantes

sera, bien entendu, fait uniquement dans la langue à
enseigner et dirigé de telle sorte que les élèves apprennent les mots et la manière de les agencer pour construire des phrases avant même de connaître la syntaxe.
La théorie grammaticale, pour ces langues, ne doit être
que la consécration de la pratique orale et écrite. Il me
paraît inutile d'insister sur ce point, car il est aujour-
d'hui l'objet d'un accord unanime entre les pédagogues.

Pour les langues anciennes, grec et latin, qu'aucune
élève sans doute n'aura l'idée d'apprendre dans le but de
les parler, la méthode la plus simple, à mon avis, et la plus
pratique, consiste à mettre entre les mains des jeunes
filles une grammaire grecque ou latine très simple, un
livre grec ou latin avec traduction interlinéaire ou jux-
taposée et un bon dictionnaire. Avec ces trois outils,
une élève laborieuse et intelligente aura vite fait de
mettre chaque mot français en face du mot latin ou
grec, de déterminer si ce dernier est un substantif, un
adjectif, un verbe, etc. de décider à quel cas il est, s'il
s'agit d'un substantif ou d'un adjectif, à quel temps si
c'est un verbe. Avec cette méthode, on évitera les
dégoûts souvent insurmontables que provoquent les
versions ordinaires quand on ne découvre pas tout de
suite le sens d'une phrase, et l'on amènera rapidement
les élèves à connaître beaucoup de mots latins ou grecs,
ainsi qu'à se rendre compte du génie des deux grandes
langues littéraires de l'antiquité. Pour des jeunes filles
surtout on ne doit pas avoir d'autres ambitions.

§ 9. — LA MORALE

De même que l'hygiène doit être enseignée au cours
des leçons relatives à la physique, à la chimie et à la
physiologie, les notions de morale trouveront leur place

dans les leçons d'histoire naturelle des animaux et dans celle de l'histoire des hommes. Comme l'hygiène, la morale est un art pratique beaucoup plus qu'une science proprement dite. On frappe son enseignement de stérilité dès qu'on le rend dogmatique, parce qu'il devient forcément sentencieux, sec, morose même pour les élèves. Je ne parle pas des dangers que pourraient offrir certains systèmes théoriques de morale, s'ils s'adressaient à des élèves ayant acquis, par les sciences d'observation et d'expérience, la coutume de rechercher ce qu'il y a derrière les mots. Tout au contraire des habitudes suivies dans nos établissements secondaires, on fera de la morale un enseignement pratique. On montrera, par exemple, au cours des leçons d'histoire naturelle, avec quelle tendresse et quelle ingéniosité les mères animales soignent leurs petits, avec quelle ardeur elles les défendent contre tout danger, comment elles sont assistées dans ces œuvres par les pères, à quels jeux amicaux se livrent les membres de toute la famille, quels exemples en un mot d'affection maternelle, filiale, paternelle, familiale pour tout dire, nous sont donnés par une foule d'animaux. On montrera aussi comment ils s'unissent en nombre souvent très considérable, pour former des sociétés dans lesquelles chacun se plaît à rendre service à tous les autres et est assisté par eux dans tous ses besoins ; on mettra en lumière l'ordre qui règne dans ces agglomérations d'individus ou de familles ; et l'on tirera sans peine de ces faits d'excellentes leçons de morale sociale.

A peine ai-je besoin de dire que l'histoire des hommes ne sera pas moins féconde en leçons morales : certains faits témoignant des qualités qu'il est utile de développer chez les enfants, tels que l'amour de ses parents, de ses compagnons, de son pays, tandis que d'autres, servant de repoussoirs aux premiers, indiquent les erreurs les fautes, les vices, les immoralités de toutes sortes que l'honnête homme doit éviter.

Enfin, on trouvera d'excellents auxiliaires de cet enseignement dans la lecture et la copie de quelques pages choisies dans les œuvres des moralistes de l'antiquité ou des temps modernes.

Un enseignement moral dirigé de la sorte portera des fruits d'autant plus précieux qu'il n'aura pas fatigué les élèves, qu'il les aura, au contraire, intéressées et qu'il ne sentira pas le doctrinarisme dont tous les jeunes esprits ont horreur.

On complétera cet enseignement, chaque fois que l'occasion s'en présentera, par celui des occupations ménagères et de l'économie domestique qui entrent dans le rôle de la mère de famille et sur lequel il me paraît inutile de m'appesantir, car toute bonne mère sait qu'elle doit être prévoyante et économe autant que bonne et serviable, si elle veut être aimée dans sa famille, estimée dans la société.

Toute jeune fille ayant reçu pendant quatre ans, de la treizième année, par exemple, à la fin de la dix-septième année, l'enseignement secondaire dont je viens de tracer le programme devra, si elle est tant soit peu intelligente, faire une mère de famille adaptée à tous les besoins de notre société. Elle aura l'habitude de l'observation, la pratique du raisonnement, et la science nécessaire pour devenir une excellente épouse et mère. Elle sera apte aussi à recevoir toutes les formes du haut enseignement professionnel, dont je n'ai pas à m'occuper ici, car il varie avec les professions que les femmes sont susceptibles d'embrasser.

TABLE DES MATIÈRES

CHAPITRE IV

ÉVREUX, IMPRIMERIE CH. HÉRISSEY ET FILS

COURS D'HISTOIRE

Publié sous la direction de M. Gabriel MONOD

Histoire nationale et notions sommaires d'histoire générale, par Mlle Jeanne COLANI, professeur au lycée de jeunes filles de Versailles, et M. E. DRIAULT, professeur au lycée Hoche (Versailles).

PREMIÈRE ANNÉE : *Des Origines à la mort de Henri IV*. 1 vol. in-12 avec 55 gravures et 4 cartes, cart. à l'angl. . . . . 3 fr.

DEUXIÈME ANNÉE : *L'Europe aux XVIIe et XVIIIe siècles*. 1 vol. in-12 avec 70 gravures et 8 cartes, cart. à l'angl. . . . . 3 fr.

TROISIÈME ANNÉE : *La Révolution et le XIXe siècle*. 1 vol. in-12 avec gravures et cartes, cart. à l'angl. . . . . (*Paraîtra en Juillet* 1908).

Histoire de la civilisation, par E. DRIAULT.

QUATRIÈME ANNÉE : *Orient, Grèce, Rome, Moyen Age*. 1 vol. in-12 avec 139 gravures et 13 cartes, cart. à l'angl. . . . . 3 fr. 50

CINQUIÈME ANNÉE : *Civilisation moderne et contemporaine*. 1 vol. in-12 avec 79 gravures et 21 cartes, cart. à l'angl. . . . . 3 fr. 50

AUTRES OUVRAGES POUR L'ENSEIGNEMENT DES JEUNES FILLES

Cours de morale pratique (3e *année*), par Mme L. BÉRARD, prof. agrégée au lycée de jeunes filles de Montpellier et P.-F. THOMAS, docteur ès lettres, prof. de philosophie au lycée de Versailles, 1 vol. in-12 cart. à l'angl. . . . . 2 fr. 50

Cours de morale théorique et notions historiques (4e *année*), par Mme L. BÉRARD, et EUG. BLUM, prof. de philosophie au lycée de Lyon; préface de *M. Emile Boirac*. 1 vol. in-12, cart. à l'angl. . . . . 2 fr. 50

Cours de psychologie appliquée à la morale et à l'éducation (5e *année*), par Mme L. BÉRARD, et EMILE BOIRAC, recteur de l'Académie de Dijon. 1 vol. in-12, cart. à l'angl. . . . . 2 fr. 50

Notions de zoologie (1re *année*), par Mlle S.-N. de MONTILLE, agrégée de l'enseignement secondaire des jeunes filles, 5e édit. In-12, avec 333 grav. dans le texte, cart. à l'angl. . . . . 2 fr. 50

Notions de botanique (1re *et* 2e *années*), par *la même*. 4e édit. In-12 avec 345 grav. cart. à l'angl. . . . . 2 fr. 50

Notions de géologie (2e *année*), par *la même*. In-12 avec gravures et cartes, cart. à l'ang. . . . . (*Paraîtra en octobre* 1907).

Leçons d'hygiène et d'économie domestique (3e, 4e *et* 5e *années*), par Mlle M. DREYFUS, directrice du collège de jeunes filles de La Fère. 2e éd. In-12, avec gravures cart. à l'anglaise. . . . . 3 fr.

E. BOUANT

Professeur agrégé des sciences physiques au lycée Charlemagne.

Leçons de chimie (3e, 4e *et* 5e *années*), 1 vol. in-12 avec 113 fig. cart. à l'anglaise . . . . 2 fr 80

Leçons de physique (3e *année*). 1 vol. in-12 avec 128 fig. cart. à l'angl. 2 fr.

Leçons de physique (4e *et* 5e *années*), 1 vol. in-12 avec 235 fig. et une planche coloriée hors texte, cart. à l'anglaise. . . . . 2 fr. 80

Les deux précédents, réunis en 1 vol., cart. à l'angl. . . . . 4 fr. 50

P. PORCHON

Professeur honoraire au lycée Hoche (Versailles).

1re ANNÉE. — **Notions élémentaires d'arithmétique**, accompagnées d'*exercices de calcul mental*, avec fig. 10e édit. In-12, cart. . . . . 2 fr.

2e ANNÉE. — **Cours élémentaire d'arithmétique pratique**. 11e édit. In-12 avec fig. cart. . . . . 2 fr.

2e, 3e ET 4e ANNÉES. — **Éléments d'arithmétique**, 19e édit. In-12 cart. 2 fr.

4e ET 5e ANNÉES. — **Éléments d'algèbre**, 11e édit. In-12, avec fig. cart. 2 fr. 50

3e, 4e ET 5e ANNÉES. — **Éléments de géométrie**, 10e édit. In-12 avec fig. cart. . . . . 3 fr. 50

4e ET 5e ANNÉES. — **Éléments de cosmographie**, 8e édit. In-12, avec fig. cart. . . . . 2 fr.

FÉLIX ALCAN, ÉDITEUR

BIBLIOTHÈQUE GÉNÉRALE DES SCIENCES SOCIALES

Secrétaire de la rédaction: DICK MAY, Secrét. gén. de l'Éc. des Hautes Études sociales.

Volumes in-8 carré de 300 pages environ, cart. à l'anglaise.
Chaque volume, 6 fr.

FÉLIX ALCAN, ÉDITEUR

La démocratie devant la science, par C. BOUGLÉ, professeur à l'Université de Toulouse.

L'individualisme anarchiste. *Max Stirner,* par V. BASCH, professeur à l'Université de Rennes.

Les applications sociales de la solidarité, par MM. P. BUDIN, CH. GIDE, H. MONOD, PAULET, ROBIN, SIEGFRIED, BROUARDEL. Préface de M. LÉON BOURGEOIS.

La paix et l'enseignement pacifiste, par MM. FR. PASSY, CH. RICHET, D'ESTOURNELLES DE CONSTANT, E. BOURGEOIS, A. WEISS, H. LA FONTAINE, G. LYON.

Études sur la philosophie morale au XIXᵉ siècle, par MM. BELOT, A. DARLU, M. BERNÈS, A. LANDRY, CH. GIDE, E. ROBERTY, R. ALLIER, H. LICHTENBERGER, L. BRUNSCHVICG.

Enseignement et démocratie, par MM. CROISET, DEVINAT, BOITEL, MILLERAND, APPELL, SEIGNOBOS, LANSON, CH.-V. LANGLOIS.

Religions et sociétés, par MM. TH. REINACH, A. PUECH, R. ALLIER, A. LEROY-BEAULIEU, le Bᵒⁿ CARRA DE VAUX, H. DREYFUS.

Essais socialistes, *La religion, L'alcoolisme, L'art,* par E. VANDERVELDE, professeur à l'Université nouvelle de Bruxelles.

Le surpeuplement et les habitations à bon marché, par H. TUROT et H. BELLAMY.

L'individu, l'association et l'État, par E. FOURNIÈRE.

MINISTRES ET HOMMES D'ÉTAT

Chaque volume in-16, 2 fr. 50

Bismarck, par H. WELSCHINGER.
Prim, par H. LÉONARDON.
Disraeli, par M. COURCELLE.

Ôkonbo, ministre japonais, par M. COURANT.
Chamberlain, par A. VIALLATE.

LES MAITRES DE LA MUSIQUE

ÉTUDES D'HISTOIRE ET D'ESTHÉTIQUE

Publiées sous la direction de M. JEAN CHANTAVOINE

Chaque volume in-8 de 250 pages environ, 3 fr. 50

Palestrina, par M. BRENET.
J.-S. Bach, par A. PIRRO. 2ᵉ édit.
César Franck, par VINCENT D'INDY. 3ᵉ édit.

Beethoven, par JEAN CHANTAVOINE. 3ᵉ édit.
Mendelssohn, par CAMILLE BELLAIGUE.
Smetana, par WILLIAM RITTER.

En préparation :

Grétry, par PIERRE AUBRY. — **Orlande de Lassus,** par HENRY EXPERT. — **Wagner,** par HENRI LICHTENBERGER. — **Berlioz,** par ROMAIN ROLLAND. — **Rameau,** par L. LALOY. — **Schubert,** par A. SCHWEITZER. — **Gluck,** par JULIEN TIERSOT, etc., etc.

BIBLIOTHÈQUE UTILE

Élégants volumes in-32, de 192 pages chacun.

Chaque volume broché, 60 cent.; cartonné, 1 franc. Franco par poste.

1. **Morand.** Introduction à l'étude des sciences physiques. 6e éd.
2. **Cruveilhier.** Hygiène générale. 9e édit.
3. **Corbon.** De l'enseignement professionnel. 4e édit.
4. **L. Pichat.** L'art et les artistes en France. 5e edit.
5. **Buchez.** Les Mérovingiens. 6e éd.
6. **Buchez.** Les Carlovingiens. 2e éd.
7. (*Épuisé.*)
8. **Bastide.** Luttes religieuses des premiers siècles. 5e édit.
9. **Bastide.** Les guerres de la Réforme. 5e édit.
10. (*Épuisé.*)
11. **Brothier.** Histoire de la terre. 9e éd.
12. **Bouant.** Les principaux faits de la chimie (avec fig.).
13. **Turck.** Médecine populaire. 7e édit.
14. **Morin.** La loi civile en France. 6e édit.
15. **Paul Louis.** Les lois ouvrières.
16. **Ott.** L'Inde et la Chine.
17. **Catalan.** Notions d'astronomie. 6e édit.
18. (*Épuisé.*)
19. (*Épuisé.*)
20. **J. Jourdan.** La justice criminelle en France. 4e édit.
21. **Ch. Rolland.** Histoire de la maison d'Autriche. 4e édit.
22. **Eug. Despois.** Révolution d'Angleterre. 4e édit.
23. **B. Gastineau.** Les génies de la science et de l'industrie. 3e éd.
24. **Leneveux.** Le budget du foyer.
25. **L. Combes.** La Grèce ancienne. 4e édit.
26. **F. Lock.** Histoire de la Restauration. 5e édit.
27. (*Épuisé.*)
28. (*Épuisé.*)
29. **L. Collas.** Histoire de l'empire ottoman. 3e édit.
30. **F. Zurcher.** Les phénomènes de l'atmosphère. 7e édit.
31. **E. Raymond.** L'Espagne et le Portugal. 3e édit.
32. **Eugène Noël.** Voltaire et Rousseau. 4e édit.
33. **A. Ott.** L'Asie occidentale et l'Egypte. 3e édit.
34. (*Épuisé.*)
35. **Enfantin.** La vie éternelle. 6e éd.
36. **Brothier.** Causeries sur la mécanique. 5e édit.
37. **Alfred Doneaud.** Histoire de la marine française. 4e édit.
38. **F. Lock.** Jeanne d'Arc. 3e édit.
39-40. **Carnot.** Révolution française, 2 vol. 7e édit.
41. **Zurcher et Margollé.** Télescope et microscope. 3e édit.
42. **Blerzy.** Torrents, fleuves et canaux de la France. 3e édit.
43. (*Épuisé.*)
44. **Stanley Jevons.** L'économie politique. 9e édit.
45. **Ferrière.** Le darwinisme. 8e éd.
46. **Leneveux.** Paris municipal. 2e éd.
47. **Boillot.** Les entretiens de Fontenelle sur la pluralité des mondes.
48. **Zevort (Edg.).** Histoire de Louis-Philippe. 4e édit.
49. (*Épuisé.*)
50. **Zaborowski.** L'origine du langage. 6e édit.
51. **H. Blerzy.** Les colonies anglaises. 2e édit.
52. **Albert Lévy.** Histoire de l'air (avec fig.). 4e édit.
53. **Geikie.** La géologie (avec fig.). 4e édit.
54. **Zaborowski.** Les migrations des animaux. 4e édit.
55. **F. Paulhan.** La physiologie de l'esprit. 5e édit. refondue.
56. **Zurcher et Margollé.** Les phénomènes célestes. 3e édit.
57. **Girard de Rialle.** Les peuples de l'Afrique et de l'Amérique. 2e éd.
58. **Jacques Bertillon.** La statistique humaine de la France.
59. **Paul Gaffarel.** La défense nationale en 1792. 2e édit.
60. **Herbert Spencer.** De l'éducation. 12e édit.

61. **Jules Barni.** Napoléon Ier. 3e édit.
62. (*Epuisé.*)
63. **P. Bondois.** L'Europe contemporaine (1789-1879). 2e édit.
64. **Grove.** Continents et océans. 3e éd.
65. **Jouan.** Les îles du Pacifique.
66. **Robinet.** La philosophie positive. 6e édit.
67. **Renard.** L'homme est-il libre? 5e édit.
68. **Zaborowski.** Les grands singes.
69. **Hatin.** Le Journal.
70. **Girard de Rialle.** Les peuples de l'Asie et de l'Europe.
71. **Doneaud.** Histoire contemporaine de la Prusse. 2e édit.
72. **Dufour.** Petit dictionnaire des falsifications. 4e édit.
73. **Henneguy.** Histoire de l'Italie depuis 1815.
74. **Leneveux.** Le travail manuel en France. 2e édit.
75. **Jouan.** La chasse et la pêche des animaux marins.
76. **Regnard.** Histoire contemporaine de l'Angleterre.
77. **Bouant.** Hist. de l'eau (avec fig.).
78. **Jourdy.** Le patriotisme à l'école.
79. **Mongredien.** Le libre-échange en Angleterre.
80. **Creighton.** Histoire romaine (avec fig.).
81-82. **P. Bondois.** Mœurs et institutions de la France. 2 vol. 2e éd.
83. **Zaborowski.** Les mondes disparus (avec fig.). 3e édit.
84. **Debidour.** Histoire des rapports de l'Eglise et de l'Etat en France (1789-1871). Abrégé par DUBOIS et SARTHOU.
85. **H. Beauregard.** Zoologie générale (avec fig.).
86. **Wilkins.** L'antiquité romaine (avec fig.). 2e édit.
87. **Maigne.** Les mines de la France et de ses colonies.
88. (*Epuisé.*)
89. **E. Amigues.** A travers le ciel.
90. **H. Gossin.** La machine à vapeur (avec fig.).
91. **Gaffarel.** Les frontières françaises. 2e édit.
92. **Dallet.** La navigation aérienne (avec fig.).
93. **Collier.** Premiers principes des beaux-arts (avec fig.).
94. **A. Larbalétrier.** L'agriculture française (avec fig.).
95. **Gossin.** La photographie (fig.).
96. **F. Genevoix.** Les matières premières.
97. **Faque.** L'Indo-Chine française.
98. **Monin.** Les maladies épidémiques (avec fig.).
99. **Petit.** Economie rurale et agricole.
100. **Mahaffy.** L'antiquité grecque (avec fig.).
101. **Bère.** Hist. de l'armée française.
102. **F. Genevoix.** Les procédés industriels.
103. **Quesnel.** Histoire de la conquête de l'Algérie.
104. **A. Coste.** Richesse et bonheur.
105. **Joyeux.** L'Afrique française (avec fig.).
106. **G. Mayer.** Les chemins de fer (avec fig.).
107. **Ad. Coste.** Alcoolisme ou épargne. 6e édit.
108. **Ch. de Larivière.** Les origines de la guerre de 1870.
109. **Gérardin.** Botanique générale (avec fig.).
110. **D. Bellet.** Les grands ports maritimes de commerce (avec fig.).
111. **H. Coupin.** La vie dans les mers (avec fig.).
112. **A. Larbalétrier.** Les plantes d'appartement (avec fig.).
113. **A. Milhaud.** Madagascar. 2e éd.
114. **Sérieux et Mathieu.** L'Alcool et l'alcoolisme. 3e édit.
115. **Dr J. Laumonier.** L'hygiène de la cuisine.
116. **Adrien Berget.** La viticulture nouvelle. 3e éd.
117. **A. Acloque.** Les insectes nuisibles (avec fig.).
118. **G. Meunier.** Histoire de la littérature française. 4e éd.
119. **P. Merklen.** La Tuberculose; son traitement hygiénique.
120. **G. Meunier.** Histoire de l'art (avec fig.).
121. **Larrivé.** L'assistance publique.
122. **Adrien Berget.** La pratique des vins. (Guide du récoltant).
123. **A. Berget.** Les vins de France. (*Guide du consommateur.*)
124. **Vaillant.** Petite chimie de l'agriculteur.
125. **S. Zaborowski.** L'homme préhistorique. 7e édit.

Août 1907

FÉLIX ALCAN, ÉDITEUR

LIBRAIRIES FÉLIX ALCAN ET GUILLAUMIN RÉUNIES

108, Boulevard Saint-Germain, 108, Paris, 6ᵉ.

EXTRAIT DU CATALOGUE

SCIENCES — MÉDECINE — HISTOIRE — PHILOSOPHIE
ECONOMIE POLITIQUE — STATISTIQUE — FINANCES

BIBLIOTHÈQUE SCIENTIFIQUE INTERNATIONALE
Volumes in-8, cartonnés à l'anglaise.

Derniers volumes publiés

109. LOEB. **La dynamique des phénomènes de la vie**, ill.   9 fr.
108. Cᵈᵉ CONSTANTIN. **Le rôle sociologique de la guerre.**   6 fr.
107. LALOY. **Parasitisme et mutualisme dans la nature,** illustré   6 fr.
106. COSTANTIN. **Le transformisme appliqué à l'agriculture,** illustré.   6 fr.
105. JAVAL. **Physiologie de la lecture et de l'écriture**, 2ᵉ éd. illustré.   6 fr.

Sauf indication spéciale, tous ces volumes se vendent 6 francs.

1. J. TYNDALL. **Les glaciers et les transform. de l'eau**, 7ᵉ éd., ill.
2. *(Épuisé.)*
3. *(Épuisé.)*
4. A. BAIN. **L'esprit et le corps**, 6ᵉ édition.
5. PETTIGREW. **La locomotion chez les animaux**, 2ᵉ éd., ill.
6. HERBERT SPENCER. **Introd. à la science sociale**, 13ᵉ édit.
7. OSCAR SCHMIDT. **Descendance et darwinisme**, 6ᵉ édition.
8. H. MAUDSLEY. **Le crime et la folie**, 7ᵉ édition.
9. VAN BENEDEN. **Les commensaux et les parasites dans le règne animal**, 4ᵉ édition, illustré.
10. BALFOUR STEWART. **La conservation de l'énergie**, 6ᵉ éd., illustré.
11. DRAPER. **Les conflits de la science et de la religion**, 11ᵉ éd.
12. Léon DUMONT. **Théorie scientifique de la sensibilité**, 4ᵉ éd.
13. SCHUTZENBERGER. **Les fermentations**, 6ᵉ édition, illustré.
14. WHITNEY. **La vie du langage**, 4ᵉ édition.
15. COOKE et BERKELEY. **Les champignons**, 4ᵉ éd., illustré.
16. BERNSTEIN. **Les sens**, 5ᵉ édition, illustré.
17. BERTHELOT. **La synthèse chimique**, 9ᵉ édition.
18. NIEWENGLOWSKI. **La photographie et la photochimie**, ill.
19 et 20. *(Épuisés.)*
21. FUCHS. **Les volcans et les tremblements de terre**, 6ᵉ éd.

22. (*Épuisé.*)
23. A. DE QUATREFAGES. L'espèce humaine, 13e édition.
24. BLASERNA, et HELMHOLTZ. Le son et la musique, 5e éd.
25. (*Épuisé.*)
26. BRÜCKE et HELMHOLTZ. Principes scientifiques des beaux-arts, 4e édition, illustré.
27. WURTZ. La théorie atomique, 8e édition.
28-29 SECCHI (Le Père). Les étoiles, 3e édit., 2 vol. illustrés.
30. (*Épuisé.*)
31. A. BAIN. La science de l'éducation, 10e édition.
32-33. THURSTON. Histoire de la machine à vapeur, 3e éd., 2 vol.
34. (*Épuisé.*)
35. HERBERT SPENCER. Les bases de la morale évolutionniste, 7e édition.
36. Th.-H. HUXLEY. L'écrevisse, 2e édition, illustré.
37. DE ROBERTY. La sociologie, 3e édition.
38. O.-N. ROOD. Théorie scientifique des couleurs et leurs applications à l'art et à l'industrie, 2e édition, illustré.
39. (*Épuisé.*)
40-41. CHARLTON-BASTIAN. Le cerveau et la pensée, 2e éd., 2 vol. illustrés.
42. JAMES SULLY. Les illusions des sens et de l'esprit, 3e éd., ill.
43. (*Épuisé.*)
44. A. DE CANDOLLE. Origine des plantes cultivées, 4e édit.
45-46. (*Épuisé.*)
47. Ed. PERRIER. La philos. zoologique avant Darwin, 3e éd.
48. STALLO. La matière et la physique moderne, 3e édition.
49. MANTEGAZZA. La physionomie et l'expression des sentiments, 3e édit., illustré, avec 8 pl. hors texte.
50. DE MEYER. Les organes de la parole, illustré.
51. DE LANESSAN. Introduction à la botanique. *Le sapin,* 2e édit., illustré.
52-53. (*Épuisé.*)
54. TROUESSART. Microbes, ferments et moisissures, 2e éd., illustré.
55. (*Épuisé.*)
56. SCHMIDT. Les mammifères dans leurs rapports avec leurs ancêtres géologiques, illustré.
57. BINET et FÉRÉ. Le magnétisme animal, 4e éd., illustré.
58-59. ROMANES. L'intelligence des animaux, 3e éd., 2 vol.
60. F. LAGRANGE. Physiologie des exercices du corps, 8e éd.
61. DREYFUS. L'évolution des mondes et des sociétés, 3e édit.
62. DAUBRÉE. Les régions invisibles du globe et des espaces célestes, 2e édition, illustré.
63-64. (*Épuisé.*)
65. RICHET (Ch.). La chaleur animale, illustré.
66. (*Épuisé.*)
67. BEAUNIS. Les sensations internes.
68. CARTAILHAC. La France préhistorique, 2e éd., illustré.

69. BERTHELOT. La révolution chimique, Lavoisier, ill. 2e éd.
70. J. LUBBOCK. Les sens et l'instinct chez les animaux, ill.
71. STARCKE. La famille primitive.
72. ARLOING. Les virus, illustré.
73. TOPINARD. L'homme dans la nature, illustré.
74. BINET. Les altérations de la personnalité.
75. DE QUATREFAGES. Darwin et ses précurseurs français, 2e éd.
76. LEFÈVRE. Les races et les langues.
77-78. A. DE QUATREFAGES. Les émules de Darwin, 2 vol.
79. BRUNACHE. Le centre de l'Afrique; autour du Tchad, ill.
80. A. ANGOT. Les aurores polaires, illustré.
81. JACCARD. Le pétrole, l'asphalte et le bitume, illustré.
82. STANISLAS MEUNIER. La géologie comparée, illustré.
83. LE DANTEC. Théorie nouvelle de la vie, 4e éd., illustré.
84. DE LANESSAN. Principes de colonisation.
85. DEMOOR, MASSART et VANDERVELDE. L'évolution régressive en biologie et en sociologie, illustré.
86. G. DE MORTILLET. Formation de la nation française, 2e édition, illustré.
87. G. ROCHÉ. La culture des mers en Europe, illustré.
88. J. COSTANTIN. Les végétaux et les milieux cosmiques (Adaptation, évolution), illustré.
89. LE DANTEC. Évolution individuelle et hérédité.
90. E. GUIGNET et E. GARNIER. La céramique ancienne et moderne, illustré.
91. E.-M. GELLÉ. L'audition et ses organes, illustré.
92. STANISLAS MEUNIER. Géologie expérimentale, 2e éd., ill.
93. J. COSTANTIN. La nature tropicale, illustré.
94. E. GROSSE. Les débuts de l'art, illustré.
95. J. GRASSET. Les maladies de l'orientation et de l'équilibre, illustré.
96. G. DEMENY. Les bases scientifiques de l'éducation physique, 3e éd., illustré.
97. F. MALMÉJAC. L'eau dans l'alimentation, illustré.
98. STANISLAS MEUNIER. La géologie générale, illustré.
99. G. DEMENY. Mécanisme et éducation des mouvements, 3e édition, illustré. 9 fr.
100. L. BOURDEAU. Histoire du vêtement et de la parure.
101. A. MOSSO. Les exercices physiques et le développement intellectuel.
102. LE DANTEC. Les lois naturelles, illustré.
103. NORMAN LOCKYER. L'évolution inorganique, illustré.
104. COLAJANNI. Latins et Anglo-Saxons. 9 fr.
105. JAVAL. Physiologie de la lecture et de l'écriture; 2e éd. ill.
106. COSTANTIN. Le transformisme appliqué à l'agriculture, illustré.
107. LALOY. Parasitisme et mutualisme dans la nature, ill
108. Cne CONSTANTIN. Le rôle sociologique de la guerre et le sentiment national.
109. LOEB. La dynamique des phénomènes de la vie, ill. 9 fr.

COLLECTION MÉDICALE

ÉLÉGANTS VOLUMES IN-12, CARTONNÉS A L'ANGLAISE, A 4 ET A 3 FRANCS

Derniers volumes publiés :

L'amnésie, par les Drs DROMARD et LEVASSORT.   4 fr.

La mélancolie, par le Dr R. MASSELON.   4 fr.

Essai sur la puberté chez la femme, par le Dr MARTHE FRANCILLON.   4 fr.

Hygiène de l'alimentation dans l'état de santé et de maladie, par le Dr J. LAUMONIER, avec gravures. 3° éd.   4 fr.

Les nouveaux traitements, par *le même.* 2° édit.   4 fr.

Les embolies bronchiques tuberculeuses, par le D^r CH. SABOURIN.   4 fr.

Manuel d'électrothérapie et d'électrodiagnostic, par le Dr E. ALBERT-WEIL, avec 88 gravures. 2° éd.   4 fr.

L'alimentation des nouveau-nés. *Hygiène de l'allaitement artificiel,* par le Dr S. ICARD, avec 60 gravures. 2° édit.   4 fr.

La mort réelle et la mort apparente, diagnostic et traitement de la mort apparente, par *le même,* avec gravures.   4 fr.

L'hygiène sexuelle et ses conséquences morales, par le Dr S. RIBBING, prof. à l'Univ. de Lund (Suède). 3° édit.   4 fr.

Hygiène de l'exercice chez les enfants et les jeunes gens, par le Dr F. LAGRANGE, lauréat de l'Institut. 8° édit.   4 fr.

De l'exercice chez les adultes, par *le même.* 4° édition.   4 fr.

Hygiène des gens nerveux, par le Dr LEVILLAIN, avec gravures. 4° édition.   4 fr.

L'éducation rationnelle de la volonté, son emploi thérapeutique, par le Dr PAUL-EMILE LÉVY. Préface de M. le prof. BERNHEIM. 6° édition.   4 fr.

L'idiotie. *Psychologie et éducation de l'idiot,* par le Dr J. VOISIN, médecin de la Salpêtrière, avec gravures.   4 fr.

La famille névropathique, *Hérédité, prédisposition morbide, dégénérescence,* par le D^r CH. FÉRÉ, médecin de Bicêtre, avec gravures. 2° édition.   4 fr.

L'instinct sexuel. *Évolution, dissolution,* par *le même.* 2° éd. 4 fr.

Le traitement des aliénés dans les familles, par *le même.* 3° édition.   4 fr.

L'hystérie et son traitement, par le Dr PAUL SOLLIER. 4 fr.

Manuel de psychiatrie, par le Dr J. ROGUES DE FURSAC. 2° éd. 4 fr.

L'éducation physique de la jeunesse, par A. Mosso, professeur à l'Université de Turin. 4 fr.

Manuel de percussion et d'auscultation, par le Dr P. Simon, professeur à la Faculté de médecine de Nancy, avec grav. 4 fr.

Manuel théorique et pratique d'accouchements, par le Dr A. Pozzi, professeur à l'Ecole de médecine de Reims, avec 138 gravures. 4e édition. 4 fr.

Morphinisme et Morphinomanie, par le Dr Paul Rodet. (*Couronné par l'Académie de médecine.*) 4 fr.

La fatigue et l'entraînement physique, par le Dr Ph. Tissié, avec gravures. Préface de M. le prof. Bouchard. 2e édition. 4 fr.

Les maladies de la vessie et de l'urèthre chez la femme, par le Dr Kolischer ; trad. de l'allemand par le Dr Beuttner, de Genève; avec gravures. 4 fr.

La profession médicale. *Ses devoirs, ses droits*, par le Dr G. Morache, professeur de médecine légale à l'Université de Bordeaux. 4 fr.

Le mariage, par *le même*. 4 fr.

Grossesse et accouchement, par *le même*. 4 fr.

Naissance et mort, par *le même*. 4 fr.

La responsabilité, par *le même*. 4 fr.

Traité de l'intubation du larynx *chez l'enfant et chez l'adulte*, par le Dr A. Bonain, avec 42 gravures. 4 fr.

Pratique de la chirurgie courante, par le Dr M. Cornet. Préface du Pr Ollier, avec 111 gravures. 4 fr.

Dans la même collection :

COURS DE MÉDECINE OPÉRATOIRE
de M. le Professeur Félix Terrier.

Petit manuel d'antisepsie et d'asepsie chirurgicales, par les Drs Félix Terrier, professeur à la Faculté de médecine de Paris, et M. Péraire, ancien interne des hôpitaux, avec grav. 3 fr.

Petit manuel d'anesthésie chirurgicale, par *les mêmes*, avec 37 gravures. 3 fr.

L'opération du trépan, par *les mêmes*, avec 222 grav. 4 fr.

Chirurgie de la face, par les Drs Félix Terrier, Guillemain et Malherbe, avec gravures. 4 fr.

Chirurgie du cou, par *les mêmes*, avec gravures. 4 fr.

Chirurgie du cœur et du péricarde, par les Drs Félix Terrier et E. Reymond, avec 79 gravures. 3 fr.

Chirurgie de la plèvre et du poumon, par *les mêmes*, avec 67 gravures. 4 fr.

MÉDECINE

Dernières publications :

BOUCHUT et DESPRÉS. Dictionnaire de médecine et de thérapeutique médicale et chirurgicale, comprenant le résumé de la médecine et de la chirurgie, les indications thérapeutiques de chaque maladie, la médecine opératoire, les accouchements, l'oculitisque, l'odontotechnie, les maladies d'oreilles, l'électrisation, la matière médicale, les eaux minérales, et un formulaire spécial pour chaque maladie. 7e édition, très augmentée, mise au courant de la science par les Drs MARION et F. BOUCHUT. 1 vol. in-4, avec 1097 fig. dans le texte et 3 cartes. Broché, 25 fr. ; relié. 30 fr.

CAMUS et PAGNIEZ. Isolement et psychothérapie. *Traitement de la neurasthénie.* Préface du Pr DÉJERINE. 1 vol. gr. in-8. 9 fr.
Couronné par l'Académie des sciences (Prix Lallemand.)

CHASSEVANT (A.). Précis de chimie physiologique. 1 vol. gr. in-8. 10 fr.

CORNIL, RANVIER, BRAULT et LETULLE. Manuel d'histologie pathologique. 3e édition entièrement remaniée.

TOME I, par MM. RANVIER, CORNIL, BRAULT, F. BEZANÇON et M. CAZIN. — *Histologie normale.* — *Cellules et tissus normaux.* — *Généralités sur l'histologie pathologique.* — *Altération des cellules et des tissus.* — *Inflammations.* — *Tumeurs.* — *Notions sur les bactéries.* — *Maladies des systèmes et des tissus.* — *Altérations du tissu conjonctif.* 1 vol. in-8, avec 387 gravures en noir et en couleurs. 25 fr.

TOME II, par MM. DURANTE, JOLLY, DOMINICI, GOMBAULT et PHILLIPE. — *Muscles.* — *Sang et hématopoïèse.* — *Généralités sur le système nerveux.* 1 vol. in-8, avec 278 grav. en noir et en couleurs. 25 fr.

TOME III, par MM. GOMBAULT, NAGEOTTE, A. RICHE, R. MARIE, DURANTE, LEGRY, MILIAN, F. BEZANÇON. — *Cerveau.* — *Moelle.* — *Nerfs.* — *Cœur.* — *Larynx.* — *Ganglion lymphatique.* — *Rate.* 1 vol. in-8, avec 382 grav. en noir et en couleurs. 35 fr.

L'ouvrage complet comprendra 4 volumes (le tome IV paraîtra en 1908).

CYON (E. DE). Les nerfs du cœur. 1 vol. gr. in-8 avec fig. 6 fr.

DEBIERRE. Le cerveau et la moelle épinière. 1 vol. in-8, avec grav. en noir et en couleurs. 15 fr.

ESTOR. Guide pratique de chirurgie infantile. 1 vol. in-8, avec 163 gravures. 8 fr.

FLEURY (Maurice de). Manuel pour l'étude des maladies du système nerveux. 1 vol. gr. in-8, avec 132 grav. en noir et en couleurs, cart. à l'angl. 25 fr.
(Couronné par l'Académie des sciences.)

FRENKEL (Dr H. S.). L'ataxie tabétique. *Ses origines, son traitement.* Préface de M. le Prof. RAYMOND. 1 vol. in-8. 8 fr.

LABADIE-LAGRAVE et LEGUEU. Traité médico-chirurgical de gynécologie. 3e édition entièrement remaniée. 1 vol. grand in-8, avec nombreuses fig., cart. à l'angl. 25 fr.

LAGRANGE (E.). **Le traitement des affections du cœur par l'exercice et le mouvement.** 1 vol. in-8, avec fig. et une carte hors texte. 6 fr.

LE DANTEC (F.). **Traité de biologie.** 1 vol. grand in-8, avec fig., 2e éd. 15 fr.

— **Introduction à la pathologie générale.** 1 fort vol. gr. in-8. 15 fr.

NIMIER (H.). **Blessures du crâne et de l'encéphale par coup de feu.** 1 vol. in-8, avec 150 fig. 15 fr.

TERRIER (F.) et AUVRAY (M.). **Chirurgie du foie et des voies biliaires.** — Tome I. *Traumatismes du foie et des voies biliaires.* — *Foie mobile.* — *Tumeurs du foie et des voies biliaires.* 1901. 1 vol. gr. in-8, avec 50 gravures. 10 fr.

Tome II. *Echinococcose hydatique commune.* — *Kystes alvéolaires.* — *Suppurations hépatiques.* — *Abcès tuberculeux intra-hépatique.* — *Abcès de l'actinomycose.* 1907. 1 vol. gr. in-8, avec 47 gravures. 12 fr.

UNNA. **Thérapeutique des maladies de la peau.** Traduit de l'allemand par les Drs Doyon et Spillmann. 1 vol. gr. in-8.

A. — Pathologie et thérapeutique médicales.

BOURCART et CAUTRU. **Le ventre:** I. *Le rein.* 1 vol. gr. in-8 avec grav. et planches. 10 fr.

CORNIL et BABÈS. **Les bactéries et leur rôle dans l'anatomie et l'histologie pathologiques des maladies infectieuses.** 3e éd. entièrement refondue. 2 vol. in-8, avec 350 fig. en noir et en couleurs dans le texte et 12 planches hors texte. 40 fr.

DAVID. **Les microbes de la bouche.** 1 vol. in-8, avec gravures en noir et en couleurs dans le texte. 10 fr.

DOEDERLEIN. **Précis d'opérations obstétricales.** 1 vol. in-8, avec grav., cartonné. 5 fr.

FÉRÉ (Ch.). **Les épilepsies et les épileptiques.** 1 vol. gr. in-8, avec 12 planches hors texte et 67 grav. dans le texte. 20 fr.

— **La pathologie des émotions.** 1 vol. in-8. 12 fr.

FINGER (E.). **La syphilis et les maladies vénériennes.** Trad. de l'allemand avec notes par les docteurs Spillmann et Doyon. 2e édit. 1 vol. in-8, avec 5 planches hors texte. 12 fr.

FLEURY (Maurice de). **Introduction à la médecine de l'esprit.** 7e édit. 1 vol. in-8. 7 fr. 50

(Ouvrage couronné par l'Académie française et par l'Académie de médecine.)

— **Les grands symptômes neurasthéniques.** 3e édition, revue. 1 vol. in-8. 7 fr. 50

(Couronné par l'Académie des sciences.)

GRASSET. **Les maladies de l'orientation et de l'équilibre.** 1 vol. in-8, cart à l'angl. 6 fr.

HÉRARD, CORNIL et HANOT. **De la phtisie pulmonaire.** 2e éd. 1 vol. in-8, avec fig. dans le texte et pl. coloriées. 20 fr.

ICARD (S.). **La femme pendant la période menstruelle.** Étude de psychologie morbide et de médecine légale. In-8. 6 fr.

JANET (P.) ET RAYMOND (F.). **Névroses et idées fixes.** Tome I. — *Études expérimentales sur les troubles de la volonté, de l'attention, de la mémoire; sur les émotions, les idées obsédantes et leur traitement,* par P. Janet. 2e éd. 1 vol. gr. in-8, avec 68 gr. 12 fr.

Tome II. — *Fragments des leçons cliniques du mardi sur les névroses, les maladies produites par les émotions, les idées obsédantes et leur traitement*, par F. RAYMOND et P. JANET. 2ᵉ éd. 1 vol. grand in-8, avec 97 gravures. **14 fr.**

(Couronné par l'Académie des Sciences et l'Académie de médecine.)

JANET (P.) ET RAYMOND (F.). **Les obsessions et la psychasthénie.** TOME I. — *Études cliniques et expérimentales sur les idées obsédantes, les impulsions, les manies mentales, la folie du doute, les tics, les agitations, les phobies, les délires du contact, les angoisses, les sentiments d'incomplétude, la neurasthénie, les modifications des sentiments du réel, leur pathogénie et leur traitement*, par P. JANET. 1 vol. in-8 raisin, avec gravures dans le texte. **18 fr.**

TOME II. — *Fragments des leçons cliniques du mardi sur les états neurasthéniques, les aboulies, les sentiments d'incomplétude, les agitations et les angoisses diffuses, les algies, les phobies, les délires du contact, les tics, les manies mentales, les folies du doute, les idées obsédantes, les impulsions, leur pathogénie et leur traitement*, par F. RAYMOND et P. JANET. 1 vol. in-8 raisin, avec 22 grav. dans le texte. **14 fr.**

LAGRANGE (F.). **Les mouvements méthodiques et la « mécanothérapie ».** 1 vol. in-8, avec 55 gravures dans le texte. **10 fr.**

— **La médication par l'exercice.** 1 vol. gr. in-8 avec 68 grav. et une planche en couleurs hors texte. 2ᵉ éd. **12 fr.**

MARVAUD (A.). **Les maladies du soldat.** 1 vol. grand in-8. (*Ouvrage couronné par l'Académie des sciences.*) **20 fr.**

MOSSÉ. **Le diabète et l'alimentation aux pommes de terre.** 1 vol. in-8. **5 fr.**

RILLIET ET BARTHEZ. **Traité clinique et pratique des maladies des enfants.** 3ᵉ édition, refondue et augmentée, par BARTHEZ et A. SANNÉ. — TOME I, 1 fort vol. gr. in-8, 16 fr. — TOME II, 1 fort vol. gr. in-8, 14 fr. — TOME III terminant l'ouvrage, 1 fort vol. gr. in-8. **25 fr.**

SOLLIER (P.). **Genèse et nature de l'hystérie.** 2 vol. in-8. **20 fr.**

VOISIN (J.). **L'épilepsie.** 1 vol. in-8. **6 fr.**

B. — Pathologie et thérapeutique chirurgicales.

DE BOVIS. **Le cancer du gros intestin.** 1 volume in-8. **5 fr.**

DELORME. **Traité de chirurgie de guerre.** 2 vol. gr. in-8.
TOME I, avec 95 grav. dans le texte et une pl. hors texte. **16 fr.**
TOME II, terminant l'ouvrage, avec 400 grav. dans le texte. **26 fr.**
(Ouvrage couronné par l'Académie des sciences.)

DURET (H.). **Les tumeurs de l'encéphale.** *Manifestations et chirurgie.* 1 fort vol. gr. in-8 avec 300 figures. **20 fr.**

JULLIARD. **Manuel pratique des bandages, pansements et appareils chirurgicaux.** 1 vol. in-8 avec grav. br. 6 fr. cart. 7 fr.

KOSCHER. **Les fractures de l'humérus et du fémur.** 1 vol. gr. in-8, avec 105 fig. et 56 planches hors texte. **15 fr.**

LEGUEU. **Leçons de clinique chirurgicale** (Hôtel-Dieu, 1901). 1 vol. grand in-8, avec 71 gravures dans le texte. **12 fr.**

LIEBREICH. **Atlas d'ophtalmoscopie,** représentant l'état normal et les modifications pathologiques du fond de l'œil vues à l'ophtalmoscope. 3ᵉ édition. Atlas in-f° de 12 planches. **40 fr.**

NIMIER (H.) et DESPAGNET. **Traité élémentaire d'ophtalmo-**
logie. 1 fort vol. gr. in-8, avec 432 gravures. Cart. à l'angl. 20 fr.

NIMIER (H.) et LAVAL. **Les projectiles de guerre** et leur action
vulnérante. 1 vol. in-12, avec grav. 3 fr.

— **Les explosifs, les poudres, les projectiles d'exercice,** leur
action et leurs effets vulnérants. 1 vol. in-12, avec grav. 3 fr.

— **Les armes blanches,** leur action et leurs effets vulnérants. 1 vol.
in-12, avec grav. 6 fr.

— **De l'infection en chirurgie d'armée,** évolution des blessures
de guerre. 1 vol. in-12, avec grav. 6 fr.

— **Traitement des blessures de guerre.** 1 fort vol. in-12, avec
gravures. 6 fr.

F. TERRIER et M. PÉRAIRE. **Manuel de petite chirurgie.**
8e édition, entièrement refondue. 1 fort vol. in-12, avec 572 fig., cartonné
à l'anglaise. 8 fr.

C. — Thérapeutique. Pharmacie. Hygiène.

BOSSU. **Petit compendium médical.** 6e édit. 1 vol. in-32, cartonné
à l'anglaise. 1 fr. 25

BOUCHARDAT. **Nouveau formulaire magistral.** 33e édit. 1905.
1 vol. in-18, cartonné. 4 fr.

BOUCHARDAT et DESOUBRY. **Formulaire vétérinaire,** contenant le mode d'action, l'emploi et les doses des médicaments. 6e édit.
1 vol. in-18, cartonné. 4 fr.

BOURGEOIS (G.). **Exode rural et tuberculose.** 1 vol. gr. in-8. 5 fr.

LAGRANGE (F.). **La médication par l'exercice.** 1 vol. grand in-8.
avec 68 grav. et une carte en couleurs. 2 éd. 12 fr.

— **Les mouvements méthodiques et la « mécanothérapie ».**
1 vol. in-8, avec 55 gravures. 10 fr.

LAYET. **Hygiène et Colonisation. La santé des Européens**
entre les tropiques. T. I, 1 vol. in-8. 7 fr.

WEBER. **Climatothérapie.** Traduit de l'allemand par les docteurs
DOYON et SPILLMANN. 1 vol. in-8. 6 fr.

D. — Anatomie. Physiologie.

BELZUNG. **Anatomie et physiologie végétales.** 1 fort volume
in-8, avec 1700 gravures. 20 fr.

— **Anatomie et physiologie animales.** 10e édition revue. 1 fort
volume in-8, avec 522 gravures dans le texte, broché, 6 fr.; cart. 7 fr.

BÉRAUD (B.-J.). **Atlas complet d'anatomie chirurgicale topo-**
graphique, pouvant servir de complément à tous les ouvrages d'anatomie chirurgicale, composé de 109 planches représentant plus de 200
figures gravées sur acier, avec texte explicatif. 1 fort vol. in-4.
Prix : Fig. noires, relié, 60 fr. — Fig. coloriées, relié, 120 fr.

BONNIER. **La voix,** sa culture physiologique. 1 vol. in-16, avec gravures. 3 fr. 50

CHASSEVANT. **Précis de chimie physiologique.** 1 vol. gr. in-8
avec figures. 10 fr.

DEBIERRE. **Traité élémentaire d'anatomie de l'homme.**
Ouvrage complet en 2 volumes.   40 fr

> Tome I. *Manuel de l'amphithéâtre.* 1 vol. in-8 de 950 pages, avec
> 450 figures en noir et en couleurs dans le texte.   20 fr.

> Tome II et dernier. 1 vol. in-8, avec 515 figures en noir et en cou-
> leurs dans le texte.   20 fr.

> *(Couronné par l'Académie des sciences.)*

— **Atlas d'ostéologie**, comprenant les articulations des os et les
insertions musculaires. 1 vol. in-4, avec 253 grav. en noir et en couleurs, cart. toile dorée.   12 fr.

— **Leçons sur le péritoine.** 1 vol. in-8, avec 58 figures.   4 fr.

— **L'embryologie en quelques leçons.** 1 vol. in-8, avec 144 fig.   4 fr.

— **Le cerveau et la moelle épinière.** 1 vol. in-8 avec fig. et
planches.   15 fr.

DEMENY (G.) **Mécanisme et éducation des mouvements.** 3e éd.
1 vol. in-8, avec grav. cart.   9 fr.

FAU. **Anatomie des formes du corps humain**, à l'usage des
peintres et des sculpteurs. 1 atlas in-folio de 25 planches. Prix : Figures noires, 15 fr. — Figures coloriées.   30 fr.

FÉRÉ. **Travail et plaisir.** *Études de psycho-mécanique.* 1 vol. gr.
in-8, avec 200 fig.   12 fr.

— **Sensation et mouvement.** 2e éd. 1 vol. in-16, avec grav.   2 fr. 50

GLEY (E.). **Études de psychologie physiologique et pathologique.** 1 vol. in-8 avec gravures.   5 fr.

GRASSET (J.). **Les limites de la biologie.** 4e édit. Préface de
Paul Bourget. 1 vol. in-16.   2 fr. 50

LE DANTEC. **Lamarckiens et Darwiniens.** 2e éd. 1 vol. in-16. 2 fr. 50

— **L'unité dans l'être vivant.** *Essai d'une biologie chimique.* 1 vol.
in-8.   7 fr. 50

— **Les limites du connaissable.** *La vie et les phénomènes naturels.*
2e édit. 1 vol. in-8.   3 fr. 75

— **Éléments de philosophie biologique.** 1 vol. in-16.   3 fr. 50

PREYER. **Éléments de physiologie générale.** Traduit de l'allemand par M. J. Soury. 1 vol. in-8.   5 fr.

— **Physiologie spéciale de l'embryon.** 1 vol. in-8, avec figures et
9 planches hors texte.   7 fr. 50

RICHET. (Ch.), professeur à la Faculté de médecine de Paris, membre
de l'Académie de médecine. **Dictionnaire de physiologie**, publié
avec le concours de savants français et étrangers. Formera 10 à
12 volumes gr. in-8, se composant chacun de 3 fascicules; chaque
volume, 25 fr.; chaque fascicule, 8 fr. 50. 7 volumes parus.

> Tome I (*A-Bac*). — Tome II (*Bac-Cer*). — Tome III (*Cer-Cob*). —
> Tome IV (*Cob-Dig*). — Tome V (*Dic-Fac*). — Tome VI (*Fiom-Gal*).
> — Tome VII (*Gal-Gra*).

SPENCER (Herbert). **Principes de biologie**, traduit par M. Cazelles.
4e édit. 2 forts vol. in-8.   20 fr.

BIBLIOTHÈQUE GÉNÉRALE DES SCIENCES SOCIALES

Secrétaire de la rédaction: DICK MAY, Secrét. gén. de l'Éc. des Hautes Études sociales.
Volumes in-8 carré de 300 pages environ, cart. à l'anglaise.
Chaque volume, 6 fr.

Derniers volumes parus :

L'individu, l'association et l'État, par E. FOURNIÈRE.

Le surpeuplement et les habitations à bon marché,
par H. TUROT et H. BELLAMY.

Essais socialistes, *La religion, L'alcoolisme, L'art,* par
E. VANDERVELDE, professeur à l'Université nouvelle de Bruxelles.

Religions et sociétés, par MM. TH. REINACH, A. PUECH, R.
ALLIER, A. LEROY-BEAULIEU, LE Bᵒⁿ CARRA DE VAUX, H. DREYFUS.

Enseignement et démocratie, par MM. A. CROISET, DEVINAT,
BOITEL, MILLERAND, APPELL, SEIGNOBOS, LANSON, CH.-V. LANGLOIS.

L'individualisation de la peine, par R. SALEILLES, professeur à la Faculté de droit de l'Université de Paris.

L'idéalisme social, par EUGÈNE FOURNIÈRE.

Ouvriers du temps passé (xvᵉ et xvιᵉ siècles), par H. HAUSER,
professeur à l'Université de Dijon, 2ᵉ édition.

Les transformations du pouvoir, par G. TARDE, de l'Institut, professeur au Collège de France.

Morale sociale, par MM. G. BELOT, MARCEL BERNÈS, BRUNSCHVICG,
F. BUISSON, DARLU, DAURIAC, DELBET, CH. GIDE, M. KOVALEVSKY,
MALAPERT, le R. P. MAUMUS, DE ROBERTY, G. SOREL, le PASTEUR
WAGNER. Préface de M. ÉMILE BOUTROUX, de l'Institut.

Les enquêtes, *pratique et théorie,* par P. DU MAROUSSEM.

Questions de morale, par MM. BELOT, BERNÈS, F. BUISSON,
A. CROISET, DARLU, DELBOS, FOURNIÈRE, MALAPERT, MOCH,
D. PARODI, G. SOREL. 2ᵉ édit.

Le développement du catholicisme social, depuis l'encyclique *Rerum Novarum,* par MAX TURMANN. 2ᵉ édit.

Le socialisme sans doctrines, par A. MÉTIN.

L'éducation morale dans l'Université (*Enseignement secondaire*). Conférences et discussions, sous la présidence de M.
A. CROISET, doyen de la Faculté des lettres de l'Université de Paris.

La méthode historique appliquée aux sciences sociales, par CH. SEIGNOBOS, maître de conf. à l'Univ. de Paris.

Assistance sociale. *Pauvres et mendiants,* par PAUL STRAUSS, sénateur.

L'hygiène sociale, par E. DUCLAUX, de l'Institut, directeur de l'Institut Pasteur.

Le contrat de travail. *Le rôle des syndicats professionnels,* par P. BUREAU, professeur à la Faculté libre de droit de Paris.

Essai d'une philosophie de la solidarité. Conférences et discussions, sous la présidence de MM. LÉON BOURGEOIS et A. CROISET, 2ᵉ édit.

L'éducation de la démocratie, par MM. E. LAVISSE, A. CROISET,
SEIGNOBOS, MALAPERT, LANSON, HADAMARD. 2ᵉ édit.

L'exode rural et le retour aux champs, par E. VANDERVELDE, professeur à l'Université nouvelle de Bruxelles.

La lutte pour l'existence et l'évolution des sociétés, par J.-L. DE LANESSAN, député, ancien ministre de la Marine.

La concurrence sociale et les devoirs sociaux, par LE MÊME.

La démocratie devant la science, par C. BOUGLÉ, professeur à l'Université de Toulouse.

L'individualisme anarchiste. *Max Stirner*, par V. BASCH, professeur à l'Université de Rennes.

Les applications sociales de la solidarité, par MM. P. BUDIN, CH. GIDE, H. MONOD, PAULET, ROBIN, SIEGFRIED, BROUARDEL. Préface de M. LÉON BOURGEOIS.

La paix et l'enseignement pacifiste, par MM. FR. PASSY, CH. RICHET, D'ESTOURNELLES DE CONSTANT, E. BOURGEOIS, A. WEISS, H. LA FONTAINE, G. LYON.

Études sur la philosophie morale au XIXᵉ siècle, par MM. BELOT, A. DARLU, M. BERNÈS, A. LANDRY, CH. GIDE, E. ROBERTY, R. ALLIER, H. LICHTENBERGER, L. BRUNSCHVICG.

Enseignement et démocratie, par MM. CROISET, DEVINAT, BOITEL, MILLERAND, APPELL, SEIGNOBOS, LANSON, CH.-V. LANGLOIS.

Religions et sociétés, par MM. TH. REINACH, A. PUECH, R. ALLIER, A. LEROY-BEAULIEU, le Bᵒⁿ CARRA DE VAUX, H. DREYFUS.

Essais socialistes, *La religion, L'alcoolisme, L'art*, par E. VANDERVELDE, professeur à l'Université nouvelle de Bruxelles.

Le surpeuplement et les habitations à bon marché, par H. TUROT et H. BELLAMY.

L'individu, l'association et l'État, par E. FOURNIÈRE.

MINISTRES ET HOMMES D'ÉTAT
Chaque volume in-16, 2 fr. 50

Bismarck, par H. WELSCHINGER. — **Ôkoubo**, ministre japonais, par M. COURANT.
Prim, par L. LÉONARDON.
Disraeli, par M. COURCELLE. — **Chamberlain**, par A. VIALLATE.

LES MAITRES DE LA MUSIQUE
ÉTUDES D'HISTOIRE ET D'ESTHÉTIQUE
Publiées sous la direction de M. JEAN CHANTAVOINE
Chaque volume in-8 de 250 pages environ, 3 fr. 50

Palestrina, par M. BRENET.
J.-S. Bach, par A. PIRRO. 2ᵉ édit.
César Franck, par VINCENT D'INDY. 3ᵉ édit.
Beethoven, par JEAN CHANTAVOINE. 3ᵉ édit.
Mendelssohn, par CAMILLE BELLAIGUE.
Smetana, par WILLIAM RITTER.

En préparation :
Grétry, par PIERRE AUBRY. — **Orlande de Lassus**, par HENRY EXPERT. — **Wagner**, par HENRI LICHTENBERGER. — **Berlioz**, par ROMAIN ROLLAND. — **Rameau**, par L. LALOY. — **Schubert**, par A. SCHWEITZER. — **Gluck**, par JULIEN TIERSOT, etc., etc.

BIBLIOTHÈQUE
D'HISTOIRE CONTEMPORAINE
Volumes in-16 et in-8

DERNIERS VOLUMES PUBLIÉS :

LES QUESTIONS ACTUELLES DE POLITIQUE ÉTRANGÈRE EN EUROPE, par MM. *F. Charmes, A. Leroy-Beaulieu, R. Millet, A. Ribot, A. Vandal, R. de Caix, R. Henry, G.-L. Jaray, R. Pinon, A. Tardieu.* 1 vol. in-16, avec cartes. . . . . 3 fr. 50

LA CONFÉRENCE D'ALGÉRISAS. *Histoire diplomatique de la crise marocaine (janvier-avril 1906)*, par *A. Tardieu.* 2ᵉ édit. 1 vol. in-8. 10 fr.

HISTOIRE DU MOUVEMENT SYNDICAL EN FRANCE (1789-1906), par *Paul Louis.* 1 vol. in-16. . . . . 3 fr. 50

LA FRANCE MODERNE ET LE PROBLÈME COLONIAL (1815-1830), par *Ch. Schefer.* 1 vol. in-8. . . . . 7 fr.

LES MISSIONS ET LEUR PROTECTORAT, par *J.-L. de Lanessan.* 1 vol. in-16. . . . . 3 fr. 50

L'ÉGLISE CATHOLIQUE ET L'ÉTAT EN FRANCE SOUS LA TROISIÈME RÉPUBLIQUE (1870-1906), par *A. Debidour.* I. 1870-1889. 1 vol. in-8. 7 fr.

EUROPE

HISTOIRE DE L'EUROPE PENDANT LA RÉVOLUTION FRANÇAISE, par *H. de Sybel.* Traduit de l'allemand par Mlle Dosquet. 6 vol. in-8. Chacun. 7 fr.

HIST. DIPLOMATIQUE DE L'EUROPE (1815-1878), par *Debidour*, 2 v. in-8. 18 fr.

LA QUESTION D'ORIENT, depuis ses origines jusqu'à nos jours, par *E. Driault*; préface de *G. Monod.* 1 vol. in-8. 3ᵉ édit. . . . . 7 fr.

LA PAPAUTÉ, par *I. de Dœllenger.* Trad. de l'allemand. 1 vol. in-8. 7 fr.

QUESTIONS DIPLOMATIQUES DE 1904, par *A. Tardieu.* 1 vol. in-16. 3 fr. 50

FRANCE

LA RÉVOLUTION FRANÇAISE, par *H. Carnot.* 1 vol. in-16. Nouv. éd. 3 fr. 50

LA THÉOPHILANTHROPIE ET LE CULTE DÉCADAIRE (1796-1801), par *A. Mathiez.* 1 vol. in-8. . . . . 12 fr.

CONTRIBUTIONS A L'HISTOIRE RELIGIEUSE DE LA RÉVOLUTION FRANÇAISE, par *le même.* 1 vol. in-16. . . . . 3 fr. 50

MÉMOIRES D'UN MINISTRE DU TRÉSOR PUBLIC (1789-1815), par le comte *Mollien.* Publié par *M. Gomel.* 3 vol. in-8. . . . . . . 15 fr.

CONDORCET ET LA RÉVOLUTION FRANÇAISE, par *L. Cahen.* 1 vol. in-8. 10 fr.

CAMBON ET LA RÉVOLUTION FRANÇAISE, par *F. Bornarel.* 1 vol. in-8. 7 fr.

LE CULTE DE LA RAISON ET LE CULTE DE L'ÊTRE SUPRÊME (1793-1794). Étude historique, par *A. Aulard.* 2ᵉ éd. 1 vol. in-16. . . . . . . 3 fr. 50

ÉTUDES ET LEÇONS SUR LA RÉVOLUTION FRANÇAISE, par *A. Aulard.* 5 vol. in-16. Chacun . . . . 3 fr. 50

VARIÉTÉS RÉVOLUTIONNAIRES, par *M. Pellet.* 3 vol. in-16. Chacun 3 fr. 50

HOMMES ET CHOSES DE LA RÉVOLUTION, par *Eug. Spuller.* 1 vol. in-16. . . . . 3 fr. 50

LES CAMPAGNES DES ARMÉES FRANÇAISES (1792-1815), par *C. Vallaur.* 1 vol. in-16, avec 17 cartes. . . . . 3 fr. 50

LA POLITIQUE ORIENTALE DE NAPOLÉON (1806-1808), par *E. Driault.* 1 vol. in-8. . . . . 7 fr.

NAPOLÉON ET LA SOCIÉTÉ DE SON TEMPS, par *P. Bondois.* 1 vol. in-8. 7 fr.

DE WATERLOO A SAINTE-HÉLÈNE (20 juin-16 oct. 1815), par *J. Silvestre.* 1 vol. in-16. . . . . 3 fr. 50

HISTOIRE DE DIX ANS (1830-1840), par *Louis Blanc.* 5 vol. in-8. Chacun. 5 fr.

ASSOCIATIONS ET SOCIÉTÉS SECRÈTES SOUS LA DEUXIÈME RÉPUBLIQUE (1848-1851), par *J. Tchernoff.* 1 vol. in-8. . . . . 7 fr.

HISTOIRE DU SECOND EMPIRE (1848-1870), par *Taxile Delord.* 6 vol. in-8. Chacun . . . . 7 fr.

HISTOIRE DU PARTI RÉPUBLICAIN (1814-1870), par *G. Weill.* 1 v. in-8. 10 fr.

HISTOIRE DU MOUVEMENT SOCIAL (1852-1902), par *le même.* 1 v. in-8. 7 fr.

LA CAMPAGNE DE L'EST (1870-71), par *Poullet.* 1 vol. in-8 avec cartes. 7 fr.

HISTOIRE DE LA TROISIÈME RÉPUBLIQUE, par *E. Zevort* : I. *Présidence de M. Thiers.* 1 vol. in-8. 3ᵉ édit. 7 fr. — II. *Présidence du Maréchal.* 1 vol. in-8. 2ᵉ édit. 7 fr. — III. *Présidence de Jules Grévy.* 1 vol. in-8 2ᵉ édition. 7 fr. — IV. *Présidence de Sadi-Carnot.* 1 vol. in-8. . . . 7 fr.

HISTOIRE DES RAPPORTS DE L'ÉGLISE ET DE L'ÉTAT EN FRANCE (1789-1870), par *A. Debidour.* 1 vol. in-8 (*Couronné par l'Institut*). . . . 12 fr.

L'ÉTAT ET LES EGLISES EN FRANCE, Des origines à la loi de séparation, par *J.-L. de Lanessan.* 1 vol. in-16. . . . . 3 fr. 50

LA SOCIÉTÉ FRANÇAISE SOUS LA TROISIÈME RÉPUBLIQUE, par *Marius-Ary Leblond.* 1 vol. in-8. . . . . 5 fr.

HISTOIRE DE LA LIBERTÉ DE CONSCIENCE EN FRANCE (1595-1870), par *G. Bonet-Maury.* 1 vol. in-8. . . . . 5 fr.

LES CIVILISATIONS TUNISIENNES, par *P. Lapie.* 1 vol. in-16. . 3 fr. 50

LA FRANCE POLITIQUE ET SOCIALE, par *Aug. Laugel.* 1 vol. in-8. 5 fr.

LES COLONIES FRANÇAISES, par *P. Gaffarel.* 1 vol. in-8. 6ᵉ éd. . . 5 fr.

L'ŒUVRE DE LA FRANCE AU TONKIN, par *A. Gaisman.* 1 vol. in-16 avec cartes. . . . . 3 fr. 50

LA FRANCE HORS DE FRANCE. *Notre émigration, sa nécessité, ses conditions,* par *J.-B. Piolet.* 1 vol. in-8 . . . . 10 fr.

L'INDO-CHINE FRANÇAISE (*Cochinchine, le Cambodge, l'Annam et le Tonkin*), par *J.-L. de Lanessan.* 1 vol. in-8, avec 5 cartes en couleurs. 15 fr.

L'ALGÉRIE, par *M. Wahl.* 1 vol. in-8. 4ᵉ éd., revue par *A. Bernard.* 5 fr.

ANGLETERRE

HISTOIRE CONTEMPORAINE DE L'ANGLETERRE, depuis la mort de la reine Anne jusqu'à nos jours, par *H. Reynald.* 1 vol. in-16. 2ᵉ éd. 3 fr. 50

LORD PALMERSTON ET LORD RUSSELL, par *Aug. Laugel.* 1 vol. in-16. 3 fr. 50

LE SOCIALISME EN ANGLETERRE, par *Albert Métin.* 1 vol. in-16. 3 fr. 50

HISTOIRE GOUVERNEMENTALE DE L'ANGLETERRE (1770-1830), par *Cornewal Lewis.* 1 vol. in-8 . . . . 7 fr.

ALLEMAGNE

LE GRAND-DUCHÉ DE BERG (1806-1813), par *Ch. Schmidt.* 1 vol. in-8. 10 fr.

HISTOIRE DE LA PRUSSE, de la mort de Frédéric II à la bataille de Sadowa, par *E. Véron.* 1 vol. in-18. 6ᵉ éd., revue par *Paul Bondois.* 3 fr. 50

HISTOIRE DE L'ALLEMAGNE, dep. la bataille de Sadowa à nos jours, par *E. Véron.* 1 vol. in-18. 3ᵉ éd., continuée jusqu'en 1892, par *P. Bondois.* 3 fr. 50

LE SOCIALISME ALLEMAND ET LE NIHILISME RUSSE, par *J. Bourdeau.* 1 vol. in-16. 2ᵉ édition. . . . . 3 fr. 50

LES ORIGINES DU SOCIALISME D'ÉTAT EN ALLEMAGNE, par *Ch. Andler.* 1 vol. in-8. . . . . 7 fr.

L'ALLEMAGNE NOUVELLE ET SES HISTORIENS (*Niebuhr, Ranke, Mommsen, Sybel, Treitschke*), par *A. Guilland.* 1 vol. in-8. . . . . . 5 fr.

LA DÉMOCRATIE SOCIALISTE ALLEMANDE, par *E. Milhaud.* 1 vol. in-8. 10 fr.

LA PRUSSE ET LA RÉVOLUTION DE 1848, par *P. Matter.* 1 v. in-16. 3 fr. 50

BISMARCK ET SON TEMPS, par *le même*: I. *La préparation* (1815-1862), 1 vol. in-8, 10 fr. — II. *L'action* (1863-1870), 1 vol. in-8. 10 fr. — III. *Le triomphe et le déclin* (1870-1896). 1 vol. in-8. . . . . 10 fr.

AUTRICHE-HONGRIE

LES TCHÈQUES ET LA BOHÈME CONTEMPORAINE, par *J. Bourlier.* 1 vol. in-16. . . . . 3 fr. 50

LES RACES ET LES NATIONALITÉS EN AUTRICHE-HONGRIE, par *B. Auerbach*, 1 vol. in-8 . . . . 5 fr.

LE PAYS MAGYAR, par *R. Recouly.* 1 vol. in-16. . . . . 3 fr. 50

ESPAGNE

HISTOIRE DE L'ESPAGNE, depuis la mort de Charles III jusqu'à nos jours, par *H. Reynald.* 1 vol. in-16 . . . . 3 fr. 50

SUISSE

HISTOIRE DU PEUPLE SUISSE, par *Daendliker*; précédée d'une Introduction par *Jules Favre.* 1 vol. in-8 . . . . 5 fr.

AMÉRIQUE

HISTOIRE DE L'AMÉRIQUE DU SUD, par *Alf. Deberle.* 1 vol. in-16. 3ᵉ éd., revue par *A. Milhaud.* . . . . 3 fr. 50

ITALIE

HISTOIRE DE L'UNITÉ ITALIENNE (1814-1871), par *Bolton King*. Traduit de l'anglais par *Macquart*; introduction de *Yves Guyot*. 2 vol. in-8. 15 fr.
HISTOIRE DE L'ITALIE, depuis 1815 jusqu'à la mort de Victor-Emmanuel, par *E. Sorin*. 1 vol. in-16 . . . . 3 fr. 50
BONAPARTE ET LES RÉPUBLIQUES ITALIENNES (1796-1799), par *P. Gaffarel*. 1 vol. in-8 . . . . 5 fr.
NAPOLÉON EN ITALIE (1800-1812), par *J.-E. Driault*. 1 vol. in-8. . 10 fr.

ROUMANIE

HISTOIRE DE LA ROUMANIE CONTEMPORAINE (1822-1900), par *Fr. Damé*. 1 vol. in-8 . . . . 7 fr.

GRÈCE et TURQUIE

LA TURQUIE ET L'HELLÉNISME CONTEMPORAIN, par *V. Bérard*. 1 vol. in-16. 4e éd. (*Ouvrage couronné par l'Académie française*) . . . . 3 fr. 50
BONAPARTE ET LES ILES IONIENNES (1797-1816), par *E. Rodocanachi*. 1 vol. in-8 . . . . 5 fr.

INDE

L'INDE CONTEMPORAINE ET LE MOUVEMENT NATIONAL, par *E. Piriou*. 1 vol. in-16 . . . . 3 fr. 50

CHINE

HISTOIRE DES RELATIONS DE LA CHINE AVEC LES PUISSANCES OCCIDENTALES (1861-1902), par *H. Cordier*. 3 vol. in-8, avec cartes. . . . . 30 fr.
L'EXPÉDITION DE CHINE DE 1857-58, par *le même*. 1 vol. in-8. . . 7 fr.
L'EXPÉDITION DE CHINE DE 1860, par *le même*. 1 vol. in-8. . . . 7 fr.
EN CHINE. *Mœurs et institutions. Hommes et faits*, par *M. Courant*. 1 vol. in-16. . . . . 3 fr. 50
LE DRAME CHINOIS (JUILLET-AOUT 1900), par *Marcel Monnier*. 1 vol. in-16. . . . . 2 fr. 50

ÉGYPTE

LA TRANSFORMATION DE L'ÉGYPTE, par *Alb. Métin*. 1 vol. in-16. 3 fr. 50

M. Dumoulin. FIGURES DU TEMPS PASSÉ. 1 vol. in-16 . 3 fr. 50
Paul Louis. L'OUVRIER DEVANT L'ÉTAT. 1 vol. in-8. . . . . 7 fr.
E. Driault. PROBLÈMES POLITIQUES ET SOCIAUX. 2e éd. 1 vol. in-8. 7 fr.
Jules Barni. LES MORALISTES FRANÇAIS AU XVIIIe SIÈCLE. 1 vol. in-16 . . . . 3 fr. 50
Deschanel (E.). LE PEUPLE ET LA BOURGEOISIE. 1 vol. in-8. 2e éd. 5 fr.
E. de Laveleye. LE SOCIALISME CONTEMPORAIN. 1 volume in-16. 11e édition, augmentée. . . . . 3 fr. 50
E. Despois. LE VANDALISME RÉVOLUTIONNAIRE. 1 vol. in-16. 4e éd. 3 fr. 50
Eug. Spuller. FIGURES DISPARUES, portraits contemporains, littéraires et politiques. 3 vol. in-16, chaque volume. . . . . 3 fr. 50
— L'ÉDUCATION DE LA DÉMOCRATIE. 1 vol. in-16. . . . . . . 3 fr. 50
— L'ÉVOLUTION POLITIQUE ET SOCIALE DE L'ÉGLISE. 1 vol. in-16. 3 fr. 50
J. Reinach. LA FRANCE ET L'ITALIE DEVANT L'HISTOIRE. 1 vol. in-8. 5 fr.
G. Schefer. BERNADOTTE ROI (1810-1818-1844). 1 vol. in-8. . 5 fr.
Hector Depasse. TRANSFORMATIONS SOCIALES. 1 vol. in-16. 3 fr. 50
— DU TRAVAIL ET DE SES CONDITIONS. 1 vol. in-16. . . . . 3 fr. 50
Eug. d'Eichthal. SOUVERAINETÉ DU PEUPLE ET GOUVERNEMENT. 1 vol. in-16. . . . . 3 fr. 50
G. Isambert. LA VIE A PARIS PENDANT UNE ANNÉE DE LA RÉVOLUTION (1791-1792). 1 vol. in-16. . . . . 3 fr. 50
G. Weill. L'ÉCOLE SAINT-SIMONIENNE. 1 vol. in-16 . . 3 fr. 50
A. Lichtenberger. LE SOCIALISME UTOPIQUE. 1 vol. in-16. 3 fr. 50
— LE SOCIALISME ET LA RÉVOLUTION FRANÇAISE. 1 v. in-8. . . 5 fr.
Paul Matter. LA DISSOLUTION DES ASSEMBLÉES PARLEMENTAIRES. 1 vol. in-8 . . . . 5 fr.

BIBLIOTHÈQUE UTILE

Élégants volumes in-32, de 192 pages chacun.

Chaque volume broché, 60 cent.; cartonné, 1 franc. Franco par poste.

61. (*Épuisé.*)
62. **Huxley.** Premières notions sur les sciences. 4ᵉ édit.
63. **P. Bondois.** L'Europe contemporaine (1789-1879). 2ᵉ édit.
64. **Grove.** Continents et océans. 3ᵉ éd.
65. **Jouan.** Les îles du Pacifique.
66. **Robinet.** La philosophie positive. 6ᵉ édit.
67. **Renard.** L'homme est-il libre? 5ᵉ édit.
68. **Zaborowski.** Les grands singes.
69. **Hatin.** Le Journal.
70. **Girard de Rialle.** Les peuples de l'Asie et de l'Europe.
71. **Doneaud.** Histoire contemporaine de la Prusse. 2ᵉ édit.
72. **Dufour.** Petit dictionnaire des falsifications. 4ᵉ édit.
73. **Henneguy.** Histoire de l'Italie depuis 1815.
74. **Leneveux.** Le travail manuel en France. 2ᵉ édit.
75. **Jouan.** La chasse et la pêche des animaux marins.
76. **Regnard.** Histoire contemporaine de l'Angleterre.
77. **Bouant.** Hist. eau (avec fig.).
78. **Jourdy.** Le patriotisme à l'école.
79. **Mongredien.** Le libre-échange en Angleterre.
80. **Creighton.** Histoire romaine (avec fig.).
81-82. **P. Bondois.** Mœurs et institutions de la France. 2 vol. 2ᵉ éd.
83. **Zaborowski.** Les mondes disparus (avec fig.). 3ᵉ édit.
84. **Debidour.** Histoire des rapports de l'Eglise et de l'Etat en France (1789-1871). Abrégé par DUBOIS et SARTHOU.
85. **H. Beauregard.** Zoologie générale (avec fig.).
86. **Wilkins.** L'antiquité romaine (avec fig.). 2ᵉ édit.
87. **Maigne.** Les mines de la France et de ses colonies.
88. (*Épuisé.*)
89. **E. Amigues.** A travers le ciel.
90. **H. Gossin.** La machine à vapeur (avec fig.).
91. **Gaffarel.** Les frontières françaises. 2ᵉ édit.
92. **Dallet.** La navigation aérienne (avec fig.).
93. **Collier.** Premiers principes des beaux-arts (avec fig.).
94. **A. Larbalétrier.** L'agriculture française (avec fig.).
95. **Gossin.** La photographie (fig.).
96. **P. Genevoix.** Les matières premières.
97. **Paque.** L'Indo-Chine française.
98. **Monin.** Les maladies épidémiques (avec fig.).
99. **Petit.** Economie rurale et agricole.
100. **Mahaffy.** L'antiquité grecque (avec fig.).
101. **Bère.** Hist. de l'armée française.
102. **P. Genevoix.** Les procédés industriels.
103. **Quesnel.** Histoire de la conquête de l'Algérie.
104. **A. Coste.** Richesse et bonheur.
105. **Joyeux.** L'Afrique française.
106. **G. Mayer.** Les chemins de fer (avec fig.).
107. **Ad. Coste.** Alcoolisme ou épargne. 6ᵉ édit.
108. **Ch. de Larivière.** Les origines de la guerre de 1870.
109. **Gérardin.** Botanique générale (avec fig.).
110. **D. Bellet.** Les grands ports maritimes de commerce (avec fig.).
111. **H. Coupin.** La vie dans les mers (avec fig.).
112. **A. Larbalétrier.** Les plantes d'appartement (avec fig.).
113. **A. Milhaud.** Madagascar. 2ᵉ éd.
114. **Sérieux et Mathieu.** L'Alcool et l'alcoolisme. 3ᵉ édit.
115. **Dʳ J. Laumonier.** L'hygiène de la cuisine.
116. **Adrien Berget.** La viticulture nouvelle. (*Manuel du vigneron.*) 3ᵉ éd.
117. **A. Acloque.** Les insectes nuisibles (avec fig.).
118. **G. Meunier.** Histoire de la littérature française. 4ᵉ éd.
119. **P. Merklen.** La Tuberculose; son traitement hygiénique.
120. **G. Meunier.** Histoire de l'art (avec fig.).
121. **Larrivé.** L'assistance publique.
122. **Adrien Berget.** La pratique des vins. (*Guide du récoltant.*)
123. **A. Berget.** Les vins de France. (*Guide du consommateur.*)
124. **Vaillant.** Petite chimie de l'agriculteur.
125. **S. Zaborowski.** L'homme préhistorique. 7ᵉ édit.

BIBLIOTHÈQUE
DE PHILOSOPHIE CONTEMPORAINE

VOLUMES IN-16.

Br., 2 fr. 50; cart. à l'angl., 3 fr.

Derniers volumes parus :

C. Bos.
Pessimisme, féminisme, moralisme.

C. Bouglé.
Qu'est-ce que la sociologie?

J. Delvolve.
L'organisation de la conscience morale.

A. Cresson.
Les bases de la philosophie naturaliste.

G. Lachelier.
Études sur le syllogisme.

O. Lodge.
La vie et la matière.

L. Bréal.
L'éducation et ..... des enfants.

E. .....
L'attention spontanée et volontaire.

J. Rogues de Fursac.
Un mouvement mystique contemporain.

Schopenhauer.
Philosophie et philosophes.

P. Sollier.
L'association en psychologie.

P. Souriau.
La rêverie esthétique.

Sully Prudhomme.
Psychologie du libre arbitre.

Alaux.
Philosophie de Victor Cousin.

R. Allier.
Philosophie d'Ernest Renan. 3e éd.

L. Arréat.
La morale dans le drame. 3e édit.
Mémoire et imagination. 2e édit.
Les croyances de demain.
Dix ans de philosophie (1890-1900).
Le sentiment religieux en France.
Art et psychologie individuelle.

G. Ballet.
Langage intérieur et aphasie. 2e éd.

A. Bayet.
La morale scientifique. 2e édit.

Bergson.
Le rire. 4e édit.

Binet.
Psychologie du raisonnement. 4e éd.

Hervé Blondel.
Les approximations de la vérité.

C. Bos.
Psychologie de la croyance. 2e éd.

M. Boucher.
Essai sur l'hyperespace. 2e éd.

C. Bouglé.
Les sciences sociales en Allemagne.

J. Bourdeau.
Les maîtres de la pensée contemporaine. 5e éd.
Socialistes et sociologues. 2e édit.

E. Boutroux.
Conting. des lois de la nature. 6e éd.

Brunschvicg.
Introd. à la vie de l'esprit. 2e éd.
L'idéalisme contemporain.

Coste.
Dieu et l'âme. 2e édit.

A. Cresson.
Le malaise de la pensée philos.
La morale de Kant. 2e éd.

G. Danville.
Psychologie de l'amour. 4e édit.

L. Dauriac.
La psychol. dans l'Opéra français.

L. Dugas.
Psittacisme et pensée symbolique.
La timidité. 4e édit.
Psychologie du rire.
L'absolu.

G. Dumas.
Le sourire.

Dunan.
Théorie psychologique de l'espace.

Duprat.
Les causes sociales de la folie.
Le mensonge.

Durand (DE GROS).
Philosophie morale et sociale.

E. Durkheim.
Les règles de la méthode sociol. 4e éd.

E. d'Eichthal.
Cor. de S. Mill et G. d'Eichthal.
Les probl. sociaux et le socialisme.

Encausse (Papus).
Occultisme et spiritualisme. 2e éd.

A. Espinas.
La philos. expériment. en Italie.

Ch. Féré.
Sensation et mouvement. 2e édit.
Dégénérescence et criminalité. 4e éd.

E. Ferri.
Les criminels dans l'art et la littérature. 2e édit.

Florens-Gevaert.
Essai sur l'art contemporain. 2e éd.
La tristesse contemporaine. 4e éd.
Psychol. d'une ville Bruges. 2e éd.
Nouveaux essais sur l'art contemp.

Maurice de Fleury.
L'âme du criminel. 2e éd.

Fonsegrive.
La causalité efficiente.

A. Fouillée.
Propriété sociale et démocratie.
Nouv. édit.

E. Fournière.
Essai sur l'individualisme.

Gauckler.
Le beau et son histoire.

G. Geley.
L'être subconscient. 2e édit.

E. Goblot.
Justice et liberté. 2e édit.

A. Godfernaux.
Le sentiment et la pensée. 2e édit.

J. Grasset.
Les limites de la biologie. 5e édit.

G. de Greef.
Les lois sociologiques. 3e édit.

Guyau.
La genèse de l'idée de temps. 2e éd.

E. de Hartmann.
La religion de l'avenir. 5e édition.
Le Darwinisme. 7e édition.

R. C. Herckenrath.
Probl. d'esthétique et de morale.

Marie Jaëll.
L'intelligence et le rythme dans les mouvements artistiques.

W. James.
La théorie de l'émotion. 3e édit.

Paul Janet.
La philosophie de Lamennais.

Jankelevitch.
Nature et société.

J. Lachelier.
Du fondement de l'induction. 5e éd.

Mme Lampérière.
Le rôle social de la femme.

A. Landry.
La responsabilité pénale.

Lange.
Les émotions. 2e édit.

Lapie.
La justice par l'État.

Gustave Le Bon.
Lois psychol. de l'évol. des peuples. 8e éd.
Psychologie des foules. 12e éd.

Lechalas.
Étude sur l'espace et le temps.

F. Le Dantec.
Le déterminisme biologique. 2e éd.
L'individualité et l'erreur individualiste. 2e édit.
Lamarckiens et darwiniens. 2e éd.

G. Lefèvre.
Obligation morale et idéalisme.

Liard.
Les logiciens anglais contemporains. 5e édition.
Définitions géométriques. 3e édit.

H. Lichtenberger.
La philosophie de Nietzsche. 10e éd.
Aphorismes et fragments choisis de Nietzsche. 3e édit.

Lombroso.
L'anthropologie criminelle. 5e éd.

John Lubbock.
Le bonheur de vivre. 2 vol. 10e éd.
L'emploi de la vie. 6e édit.

G. Lyon.
La philosophie de Hobbes.

E. Marguery.
L'œuvre d'art et l'évolution. 2e édit.

Mauxion.
L'éducation par l instruction. 2e éd.
Nature et éléments de la moralité.

G. Milhaud.
Les conditions et les limites de la certitude logique. 2e édit.
Le rationnel.

Mosso.
La peur. 4e éd.
La fatigue intellect. et phys. 5e éd.

E. Murisier.
Les maladies du sentiment religieux. 2e édit.

A. Naville.
Nouvelle classif. des sciences. 2° éd.

Max Nordau.
Paradoxes psychologiques. 6° éd.
Paradoxes sociologiques. 5° édit.
Psycho-physiologie du génie et du talent. 4° édit.

Novicow.
L'avenir de la race blanche. 2° édit.

Ossip-Louzié.
Pensées de Tolstoï. 2° édit.
Philosophie de Tolstoï. 2° édit.
La philos. soc. dans le théât. d'Ibsen.
Nouvelles pensées de Tolstoï.
Le bonheur et l'intelligence.

G. Palante.
Précis de sociologie. 3° édit.

W.-R. Paterson (Swift).
L'éternel conflit.

Paulhan.
Les phénomènes affectifs. 2° édit.
J. de Maistre, sa philosophie.
Psychologie de l'invention.
Analystes et esprits synthétiques.
La fonction de la mémoire.

J. Philippe.
L'image mentale.

J. Philippe et G. Paul-Boncour.
Les anomalies mentales chez les écoliers. 2° édit.

F. Pillon.
La philosophie de Charles Secrétan.

Pioger.
Le monde physique.

Queyrat.
L'imagination chez l'enfant. 3° édit.
L'abstraction. 2° édit.
Les caractères et l'éducation morale.
La logique chez l'enfant. 3° éd.
Les jeux des enfants.

P. Regnaud.
Précis de logique évolutionniste.
Comment naissent les mythes.

G. Renard.
Le régime socialiste. 6° édit.

A. Réville.
Dogme de la divinité de Jésus-Christ. 4° éd.

Th. Ribot.
La philos. de Schopenhauer. 11° éd.
Les maladies de la mémoire. 20° éd.
Les maladies de la volonté. 24° éd.
Les maladies de la personnalité. 13° édit.
La psychologie de l'attention. 10° éd.

G. Richard.
Socialisme et science sociale. 2° éd.

Ch. Richet.
Psychologie générale. 7° éd.

De Roberty.
L'inconnaissable.
L'agnosticisme. 2° édit.
La recherche de l'Unité.
Auguste Comte et H. Spencer. 2° éd.
Le bien et le mal.
Psychisme social.
Fondements de l'éthique.
Constitution de l'éthique.
Frédéric Nietzsche.

Roisel.
De la substance.
L'idée spiritualiste. 2° édit.

Roussel-Despierres.
L'idéal esthétique.

Schopenhauer.
Le libre arbitre. 10° édition.
Le fondement de la morale. 9° édit.
Pensées et fragments. 21° édition.
Ecrivains et style.
Sur la religion.

P. Sollier.
Les phénomènes d'autoscopie.

Herbert Spencer.
Classification des sciences. 8° édit.
L'individu contre l'Etat. 6° éd.

Stuart Mill.
Auguste Comte et la philosophie positive. 8° édition.
L'utilitarisme. 5° édition.
La liberté. 3° édit.

Sully Prudhomme et Ch. Richet.
Le probl. des causes finales. 4° éd.

Tanon.
L'évol. du droit et la consc. soc. 2° éd.

Tarde.
La criminalité comparée. 6° éd.
Les transformations du droit. 5° éd.
Les lois sociales. 5° édit.

Thamin.
Éducation et positivisme. 2° éd.

P.-F. Thomas.
La suggestion, son rôle dans l'éducation intellectuelle. 4° édit.
Morale et éducation. 2° éd.

Tissié.
Les rêves. 2° édit.

Wundt.
Hypnotisme et suggestion. 2° édit.

Zeller.
Christ. Baur et l'école de Tubingue.

Th. Ziegler.
La question sociale est une question morale. 3° éd.

VOLUMES IN-8.

Brochés, à 5, 7 50 et 10 fr.; cart. angl., 1 fr. de plus par vol.

Derniers volumes publiés :

J. Bardoux.
Psychologie de l'Angleterre contemporaine (*les crises politiques*).
                                5 fr.

G. Belot.
Études de morale positive. 7 fr. 50

H. Bergson.
L'évolution créatrice, 2e éd. 7 fr. 50

A. Binet.
Les révélations de l'écriture, avec
67 figures.   5 fr.

F. Evellin.
La raison pure et les antinomies. 5 fr.

J. Grasset.
Demifous et demiresponsables. 5 fr.

O. Hamelin.
Essai sur les éléments principaux
de la Representation.   7 fr. 50

C. Hémon.
Philosophie de Sully Prudhomme.
                         7 fr. 50

H. Höffding.
Philosophes contemporains. 3 fr. 75

A. Kelm.
Helvétius.   10 fr.

G. Lyon.
Enseignement et religion. 3 fr. 75

F. Paulhan.
Le mensonge de l'art.   5 fr.

A. Rey.
La théorie de la physique chez
les physiciens contemporains.
                         7 fr. 50

Th. Ribot.
Essai sur les passions, 2e éd. 3 fr. 75

Herbert Spencer.
Une autobiographie.   10 fr.

Dr I. Waynbaum
La physionomie humaine.   5 fr.

Ch. Adam.
La philosophie en France (première
moitié du XIXe siècle). 7 fr. 50

Arnold (M.).
La crise religieuse.   7 fr. 50

Arréat.
Psychologie du peintre.   5 fr.

Alex. Bain.
La logique inductive et déductive.
3e édit. 2 vol.   20 fr.
Les sens et l'intell. 3e édit. 10 fr.

J.-M. Baldwin.
Le développement mental chez
l'enfant et dans la race. 7 fr. 50

J. Bardoux.
Psychol. de l'Angleterre contemp.
Les crises belliqueuses. 7 fr. 50

Barthélemy Saint-Hilaire.
La philosophie dans ses rapports
avec les sciences et la religion. 5 fr.

Barzelotti.
La philosophie de H. Taine. 7 fr. 50

Bazaillas.
La vie personnelle.

Bergson.
Essai sur les données immédiates
de la conscience. 6e édit. 3 fr. 75
Matière et mémoire. 4e édit. 5 fr.

A. Bertrand.
L'enseignement intégral. 5 fr.
Les études dans la démocratie. 5 fr.

A. Binet.
Les révélations de l'écriture. 5 fr.

Em. Boirac.
L'idée du phénomène.   5 fr.

Bouglé.
Les idées égalitaires. 2e éd. 3 fr. 75

L. Bourdeau.
Le problème de la mort. 4e éd. 5 fr.
Le problème de la vie.   7 fr. 50

Em. Boutroux.
Études d'histoire de la philosophie.
2e édit.   7 fr. 50

L. Bray.
Du beau.   5 fr.

Brochard.
De l'erreur. 2e éd.   5 fr.

Brunschvicg.
Spinoza. 2e édit.   3 fr. 75
La modalité du jugement. 5 fr.

Ch. Chabot.
Nature et moralité.   5 fr.

Clay.
L'alternative. 2e éd.   10 fr.

Collins.
Résumé de la phil. de H. Spencer.
4e éd.   10 fr.

Aug. Comte.
La sociologie.   7 fr. 50

Cosentini.
La sociologie génétique. 3 fr. 75

A. Coste.
Principes d'une sociol. obj. 3 fr. 75
L'expérience des peuples. 10 fr.

Crépieux-Jamin.
L'écriture et le caractère. 4e éd. 7.50

A. Cresson.
Morale de la raison théorique. 5 fr.

Dauriac.
Essai sur l'esprit musical. 5 fr.

Delbos.
Philos. pratique de Kant. 12 fr. 50

J. Delvaille.
La vie sociale et l'éducation. 3 fr. 75

J. Delvolve.
Religion, critique et philosophie
positive chez Bayle. 7 fr. 50

Draghicesco
L'individu dans le déterminisme
social. 7 fr. 50
Le problème de la conscience.
3 fr. 75

G. Dumas.
La tristesse et la joie. 7 fr. 50
St-Simon et Auguste Comte. 5 fr.

G.-L. Duprat.
L'instabilité mentale. 5 fr.

Duproix.
Kant et Fichte. 2e édit. 5 fr.

Durand (DE GROS).
Taxinomie générale. 5 fr.
Esthétique et morale. 5 fr.
Variétés philosophiques. 2e éd. 5 fr.

E. Durkheim.
De la div. du trav. soc. 2e éd. 7 fr. 50
Le suicide, étude sociolog. 7 fr. 50
L'année sociologique. 10 volumes :
1re à 5e années. Chacune. 10 fr.
6e à 10e. Chacune. 12 fr. 50

V. Egger.
La parole intérieure. 2e éd. 5 fr.

A. Espinas.
La philosophie sociale au XVIIIe siècle et la Révolution. 7 fr. 50

G. Ferrero.
Les lois psychologiques du sym-
bolisme. 5 fr.

Enrico Ferri.
La sociologie criminelle. 10 fr.

Louis Ferri.
La psychologie de l'association depuis Hobbes. 7 fr. 50

J. Finot.
Le préjugé des races. 2e éd. 7 fr. 50
Philosophie de la longévité. 11e éd.
5 fr.

Fonsegrive.
Le libre arbitre. 2e éd. 10 fr.

M. Foucault.
La psychophysique. 7 fr. 50
Le rêve. 5 fr.

Alf. Fouillée.
Liberté et déterminisme. 4e éd. 7 fr. 50
Critique des systèmes de morale
contemporains. 4e éd. 7 fr. 50
La morale, l'art et la religion, d'a-
près Guyau. 5e éd. 3 fr. 75
L'avenir de la métaphysique. 2e éd.
5 fr.
Évolution des idées-forces. 4e éd.
7 fr. 50
La psychol. des idées-forces. 2 vol.
15 fr.
Tempérament et caractère. 3e éd.
7 fr. 50
Le mouvement idéaliste. 2e éd. 7 fr. 50
Le mouvement positiviste. 2e éd. 7.50
Psych. du peuple français. 3e éd. 7.50
La France au point de vue moral.
2e édit. 7 fr. 50
Esquisse psychologique des peu-
ples européens. 3e édit. 10 fr.
Nietzsche et l'immoralisme. 2e éd.
5 fr.
Le moralisme de Kant et l'amora-
lisme contemporain. 2e éd. 7 fr. 50
Éléments sociol. de la morale.
7 fr. 50

E. Fournière.
Théories social. au XIXe siècle. 7 fr. 50

G. Fulliquet.
L'obligation morale. 7 fr. 50

Garofalo.
La criminologie. 5e édit. 7 fr. 50
La superstition socialiste. 5 fr.

L. Gérard-Varet.
L'ignorance et l'irréflexion. 5 fr.

E. Gley.
Études de psycho-physiologie. 5 fr.

E. Goblot.
La classification des sciences. 5 fr.

G. Gory.
L'immanence de la raison dans la
connaissance sensible. 5 fr.

R. de la Grasserie.
De la psychologie des religions. 5 fr.

G. de Greef.
Le transformisme social. 2e éd. 7 fr. 50
La sociologie économique. 3 fr. 75

K. Groos.
Les jeux des animaux. 7 fr. 50

Gurney, Myers et Podmore
Les hallucin. télépath. 4ᵉ éd. 7 fr. 50

Guyau.
La morale angl. cont. 5ᵉ éd. 7 fr. 50
Les problèmes de l'esthétique contemporaine. 6ᵉ éd.   5 fr.
Esquisse d'une morale sans obligation ni sanction. 7ᵉ éd.   5 fr.
L'irréligion de l'avenir. 10ᵉ éd. 7 fr. 50
L'art au point de vue sociol. 7ᵉ éd.
     7 fr. 50
Hérédité et éducation. 8ᵉ éd. 5 fr.

E. Halévy.
La form. du radicalisme philos.
 I. La jeunesse de Bentham. 7 fr. 50
 II. Évol. de la doctr. utilitaire,
 1789-1815.   7 fr. 50
 III. Le radicalisme philos. 3 fr. 50

Hannequin.
L'hypoth. des atomes. 2ᵉ éd. 7 fr. 50

P. Hartenberg.
Les timides et la timidité. 2ᵉ éd. 5 fr.

Hébert.
Évolut. de la foi catholique. 5 fr.
Le divin.   5 fr.

G. Hirth.
Physiologie de l'art.   5 fr.

H. Höffding.
Esquisse d'une psychologie fondée sur l'expérience. 2ᵉ édit. 7 fr. 50
Hist. de la philos. moderne. 2 v. 20 fr.

Isambert.
Les idées socialistes en France. (1815-1848).   7 fr. 50

Jacoby.
La sélect. chez l'homme. 2ᵉ éd. 10 fr.
La justice et l'extension de la vie.
     7 fr. 50

Paul Janet.
Les causes finales. 4ᵉ édit. 10 fr.
Œuvres philosophiques de Leibniz. 2ᵉ édition, 2 vol.   20 fr.

Pierre Janet.
L'automatisme psychol. 5ᵉ éd. 7 fr. 50

J. Jaurès.
Réalité du monde sensible. 2ᵉ édit.
     7 fr. 50

Karppe.
Études d'hist. de la philos. 3 fr. 75

P. Lacombe.
Individus et sociétés selon Taine.
     7 fr. 50

A. Lalande.
La dissolution opposée à l'évolution.   7 fr. 50

A. Landry.
Principes de morale rationnelle. 5 fr.

De Lanessan.
La morale des religions.   10 fr.

Lang.
Mythes, cultes et religions. 10 fr.

P. Lapie.
Logique de la volonté.   7 fr. 50

Lauvrière.
Edgar Poë. Sa vie. Son œuvre. 10 fr.

E. de Laveleye.
De la propriété et de ses formes primitives. 5ᵉ édit.   10 fr.
Le gouvernement dans la démocratie. 3ᵉ éd. 2 vol.   15 fr.

Gustave Le Bon.
Psych. du socialisme. 5ᵉ éd. 7 fr. 50

G. Lechalas.
Études esthétiques.   5 fr.

Lechartier.
David Hume, moraliste et sociologue.   5 fr.

Leclère.
Le droit d'affirmer.   5 fr.

F. Le Dantec.
L'unité dans l'être vivant. 7 fr. 50
Limites du connaissable. 2ᵉ édit.
     3 fr. 75

Xavier Léon.
La philosophie de Fichte. 10 fr.

Leroy (E.-B.)
Le langage.   5 fr.

A. Lévy.
La philosophie de Feuerbach. 10 fr.

L. Lévy-Bruhl.
La philosophie de Jacobi.   5 fr.
Lettres inédites de J. Stuart Mill à Auguste Comte.   10 fr.
La philos. d'Aug. Comte. 2ᵉ éd. 7 fr. 50
La morale et la science des mœurs. 3ᵉ éd.   5 fr.

Liard.
Science positive et métaphysique. 4ᵉ édit.   7 fr. 50
Descartes. 2ᵉ édit.   5 fr.

H. Lichtenberger.
Richard Wagner, poète et penseur. 4ᵉ édit.   10 fr.
Henri Heine penseur. 3 fr. 75

Lombroso.
La femme criminelle et la prostituée (en collab. avec M. Ferrero). 1 vol. avec planches.   15 fr.
Le crime polit. et les révol. (en collab. avec M. Laschi). 2 vol. 15 fr.

L'homme criminel. 3e édit. 2 vol.,
avec atlas.   36 fr.
Le crime (causes et remèdes). 2e éd.
                                     10 fr.

É. Lubac.
Esquisse d'un système de psychol.
rationnelle.   3 fr. 75

G. Luquet.
Idées générales de psychol. 5 fr.

G. Lyon.
L'idéalisme en Angleterre au XVIIIe
siècle.   7 fr. 50

P. Malapert.
Les éléments du caractère. 2e éd. 5 fr.

Marion.
La solidarité morale. 6e édit. 5 fr.

Fr. Martin.
La perception extérieure et la
science positive.   5 fr.

J. Maxwell.
Les phénomènes psych. 3e éd. 5 fr.

Max Muller.
Nouv. études de mythol. 12 fr. 50

Myers.
La personnalité humaine. 2e éd. 7.50

E. Naville.
La logique de l'hypothèse. 2e éd. 5 fr.
La définition de la philosophie. 5 fr.
Les philosophies négatives.   5 fr.
Le libre arbitre. 2e édition.   5 fr.

J.-P. Nayrac.
L'attention,   3 fr. 75

Max Nordau.
Dégénérescence. 2 v. 7e éd. 17 fr. 50
Les mensonges conventionnels de
notre civilisation. 9e éd.   5 fr.
Vus du dehors.   5 fr.

Novicow.
Les luttes entre sociétés humaines.
2e édit.   10 fr.
Les gaspillages des sociétés modernes. 2e édit.   5 fr.
La justice et l'extension de la
vie.   7 fr. 50

H. Oldenberg.
Le Bouddha. 2e éd.   7 fr. 50
La religion du Véda.   10 fr.

Ossip-Lourié.
La philosophie russe contemp. 5 fr.
Psychol. des romanciers russes au
XIXe siècle.   7 fr. 50

Ouvré.
Form. littér. de la pensée grecq. 10 fr.

G. Palante.
Combat pour l'individu.   3 fr. 75

Fr. Paulhan.
L'activité mentale et les éléments
de l'esprit.   10 fr.
Les caractères. 2e édition.   5 fr.
Les mensonges du caractère.   5 fr.

Payot.
L'éducation de la volonté. 23e éd. 5 fr.
La croyance. 2e éd.   5 fr.

Jean Pérès.
L'art et le réel.   3 fr. 75

Bernard Perez.
Les trois premières années de l'en-
fant. 5e édit.   5 fr.
L'enfant de 3 à 7 ans. 4e éd.   5 fr.
L'éd. mor. dès le berceau. 4e éd. 5 fr.
L'éd. intell. dès le berceau. 2e éd. 5 fr.

C. Piat.
La personne humaine.   7 fr. 50
Destinée de l'homme.   5 fr.

Picavet.
Les idéologues.   10 fr.

Piderit.
La mimique et la physiognomonie,
avec 95 fig.   5 fr.

Pillon.
L'année philosophique. 17 vol.
chacun.   5 fr.

J. Ploger.
La vie et la pensée.   5 fr.
La vie sociale, la morale et le
progrès.   5 fr.

L. Prat.
Le caractère empirique et la personne.   7 fr. 50

Preyer.
Éléments de physiologie.   5 fr.

L. Proal.
Le crime et la peine. 3e éd.   10 fr.
La criminalité politique.   5 fr.
Le crime et le suicide passionnels.
                                 10 fr.

G. Rageot.
Le succès.   3 fr. 75

F. Rauh.
De la méthode dans la psycholo-
gie des sentiments.   5 fr.
L'expérience morale.   3 fr. 75

Récéjac.
La connaissance mystique.   5 fr.

G. Renard.
La méthode scientifique de l'histoire littéraire.   10 fr.

Renouvier.
Les dilem. de la métaph. pure. 5 fr.
Hist. et solut. des problèmes mé-
taphysiques.   7 fr. 50
Le personnalisme.   10 fr.
Critique de la doctrine de Kant. 7 50

Th. Ribot.
L'hérédité psycholog. 8e éd. 7 fr. 50
La psychologie anglaise contem-
poraine. 3e éd.   7 fr. 50
La psychologie allemande contem-
poraine. 6e éd.   7 fr. 50

La psych. des sentim. 6ᵉ éd. 7 fr. 50
L'évo. des idées générales. 2ᵉ éd. 5 fr.
L'imagination créatrice. 2ᵉ éd. 5 fr.
La logique des sentiments. 2ᵉ édit.
3 fr. 75

Ricardou.
De l'idéal.   5 fr.

G. Richard.
L'idée d'évolution dans la nature
et dans l'histoire.   7 fr. 50

H. Riemann.
Elém. de l'esthétiq. musicale. 5 fr.

E. Rignano.
Transmissibilité des caractères
acquis.   5 fr.

A. Rivaud.
Essence et existence chez Spinoza.
7 fr. 50

E. de Roberty.
Ancienne et nouvelle philos. 7 fr. 50
La philosophie du siècle.   5 fr.
Nouveau programme de sociol. 5 fr.

Romanes.
L'évol. ment. chez l'homme. 7 fr. 50

Ruyssen.
Évolut. psychol. du jugement. 5 fr.

A. Sabatier.
Philosophie de l'effort. 2ᵉ éd. 7 fr. 50

Emile Saigey.
Les sciences au XVIIIᵉ siècle. La
physique de Voltaire.   5 fr.

G. Saint-Paul.
Le langage intérieur et les para-
phasies.   5 fr.

E. Sanz y Escartin.
L'individu et la réforme sociale.
7 fr. 50

Schopenhauer.
Aphorismes sur la sagesse dans la
vie. 9ᵉ éd.   5 fr.
Le monde comme volonté et représentation. 3ᵉ éd. 3 vol. 22 fr. 50

Séailles.
Ess. sur le génie dans l'art. 2ᵉéd.5 fr.
Philosoph. de Renouvier. 7 fr. 50

Sighele.
La foule criminelle. 2ᵉ édit. 5 fr.

Sollier.
Psychologie de l'idiot et de l'im-
bécile. 2ᵉ éd.
Le problème de la mémoire. 3 fr. 75
Le mécanisme des émotions. 5 fr.

Souriau.
L'esthétique du mouvement. 5 fr.
La suggestion dans l'art.   5 fr.
La beauté rationnelle.   10 fr.

Spencer (Herbert).
Les premiers principes. 9ᵉ éd. 10 fr.
Principes de psychologie. 2 vol. 20 fr.

Princip. de biologie. 5ᵉ éd. 2 v. 20 fr.
Princip. de sociol. 5 vol.   43 fr. 75
   I. *Données de la sociologie*, 10 fr. —
   II. *Inductions de la sociologie.
   Relations domestiques*, 7 fr. 50. —
   III. *Institutions cérémonielles et
   politiques*, 15 fr. — IV. *Institu-
   tions ecclésiastiques*, 3 fr. 75.
   — V. *Institutions profession-
   nelles*, 7 fr. 50.
Justice. 3ᵉ éd.   7 fr. 50
Le rôle moral de la bienfaisance.
7 fr. 50
La morale des différents peuples.
7 fr. 50
Problèmes de morale et de socio-
logie. 2ᵉ éd.   7 fr. 50
Essais sur le progrès.5ᵉ éd. 7 fr. 50
Essais de politique. 4ᵉ éd. 7 fr. 50
Essais scientifiques. 3ᵉ éd. 7 fr. 50
De l'éducation physique, intellec-
tuelle et morale. 13ᵉ édit. 5 fr.

P. Stapfer.
Questions esthétiques et religieuses.
3 fr. 75

Stein.
La question sociale au point de
vue philosophique.   10 fr.

Stuart Mill.
Mes mémoires. 5ᵉ éd.   5 fr.
Système de logique déductive et
inductive. 4ᵉ édit. 2 vol. 20 fr.
Essais sur la religion.4ᵉ édit. 5 fr.

James Sully.
Le pessimisme. 2ᵉ éd.   7 fr. 50
Etudes sur l'enfance.   10 fr.
Essai sur le rire.   7 fr. 50

Sully Prudhomme.
La vraie religion selon Pascal. 7 fr. 50

G. Tarde.
La logique sociale. 3ᵉ édit. 7 fr. 50
Les lois de l'imitation. 5ᵉ éd. 7 fr. 50
L'opposition universelle.   7 fr. 50
L'opinion et la foule. 2ᵉ édit. 5 fr.
Psychologie économique. 2 vol. 15 fr.

Em. Tardieu.
L'ennui.   5 fr.

P.-Félix Thomas.
L'éduc. des sentiments. 4ᵉ éd. 5 fr.
Pierre Leroux. Sa philosophie. 5 fr.

Et. Vacherot.
Essais de philosophie critique. 7 fr. 50
La religion.   7 fr. 50

L. Weber.
Vers le positivisme absolu par
l'idéalisme.   7 fr. 50

ÉCONOMIE POLITIQUE — SCIENCE FINANCIÈRE

JOURNAL DES ÉCONOMISTES

REVUE MENSUELLE DE LA SCIENCE ÉCONOMIQUE ET DE LA STATISTIQUE

Fondé en 1841, par G. GUILLAUMIN

Paraît le 15 de chaque mois
par fascicules grand in-8 de 10 à 12 feuilles (180 à 192 pages).

RÉDACTEUR EN CHEF : M. G. DE MOLINARI
Correspondant de l'Institut.

CONDITIONS DE L'ABONNEMENT :

France et Algérie : Un an........ **36** fr.; Six mois....... **19** fr.;
Union postale : Un an........... **38** fr.; Six mois........ **20** fr.
Le numéro.............. **3** fr. **50**

Les abonnements partent de Janvier ou de Juillet.

NOUVEAU DICTIONNAIRE
D'ÉCONOMIE POLITIQUE

PUBLIÉ SOUS LA DIRECTION DE

M. LÉON SAY et de M. JOSEPH CHAILLEY-BERT

Deuxième édition.

2 vol. grand in-8 raisin et un Supplément : prix, brochés...... **60** fr.
— — demi-reliure chagrin................. **69** fr.

COMPLÉTÉ PAR 3 TABLES : **Tables des auteurs, table méthodique
et table analytique.**

Cet important ouvrage peut s'acquérir en envoyant un mandat-poste
de 20 fr., au reçu duquel est faite l'expédition du livre, et en payant le
reste, soit 40 fr., en quatre traites de 10 fr. chacune, de deux mois en
deux mois. (*Pour recevoir l'ouvrage relié ajouter 9 fr. au premier paiement*).

DICTIONNAIRE DU COMMERCE
DE L'INDUSTRIE ET DE LA BANQUE

DIRECTEURS :

MM. Yves GUYOT et Arthur RAFFALOVICH

2 volumes grand in-8, Prix, brochés........................ **50** fr.
— — reliés........................ **58** fr.

Cet important ouvrage peut s'acquérir en envoyant un mandat-poste
de 10 fr., au reçu duquel est faite l'expédition du livre, et en payant le
reste, soit 40 fr., en quatre traites de 10 fr. chacune, de deux mois en
deux mois. (*Pour recevoir l'ouvrage relié ajouter 8 fr. au premier paiement.*)

COLLECTION DES PRINCIPAUX ÉCONOMISTES

Enrichie de commentaires, de notes explicatives et de notices historiques

---

MALTHUS

Essai sur le principe de population. *Introduction*, par Rossi, de l'Institut. 3ᵉ *édition*. 1 vol. grand-in-8. . . . . 10 fr.

MÉLANGES (1ʳᵉ PARTIE)

David Hume. *Essai sur le commerce, le luxe, l'argent, les impôts, le crédit public, sur la balance du commerce, la jalousie commerciale, la population des nations anciennes.* — **V. de Forbonnais.** *Principes économiques.* — **Condillac.** *Le commerce et le gouvernement.* — **Condorcet.** *Lettres d'un laboureur de Picardie à M. N*** (Necker).* — *Réflexions sur l'esclavage des nègres.* — *Réflexions sur la justice criminelle.* — *De l'influence de la révolution d'Amérique sur l'Europe.* — *De l'impôt progressif.* — **Lavoisier.** *De la richesse territoriale du royaume de France.* — **Franklin.** *La science du bonhomme Richard et ses autres opuscules.* 1 vol. grand in-8. . . . . 10 fr.

MÉLANGES (2ᵉ PARTIE)

Necker. *Sur la législation et le commerce des grains.* — **L'abbé Galiani.** *Dialogues sur le commerce des blés avec la Réfutation de l'abbé Morellet.* — **Montyon.** *Quelle influence ont les diverses espèces d'impôts sur la moralité, l'activité et l'industrie des peuples?* — **Bentham.** *Défense de l'usure.* 1 vol. gr. in-8. . . . . 10 fr.

RICARDO

Œuvres complètes. Les œuvres de Ricardo se composent : 1º des **Principes de l'économie politique et de l'impôt.** — 2º Des ouvrages ci-après : *De la protection accordée à l'agriculture.* — *Plan pour l'établissement d'une banque nationale.* — *Essai sur l'influence du bas prix des blés sur les profits du capital.* — *Proposition pour l'établissement d'une circulation monétaire économique et sûre.* — *Le haut prix des lingots est une preuve de la dépréciation des billets de banque.* — *Essai sur les emprunts publics, avec des notes.* 1 vol. in-8. . . . . 10 fr.

J.-B. SAY

Cours complet d'économie politique pratique. 2 vol. grand in-8. 20 fr.

J.-B. SAY

Œuvres diverses : *Catéchisme d'économie politique.* — *Lettres à Malthus et correspondance générale.* — *Olbie.* — *Petit volume.* — *Fragments et opuscules inédits.* 1 vol. grand in-8. . . . . 10 fr.

ADAM SMITH

Recherches sur la nature et les causes de la richesse des nations, traduction de G. Garnier. 5ᵉ édition, augmentée. 2 vol. in-8. . . . 16 fr.

COLLECTION DES ÉCONOMISTES
ET PUBLICISTES CONTEMPORAINS

FORMAT IN-8.

ANTOINE (Ch.). **Cours d'économie sociale.** 3ᵉ édition, revue et augmentée. 1 vol. in-8. 9 fr.

ARNAUNÉ (Aug.), directeur de la Monnaie. **La monnaie, le crédit et le change.** 1 vol. in-8. 3ᵉ édition, revue et augmentée, 1906. . . . 8 fr.

BANFIELD, Professeur à l'Université de Cambridge. **Organisation de l'industrie,** traduit sur la 2ᵉ édition, et annoté par M. EMILE THOMAS. 1 vol. in-8. . . . . 6 fr.

BASTIAT. **Œuvres complètes en 7 volumes** in-8 (vélin). . . . . 35 fr.
(Voir détails page 39, édition in-18).

BAUDRILLART (H.) de l'Institut. **Philosophie de l'économie politique. Des rapports de l'économie politique et de la morale.** Deuxième édition, revue et augmentée. 1 vol. in-8. . . . . 9 fr.

BLANQUI, de l'Institut. **Histoire de l'économie politique en Europe,** depuis les anciens jusqu'à nos jours, 5ᵉ édition. 1 vol. in-8. . . 8 fr.

BLOCK (M.), de l'Institut. **Les progrès de la science économique depuis** ADAM SMITH. 2ᵉ édit. augmentée. 2 vol. in-8 . . . . 16 fr.

BLUNTSCHLI. **Le droit international codifié.** Traduit de l'allemand par M. C. LARDY. 5ᵉ édition, revue et augmentée. 1 vol. in-8. . . . 10 fr.
— **Théorie générale de l'Etat,** traduit de l'allemand par M. DE RIEDMATTEN. 3ᵉ édition. 1 vol. in-8. . . . . 9 fr.

COLSON (C.), ingénieur en chef des ponts et chaussées. **Cours d'économie politique,** professé à l'École nationale des ponts et chaussées. 3 vol. grand in-8. . . . . 26 fr.
— Tome I. Les phénomènes économiques. Le travail et les questions ouvrières. . . . . 10 fr.
— Tome II. La propriété des biens. Le commerce et la circulation. 10 fr.
— Tome III. 1ʳᵉ partie. Les finances publiques et le budget de la France . . . . 6 fr.

COURCELLE-SENEUIL, de l'Institut. **Traité théorique et pratique d'économie politique.** 3ᵉ édition, revue et corrigée. 2 vol. in-18. 7 fr.
— **Traité théorique et pratique des opérations de banque.** Neuvième édition. Revue et mise à jour, par A. LIESSE, professeur au Conservatoire des arts et métiers. 1 vol. in-8. . . . . 8 fr.

COURTOIS (A.). **Histoire des banques en France.** 2ᵉ édition. 1 vol. in-8. . . . . 8 fr. 50

EICHTHAL (Eugène d'), de l'Institut. **La formation des richesses et ses conditions sociales,** notes d'économie politique. . . . 7 fr. 50

FAUCHER (L.), de l'Institut. **Études sur l'Angleterre.** 2ᵉ édition augmentée. 2 forts volumes in-8. . . . .
— **Mélanges d'économie politique et de finances.** 2 forts vol. in-8. 6 fr.

FIX (Th.). **Observations sur l'état des classes ouvrières.** Nouvelle édition. 1 vol. in-8. . . . . 5 fr.

GARNIER (J.), de l'Institut. **Du principe de population.** 2ᵉ édition. 1 vol. in-8 avec portrait. . . . . 10 fr.

GROTIUS. Le droit de la guerre et de la paix. Nouvelle traduction.
3 vol. in-8. . . . . 12 fr. 50

**HAUTEFEUILLE. Des droits et des devoirs des nations neutres en
temps de guerre maritime.** 3ᵉ édit. refondue. 3 forts vol. in-8. 22 fr. 50

— Histoire des origines, des progrès et des variations du droit maritime international. 2ᵉ édition. 1 vol. in-8. . . . . 7 fr. 50

**LAVERGNE (L. de), de l'Institut. Les économistes français du dix-hui-
tième siècle.** 1 vol. in-8. . . . . 7 fr. 50

— Essai sur l'économie rurale de l'Angleterre, de l'Écosse et de l'Irlande.
5ᵉ édition. 1 vol. in-8 avec portrait. . . . . 8 fr. 50

**LEROY-BEAULIEU (P.), de l'Institut. Traité théorique et pratique d'éco-
nomie politique.** 3ᵉ édition. 4 vol. in-8. . . . . 36 fr.

— Traité de la science des finances. 7ᵉ édition, revue, corrigée et
augmentée. 2 forts vol. in-8. . . . . 25 fr.

— Essai sur la répartition des richesses et sur la tendance à une moindre
inégalité des conditions. 3ᵉ édit., revue et corrigée. 1 vol. in-8. 9 fr.

— Le collectivisme, *examen critique du nouveau socialisme.* 4ᵉ édition,
revue et augmentée d'une préface. 1 vol. in-8. . . . . 9 fr.

— De la colonisation chez les peuples modernes. 6ᵉ édition. 2 vol.
in-8 . . . . 16 fr.

— L'état moderne et ses fonctions. 3ᵉ édition. 1 vol. in-8. . . . 9 fr.

**LIESSE (A.), professeur au Conservatoire national des arts et métiers.
Le travail** *aux points de vue scientifique industriel et social.* 1 vol.
in-8. . . . . 7 fr. 50

MORLEY (John). La vie de Richard Cobden, traduit par Sophie Raffalovich. 1 vol. in-8. . . . . 8 fr.

NEYMARCK (A.). Finances contemporaines. — Tome I. *Trente années
financières 1872-1901.* 1 vol. in-8, 7 fr. 50. — Tome II. *Les Budgets
1872-1903.* 1 vol. in-8, 7 fr. 50. — Tome III. *Questions économiques et
financières 1872-1904.* 1 vol. in-8, 10 fr. — Tomes IV-V : *L'obsession
fiscale, questions fiscales, propositions et projets relatifs aux impôts
depuis 1871 jusqu'à nos jours.* 2 vol. in-8 (1907). . . . . . . 15 fr.

**PASSY (H.), de l'Institut. Des formes de gouvernement et des lois qui
les régissent.** 2ᵉ édition. 1 vol. in-8. . . . . 7 fr. 50

PRADIER-FODÉRÉ. Précis de droit administratif. 7ᵉ édition, tenue au
courant de la législation. 1 fort vol. in-8. . . . . 10 fr.

RAFFALOVICH (A.). Le marché financier. France, Angleterre, Allemagne,
Russie, Autriche, Japon, Suisse, Italie, Espagne, Etats-Unis. Questions
monétaires. Années 1894-1895. 1 vol. 7 fr. 50; 1895-1896. 1 vol. 7 fr. 50;
1896-1897. 1 vol. 7 fr. 50; 1897-1898 à 1901-1902, chacune 1 vol. 10 fr.
1902-1903 à 1906-1907, chacune 1 vol. . . . . 12 fr.

RICHARD (A.). L'organisation collective du travail, essai sur la coopéra-
tion de main-d'œuvre, le contrat collectif et la sous-entreprise ouvrière,
préface par Yves Guyot. 1 vol. grand in-8. . . . . 6 fr.

ROSSI (P.), de l'Institut. Cours d'économie politique, revu et augmenté
de leçons inédites. 5ᵉ édition. 4 vol. in-8. . . . . 15 fr.

— Cours de droit constitutionnel, *professé à la Faculté de droit de Paris,*
recueilli par M. A. Porée. 2ᵉ édition. 4 vol. in-8. . . . . . 15 fr.

STOURM (R.), de l'Institut, professeur à l'École libre des sciences
politiques. *Cours de finances.* Le budget, son histoire et son
mécanisme. 5ᵉ édition. 1 vol. in-8. . . . . 10 fr.

— Les systèmes généraux d'impôts. 2ᵉ édition revisée et mise au
courant. 1 vol. in-8. . . . . 9 fr.

VIGNES (Édouard). Traité des impôts en France. 4ᵉ édition, mise au
courant de la législation, par M. Vergniaud. 2 vol. in-8. . . . 16 fr.

BIBLIOTHÈQUE DES SCIENCES MORALES ET POLITIQUES

FORMAT IN-18 JÉSUS.

Derniers volumes publiés.

LIESSE, professeur ax Conservatoire des arts et métiers. La statistique, ses difficultés, ses procédés. 1 vol. in-18. 1905. . . . . 2 fr. 50

MARGUERY (E.). Le droit de propriété et le régime démocratique. 1 vol. in-18. 1905. . . . . 2 fr. 50

MERLIN (Roger), bibliothécaire archiviste du Musée social. Le contrat de travail, les salaires, la participation aux bénéfices. 1 vol. in-18. 1907. . . . . 2 fr. 50

MILHAUD (Mlle Caroline). L'ouvrière en France, sa condition présente réformes nécessaires. 1 vol. in-18. 1907. . . . . 2 fr. 50

BASTIAT (Frédéric). Œuvres complètes, précédées d'une *Notice* sur sa vie et ses écrits. 7 vol. in-18. . . . . 24 fr. 50
I. *Correspondance.* — *Premiers écrits.* 3e édition, 3 fr. 50; — II. Le *Libre-Échange.* 3e édition, 3 fr. 50; — III. *Cobden et la Ligue.* 4e édition, 2 fr. 50; — IV et V. *Sophismes économiques.* — *Petits pamphlets.* 6e édit. 2 vol., 7 fr.; — VI. *Harmonies économiques.* 9e édition, 3 fr. 50; VII. *Essais.* — *Ébauches.* — *Correspondance.* . . . . 3 fr. 50
Les tomes IV et V seuls ne se vendent que réunis.

CIESZKOWSKI (A.). Du crédit et de la circulation. 3e édit. in-18. 3 fr. 50

COQUELIN (Charles). Du crédit et des banques. 3e édition, in-18. 4 fr.

COURCELLE-SENEUIL (J.-G.). Traité théorique et pratique d'économie politique. 3e édit. 2 vol. in-18. . . . . 7 fr.
— La société moderne. 1 vol. in-18. . . . . 5 fr.

FAUCHER (L.), de l'Institut. Mélanges d'économie politique et de finances. 2 forts volumes in-18. 3 fr. 50

FREEMAN (E.-A.). Le développement de la constitution anglaise, depuis les temps les plus reculés jusqu'à nos jours. 1 vol. in-18. . . . 3 fr. 50

GROTIUS. Le droit de la guerre et de la paix. 3 vol. in-18. . . . 7 fr. 50

LAVERGNE (L. de), de l'Institut. Économie rurale de la France depuis 1789. 4e édition, revue et augmentée. 1 vol. in-18. . . . . . . 3 fr. 50
— L'agriculture et la population. 2e édition. 1 vol. in-18. . . . 3 fr. 50

MOLINARI (G. de), correspondant de l'Institut, rédacteur en chef du *Journal des Économistes.* Questions économiques à l'ordre du jour 1 vol. in-18. . . . . 3 fr. 50
— Les problèmes du XXe siècle. 1 vol. in-18. . . . . 3 fr. 50

SAY (J.-B.). Catéchisme d'économie politique. 1 vol. in-18. . . . 1 fr. 50

STUART MILL (J.). La liberté. Traduction et *Introduction*, par M. DUPONT-WHITE. 3e édition, revue. 1 vol. in-18. . . . . 2 fr. 50
— Le gouvernement représentatif. Traduction et *Introduction*, par M. DUPONT-WHITE. 3e édition. 1 vol. in-18. . . . . 4 fr.

COLLECTION
D'AUTEURS ÉTRANGERS CONTEMPORAINS

Histoire — Morale — Économie politique — Sociologie

Format in-8. (Pour le cartonnage, 1 fr. 50 en plus.)

BAMBERGER. — **Le Métal argent au XIXᵉ siècle.** Traduction par M. RAPHAEL-GEORGES LÉVY. 1 vol. Prix, broché . . . . . . 6 fr. 50

C. ELLIS STEVENS. — **Les Sources de la Constitution des États-Unis** *étudiées dans leurs rapports avec l'histoire de l'Angleterre et de ses Colonies.* Traduit par LOUIS VOSSION. 1 vol. in-8. Prix, broché. 7 fr. 50

GOSCHEN. — **Théorie des Changes étrangers.** Traduction et préface de M. LÉON SAY. *Quatrième édition française* suivie du *Rapport de 1875 sur le paiement de l'indemnité de guerre,* par le même. 1 vol. Prix, broché . . . . 7 fr. 50

HERBERT SPENCER. — **Justice.** 3ᵉ *édition.* Trad. de M. E. CASTELOT. 1 vol. Prix, broché . . . . 7 fr. 50

HERBERT SPENCER. — **La Morale des différents Peuples et la Morale personnelle.** Traduction de MM. CASTELOT et E. MARTIN SAINT-LÉON. 1 vol. Prix, broché . . . . 7 fr. 50

HERBERT SPENCER. — **Les Institutions professionnelles et industrielles.** Traduit par HENRI DE VARIGNY. 1 vol. in-8. Prix, br. 7 fr. 50

HERBERT SPENCER. — **Problèmes de Morale et de Sociologie.** Traduction de M. H. DE VARIGNY. 2ᵉ édit. 1 vol. Prix, broché. . 7 fr. 50

HERBERT SPENCER. — **Du Rôle moral de la Bienfaisance.** (*Dernière partie des principes de l'éthique*). Traduction de MM. E. CASTELOT et E. MARTIN SAINT-LÉON. 1 vol. Prix, broché . . . . 7 fr. 50

HOWELL. — **Le Passé et l'Avenir des Trade Unions.** *Questions sociales d'aujourd'hui.* Traduction et préface de M. LE COUR GRANDMAISON. 1 vol. Prix, broché . . . . 5 fr. 50

KIDD. — **L'évolution sociale.** Traduit par M. P. LE MONNIER. 1 vol. in-8. Prix, broché. . . . . 7 fr. 50

NITTI. — **Le Socialisme catholique.** Traduit avec l'autorisation de l'auteur. 1 vol. Prix, broché . . . . 7 fr. 50

RUMELIN. — **Problèmes d'Économie politique et de Statistique.** Traduit par AR. DE RIEDMATTEN. 1 vol. Prix, broché. . . . . 7 fr. 50

SCHULZE GAVERNITZ. — **La grande Industrie.** Traduit de l'allemand. Préface par M. G. GUÉROULT. 1 vol. Prix, broché . . . . . 7 fr. 50

W.-A. SHAW. — **Histoire de la Monnaie (1252-1894).** Traduit par M. AR. RAFFALOVICH. 1 vol. Prix, broché . . . . 7 fr. 50

THOROLD ROGERS. — **Histoire du Travail et des Salaires en Angleterre depuis la fin du XIIIᵉ siècle.** Traduction avec notes par E. CASTELOT. 1 vol. in-8. Prix, broché . . . . 7 fr. 50

WESTERMARCK. — **Origine du Mariage dans l'espèce humaine.** Traduction de M. H. DE VARIGNY. 1 vol. Prix broché . . . . . . 11 fr.

A.-D. WHITE. — **Histoire de la Lutte entre la Science et la Théologie.** Traduit et adapté par MM. H. DE VARIGNY et G. ADAM. 1 vol. in-8. Prix, broché . . . . 7 fr. 50

PETITE BIBLIOTHÈQUE
ÉCONOMIQUE
FRANÇAISE ET ÉTRANGÈRE

PUBLIÉE SOUS LA DIRECTION DE M. J. CHAILLEY-BERT

PRIX DE CHAQUE VOLUME IN-32, ORNÉ D'UN PORTRAIT
Cartonné toile. . . . . **2 fr. 50**

XVIII VOLUMES PUBLIÉS

I. — VAUBAN. — Dîme royale, par G. MICHEL.

II. — BENTHAM. — Principes de Législation, par Mlle RAFFALOVICH.

III. — HUME. — Œuvre économique, par Léon SAY.

IV. — J.-B. SAY. — Economie politique, par H. BAUDRILLART, de l'Institut.

V. — ADAM SMITH. — Richesse des Nations, par COURCELLE-SENEUIL, de l'Institut.

VI. — SULLY. — Économies royales, par M. J. CHAILLEY-BERT.

VII. — RICARDO. — Rentes, Salaires et Profits, par M. P. BEAUREGARD, de l'Institut.

VIII. — TURGOT. — Administration et Œuvres économiques, par M. L. ROBINEAU.

IX. — JOHN-STUART MILL. — Principes d'économie politique, par M. L. ROQUET.

X. — MALTHUS. — Essai sur le principe de population, par M. G. de MOLINARI.

XI. — BASTIAT. — Œuvres choisies, par M. de FOVILLE, de l'Institut.

XII. — FOURIER. — Œuvres choisies, par M. Ch. GIDE.

XIII. — F. LE PLAY. — Économie sociale, par M. F. AUBURTIN.

XIV. — COBDEN. — Ligue contre les lois, Céréales et Discours politiques, par Léon SAY, de l'Académie française.

XV. — KARL MARX. — Le Capital, par M. VILFREDO PARETO.

XVI. — LAVOISIER. — Statistique agricole et projets de réformes, par MM. SCHELLE et Ed. GRIMAUX, de l'Institut.

XVII. — LÉON SAY. — Liberté du Commerce, finances publiques, par M. J. CHAILLEY-BERT.

XVIII. — QUESNAY. — La Physiocratie, par M. Yves GUYOT.

Chaque volume est précédé d'une introduction et d'une étude biographique, bibliographique et critique sur chaque auteur.

1152-07. — Coulommiers. Imp. Paul BRODARD. — 9-07.

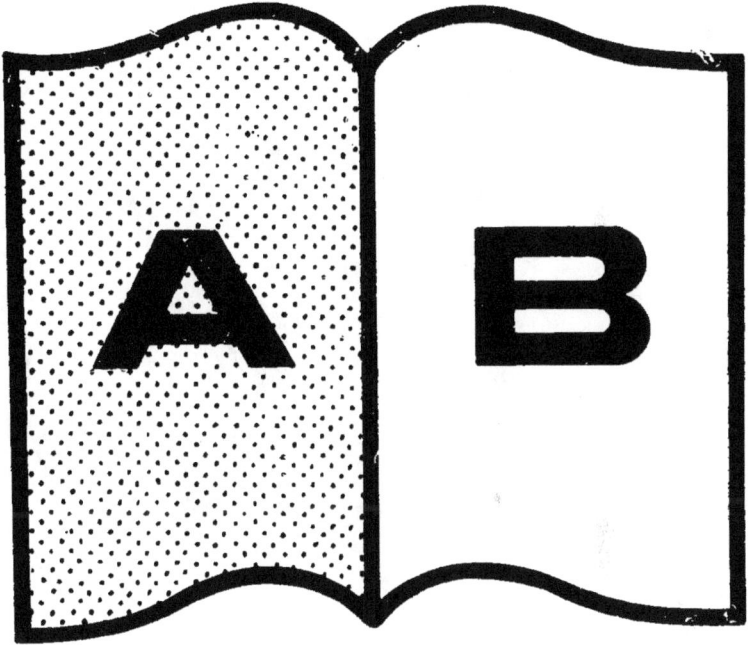

Contraste insuffisant

NF Z 43-120-14

www.ingramcontent.com/pod-product-compliance
Lightning Source LLC
Chambersburg PA
CBHW071635270326
41928CB00010B/1926